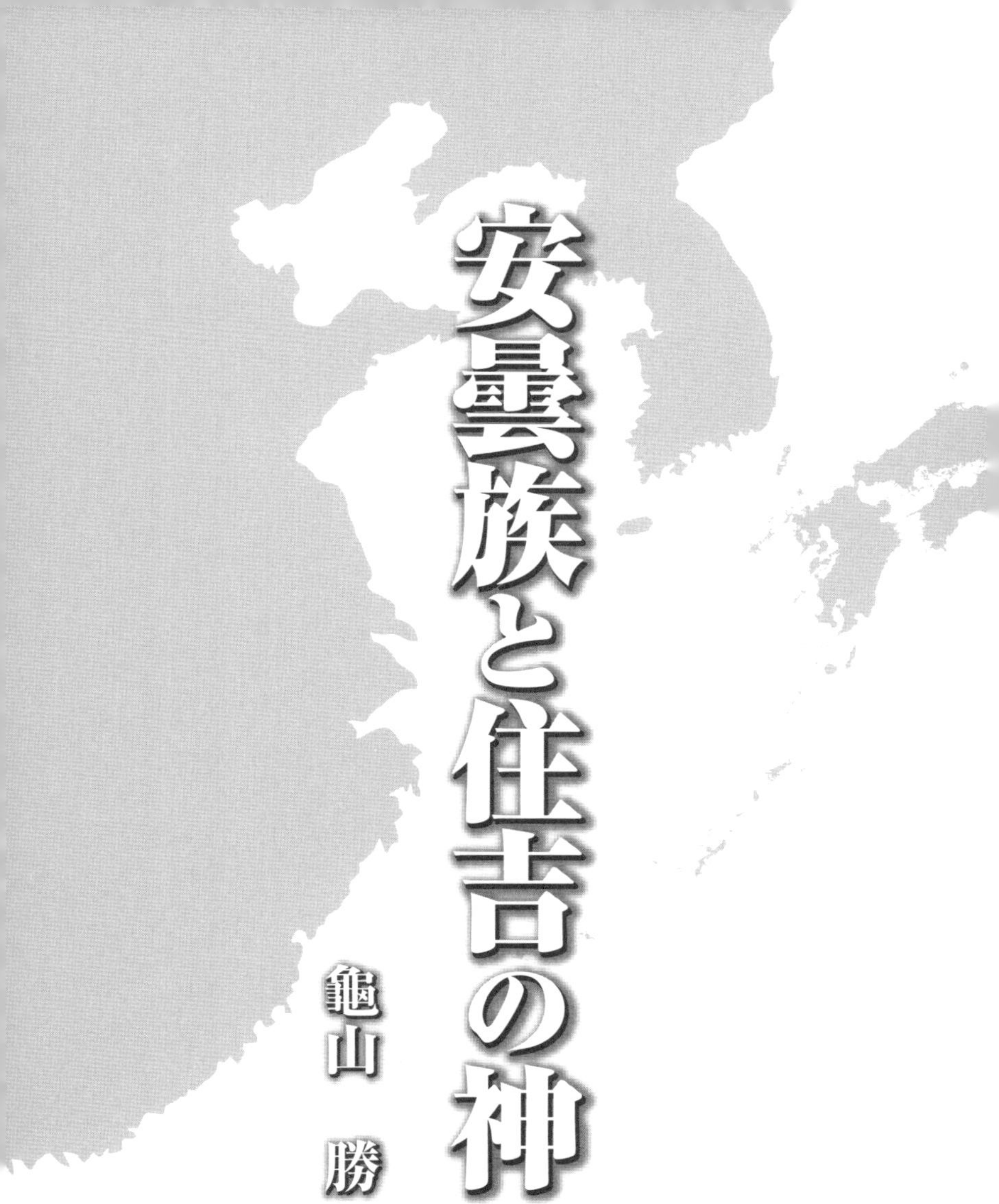

安曇族と住吉の神

亀山　勝

龍鳳書房

現人神社（福岡県那珂川町）

福岡の住吉神社（福岡市博多区住吉）

対馬鴨居瀬の住吉神社（対馬市美津島町）

本住吉神社（神戸市東灘区）

住吉大社（大阪市住吉区）

安曇野の住吉神社（安曇野市三郷）

まえがき

謎解きは楽しい。解けたときは自分の世界がパッと明るくなる。また、空想も楽しい。そこには自分なりの世界が広がる。記録の無い時代の謎が解け、空想が広がると、そこから未来の世界が描ける思いがする。歴史の楽しみ方を大別すると、この謎解きと空想に二分される。いずれも頭を使って推理を働かせる。これがいい。それに生活に直結しないだけに遊び心もある。これもいい。謎解きは史実の探求であり、空想はロマンの追及である。どちらで楽しんでもいいわけだが、私は、遊び心をもって、史実の探求を楽しみながら時折ロマンの追求も楽しんでいる。本書は、読者のみなさんが、謎解きと空想のどちらでも楽しめるネタの提供であり、また楽しみ方の事例でもある。

これまで、安曇族の謎解きを楽しんでいたら、歴史上曖昧だった弥生時代の成り立ちがわかってきた。安曇族を追いかけることは、同時に、祭神のワタツミの神を追いかけることでもある。そのワタツミの神を追いかけると、どうしても、記紀の記録でワタツミの神と同時に生まれたツツノオの神を追いかけることになる。ツツノオの神は住吉神社の祭神だから、住吉神社を訪ねることになった。そこで住吉神社を回っているうちに、天武天皇の時代に、長野県安曇野市に計画された都づくりにたどり着いた。現実には都は出来なかったので、これは幻の都である。と言うことだが、何もこの幻の都づくりを主題にかかげて謎解きを始めたわけではない。謎は自分で自分にかけたこともあるが、一般的に謎とされている課題も多い。それらの謎の主なものを三つだけ例示すると次のとおり。(一) 記紀によると、海に関わるワタツミの神とツツノオの神が同時に同じ場所で生まれているがなぜだろう。(二) 各地に住吉神社があるが、その役割はなんだろう。(三) 海のない安曇野にワタツミの神を祭る穂高神社とツツノオの神を祭る住吉神社があるのはなぜだろう。と言った具合になる。

これらの謎は、そもそも学問分野などない時代の産物だから、現代の一つや二つの学問分野だけでは解けないのも当然だろう。その点、ある限られた学問分野で確立された手法をもって取り組む専門家より、どんな学問分野でも素直に受け入れることが出来る柔軟な素人の方が取り組みやすいのかもしれない。ただ、素人の難点は、あらかじめ路線を引いた上を走るわけではないから要領が悪く、それだけ時間がかかる。今回も、上げ潮のゴミのように、あちらにひっかかり、こちらにひっかかり紆余曲折の末、陸へ上がってみたら、そこに安曇野の住吉神社があり、都づくりが絡んでいたというわけだ。

これらを冊子にまとめるにあたり、その紆余曲折の過程を系統立てて整理しようとした。だが、舗装された一本の直線道路を来たわけではないだけに、途中、納得できない定説あるいは通説にも出くわした。避けて通りにくいときは、それらの間違いを客観的な見地に立って正しながら進んだ。結果は、かなりわき道、回り道をしてきたことになる。それらを本書として一つの系に収めるようにしたが、どうしても収まりきれないものも出た。それらの多くはやむなく切り捨てたが、どうしても捨てがたい思いがするものは、落穂拾いをして第五章に余波に収めた。

ところで、人は、隠したがる半面暴きたがる、さらに、その暴いたものを知りたがる性質をもっている。国が機密を守り、それを暴いてネットで流したウィキリークス、そこへのアクセス件数の多さも、人が人である所以と言えるかもしれない。この守秘と暴露と知識欲、弥生時代以来、わざわざ記録を残さないで隠していた歴史を暴き、記紀で記録を残すと、小さな記事を基に安曇野の都づくりの計画を暴き、それを公表する。さしずめ、自分もめウィキリークスと同列かもしれない。そうすると、後は、知識欲をもったみなさんがどう反応を示すかを楽しませていただくことになる。

本書は、船の安心安全に端を発し、大和朝廷の安心安全、日本の安心安全、さらに安曇野の都づくりへと進んできた。これらはそれぞれの時代の理に適っている。その点で、多くの犠牲者を出した二〇一一年の東日本大震災、及び、原発事故に思う。想定できなかった。想定しなかった。ともに情けない。世の中、利でなく理が大切だ。昨今つくづくそう思う。

目次

安曇族と住吉の神

第一章　筒之男《ツツノオ》

ツツノオ誕生の諸説

住吉大社のホームページによると、現在、全国に、住吉神社という神社は二〇〇〇社以上あるそうだ。これらの住吉神社のほとんどが、『古事記』と『日本書紀』に出ている底筒之男命・中筒之男命・上筒之男命を祭っている（注・日本書紀は筒男で「之」が入っていない）。ほとんどと言ったのは、対馬にある八社の住吉神社の内、筒之男命を祭っているのは一社だけ（永留久恵『対馬風土記』一三号）といった例があるからだ。

この対馬の住吉神社については綿津見神との関連があるので、第三章で詳述するとして、一般的には、住吉神社は筒之男命（以降、筒之男三神と称す）を祭っている神社と受け止めて差し支えない。

日本の古代史にとって、筒之男三神を祀る住吉神社の存在が大きいにもかかわらず、その筒之男三神が、なぜ生まれたのか、どうしてツツノオと呼ばれるのか、どういう役目を担った神か、どういうご利益があるのかなど下世話なことまで含めて、突き詰めて行けば行くほどわからなくなるのが筒之男三神なのだ。筒之男三神と同時に生まれた綿津見三神（底、中、表津綿津見神）の場合は、海を意味する「綿」が入っているから海神と素直に理解されているが、一般的には海神と言われている筒之男三神の場合は、わかったようでわからないのだ。もっと細かく言うと「筒」の意味がわからないのだ。だから、その筒之男三神の意義を知ることは、とりもなおさず、日本の歴史を理解することにつながって来る。

それだけに、筒之男三神の「筒」の字の解釈や役割などについて、江戸時代の国学者で医者でもあった本居宣長の『古事記伝』をはじめいろいろな人がいろいろな説を出している。だが、完璧といえる定説には未だ到っていない。だから、住吉神社の話を進める前に、筒之男三神に関わるこれらの諸説を紹介し、さらに私自身の考えも示しておかないと本書全体が何だかわからないものになる恐れがある。そこで、筒之男三神の話から進める。

まず、参考のために、諸説の原典である綿津見三神と筒之男三神が誕生する箇所を『古事記』(倉野憲司校注)から抜粋し、左に転載しておく。筒之男三神は、記紀に出てくる神で、イザナギノミコトが、黄泉の国へ行ったイザナミノミコトに会いに行き、そこの汚さに接して逃げ帰る途中、筑紫の日向で禊《みそぎ》をされる場面に、綿津見三神と筒之男三神が同時に生まれる。ただし、この禊の場面の細部表現については、文字の使い方も含めると『古事記』と『日本書紀』でわずかな違いはあるが、両三神の出現に関しては同じ表現になっている。

「上つ瀬は瀬速し。下つ瀬は瀬弱し」とのりたまひて、初めて中つ瀬に堕り潜《かづ》きて滌《すす》ぎたまふ時、成りませる神の名は、八十《やそ》禍津《まがつ》日神《ひのかみ》。次に大禍津《おおまがつ》日神《ひのかみ》。この二神は、その穢繁國《けがらはしきくに》に到

り し時の汚垢《けがれ》によりて成れる神なり。次にその禍《まが》を直さむとして、成れる神の名は、神直毘《かみなおびの》神。次に大直毘《おおなおびの》神。次に伊豆能賣《いづのめの》神。次に水の底に滌ぐ時に、成れる神の名は、底津綿津見《そこつわたつみ》神。次に底筒之男《そこつつのお》命。中に滌ぐ時に、成れる神の名は、中津綿津見神。次に中筒之男命。水の上に滌ぐ時に、成れる神の名は、上津綿津見神。次に上筒之男命。この三柱の綿津見神は、阿曇連《むらじ》等の祖神《おやがみ》と以《も》ち拜《いつ》く神なり。故《かれ》、阿曇連等は、その綿津見神の子、宇都志日金拆《うつしひがなさく》命の子孫なり。その底筒之男命、中筒之男命、上筒之男命の三柱の神は、墨江《すみのえ》の三前《みまえ》の大神なり。

先述したように、「筒」に関する定説がない理由の一つは、綿津見神には海を意味する具体的な「綿」という言葉が入っているので理解できるが、筒之男命では「筒」の意味がわからないからだ。それに、多くの諸説は理論的に構成された納得できるものでなく、それなりの識者が蓄積した知識の中から抽出した解釈、悪く言えば思いつきを基に、後から理屈を練り上げながら結論に誘導していく説が多い。逆に言うと、事実あるいは自然現象から理論的に説明していく説がないのだ。そんなことを含めて、山田孝雄が『歴史公論』昭和十二年五月号で、主だった筒之男三神の解釈に関する諸説の概要を紹介しながら批判を付した上で自説を述べている。ここでは、山田以降出された説も加えて年代順に並べ、諸説の概略を簡単に記し、山田孝雄などの批判を付した。なお、山田が紹介している諸説の原典に当たったが、岡吉胤の『徴古新論』

だけは当たれなかったので、やむなく孫引きさせてもらった。

・本居宣長（医者・国学者一七三〇〜一八〇一年）の『古事記伝』

上筒之男の筒は、都知（ツチ）と同じ、都（ツ）は、上津綿津見神の津と同じで助詞、チは男を称えた尊称として扱い、『日本書紀』で塩土老翁を塩筒老翁と記した例があるように、土を筒と書く例が多いと述べている。

この本居説に対して、山田孝雄は（『歴史公論』前掲）、一語一語の解釈は理屈が通っているようだが、そうすると、上筒之男命は上ツ（助詞）ツ（尊称）之（助詞）男（尊称）ノ（助詞）命（尊称）となり、具体的に意味をもつのは上だけになり、神の名が「上の神」となるので意義のない解釈だと批判。

・鈴木重胤（国学者一八一二〜一八六三年）の『延喜式祝詞講義』

筒は伝う（ふ）の意で、『日本書紀』や『万葉集』の記述から、大海原を綿津見神が守り、岸辺近くの海原の海路を筒之男命が守る。

山田孝雄は、「伝う（ふ）」がどうしてツツになるのか言語上の説明が成り立たないと批判。

・岡吉胤（宮司一八三三〜一九〇七年）『徴古新論』

筒は津路の義で、筒之男は海路を司る神を言う。

山田孝雄は、その根拠の説明がないし、津路という言葉はないから理解できないと指摘。

・吉田東吾（歴史学者・地理学者一八六四～一九一八年）『倒叙日本史　第一〇冊』

星をツツとも言う。夜間航行の船が星を見ながら方位を知ることから、筒之男の筒（ツツ）は、星辰（星座）から名づけたようだ。

また、平田篤胤が、太陽から天照大神、月から月夜見神、星から筒之男が生まれたと説明したことを紹介している

山田孝雄は、根拠薄弱で随うことができないと、突き放す。

・山田孝雄『歴史公論』（前掲）

筒を「ツツ」として、底筒之男命を仮名書きすると「ソコツ　ツノヲ　ノミコト」となり、上の「ソコツ」は底津綿津見神の底津の津（ツ）と同じで助詞、下の「ノミコト」は神につける一般的な敬称語、だから、神の名は中間の「ツノヲ」になる。この「ツノヲ」は、「ノ」が助詞、「ヲ」が神の敬称、そうすると、残った「ツ」だけが筒之男命の核心として、神の名を表している。「ツ」は船舶が停泊する港の津をさすから、結局、「ツノヲ」は津之男で津を司る神の意だ。さらに山田は、筒之男三神は、住吉の地だけをさすのでなく、航路や船舶のすべてを管理するために生まれた神に相違ない、と続けている。

これに対し、大和岩雄は（『日本の神々　三』）、記紀で綿津見神や筒之男命が生まれる前に、

石筒之男神(イワツツノヲノカミ)が生まれているが、こちらの「筒」の説明がなされていないので、説得力に欠けると指摘。

・倉野憲司『古事記祝詞　注釈』

「筒《ツツ》は星で底中上の三筒之男は、オリオン座の中央にあるカラスキ星（参）で航海の目標としたところから航海を掌る神とも考えられる」として、吉田東吾の説を引き継いでいる。

これに対し大和岩雄は（前掲）、山田説への批判と同じように、石筒之男の「筒」の説明がないと説得力不足を指摘。

・田中卓『住吉大社史　上巻』

地名に結びつけて、筒之男命は、長崎県対馬の豆酘《つつ》の男だとして、その根拠に、対馬の豆酘は壱岐や本土との交通の要所を挙げ、さらに、神功皇后が朝鮮半島へ出兵したときの寄港地だと推定できると付け加えている。

これに対し、対馬の神々を研究している永留久恵は（『対馬風土記　一三号』）、面白い説ではあるが、豆酘に住吉の祭祀がないから、直ちに賛同することができない、と疑問視する。この田中の説については後で詳しく説明する。

・大和岩雄『日本の神々　三』

吉田・倉野の「筒」すなわちツツは星を意味するという考えを引き継いだ形で、石筒之男の説明がつかなかった倉野説に、次のことを加えて、航海の守護神とした。

イザナギノミコトがカグツチの神を切った十握剣《とつかのつるぎ》は、韓鋤剣《からすきのけん》とも書くことから、このカラスキの剣で斬ったときの火花をカラスキ星とみれば、石筒之男の筒も、筒之男の筒と同じように星を指していることになる。だから、筒之男三神はオリオン座の三連星で、航海の指標に使われた神だと説明している。

だが、この大和説は、オリオン座が見える季節が、冬季を中心に限られており、その冬は風が強い季節だから、航海にはあまり適さない時期に当たる。それだけに、見えない星を航海の指標にする説には疑問が残る。この疑問点は、後で詳しく説明する。


以上、筒之男三神の意義についての諸説を羅列したが、これらの説は、次の三系統に分けることが出来る。一つは、言葉の分析から入った本居説、鈴木説、岡説があり、これらを網羅した形で、港と航海・航路を司る神という結論に達した山田説、二つ目は、星を指すツツという類似言葉に端を発した吉田説を倉野が受け、さらにそれを補った大和説、三つ目は、地名と地形から独自の考えを展開した田中説である。

この三説の中で、山田説は、繰り返すと、言葉の分析から入って結論を出す下から積み上げる理論展開であるが、それに対して、大和説と田中説は、まず、ツツという言葉を星や地名に結び付けた結論を掲げた後に、その裏づけを示す上から下へ進む理論展開という違いがある。この田中や大和の手法は、ひところテレビの人気番組だった「刑事コロンボ」で、冒頭、視聴者へ犯人を教えておいて、後からだんだん証拠を出しながら犯人を追い込んでいく手法に似ているし、また、二〇一〇年に厚生労働省の女性局長を罪に陥れるシナリオを用意して捜査した大阪地検特捜部の手法にも通じるところがある。

初めに犯人や罪を決めてかかることは、テレビ番組ではかまわないとしても、実社会ではとんでもない過ちを犯す。それだけに、ここに掲げた筒之男三神に関する諸説も、鵜呑みにしないで、あえて厳しい条件を課しながら検証していかねばならない。そこで、まず、大和説、次いで田中説を検証し、最後に私の考えも入れて山田説を検証する。

なお、先の諸説紹介に入れていないが、柳田國男・倉田一郎の『分類漁村語彙』に、「船中の船霊様を祀る所をツツといふことは全国的だ」とあることも付記しておく。

大和説の検証　航海季節にオリオン座は見えない

先述のとおり、筒之男の筒が星を意味する言葉だという考えは、吉田東吾が金星を「夕づつ」と言うとしたところから始まり、それを受け継いだ形で、倉野は「筒《つつ》は星で底中上の三筒之男は、オリオン座の中央にあるカラスキ星（三ツ星）で航海の目標としたところから航海を掌る神とも考えられる」（『古事記祝詞』（前掲）とした。

だが、吉田説や倉野説には、同じ「筒」の字を使う記紀で筒（磐）之男三神の前に出現する石筒之男命と、筒之男三神との関係が説明されていない。その欠けた点を指摘した大和岩雄は、カラスキ星（図1－1）と農具の韓鋤《カラスキ》との名称及び形状に注目して、複雑な説明をして補った（本章末に記述）。その上で、大和自身の考えとして、「筒男とは、航海の安全な道しるべ、つまり守護神、今でいえば灯台のような役目をはたす神のことであり、その具象化が星であり船霊なのである。だから、星も船霊も筒といわれるのであろう」（『日本の神々』前掲）と述べている。

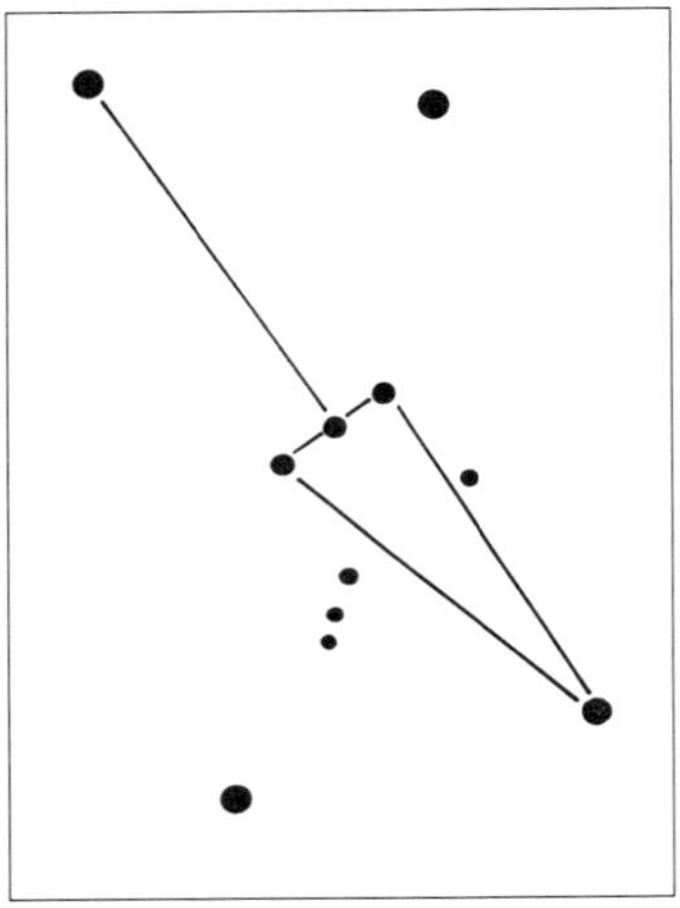

図1－1　オリオン座と三連星（カラスキ）　線で結ぶと韓鋤の形になる

さらに、野尻抱影の『日本星名辞典』にあるオリオン座に関する記述を基に、「住吉（筒之男）三神を（オリオン座の）三ツ星に推定したい」と結論づけた。だが、この大和が筒男を航海の道しるべとしたことも、オリオン座の中にある三ツ星に推定したことも、次に示す理由により理解し難い。

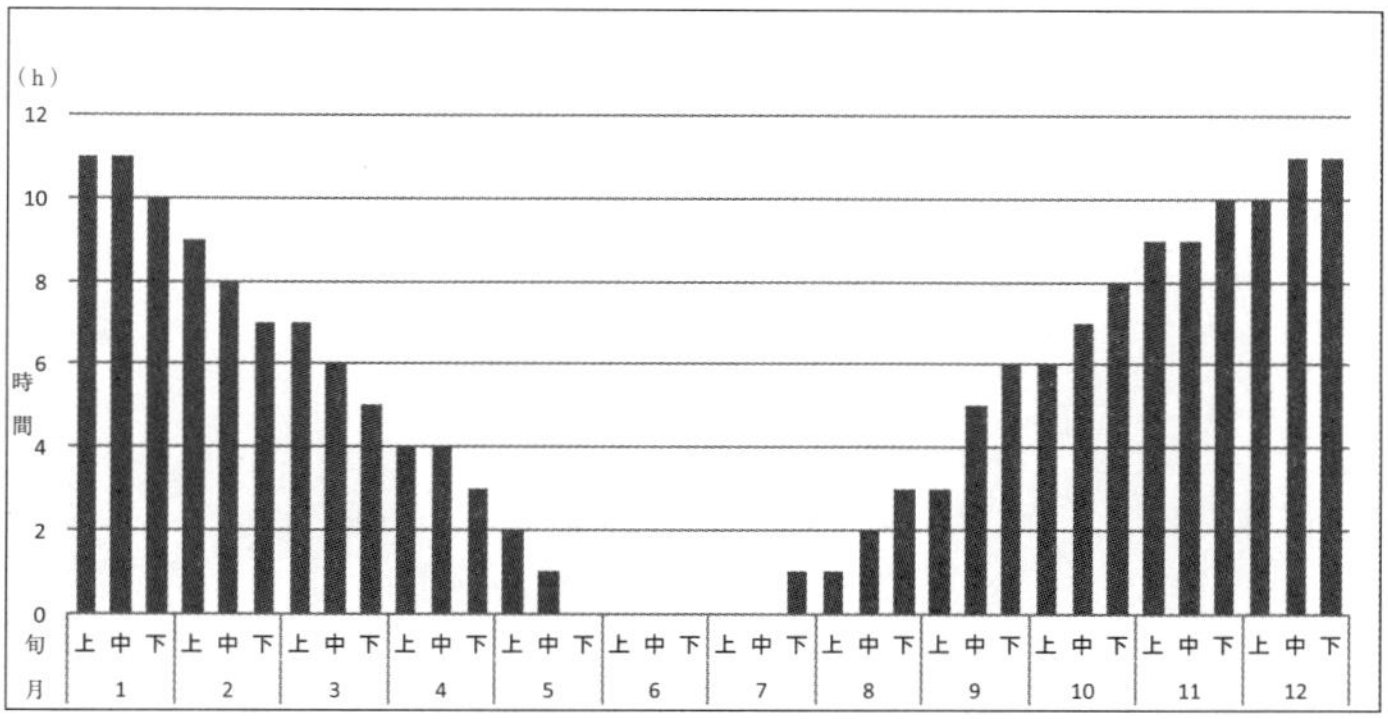

月	1			2			3			4			5			6			7			8			9			10			11			12		
旬	上	中	下	上	中	下	上	中	下	上	中	下	上	中	下	下	中	下	上	中	下	上	中	下	上	中	下	上	中	下	上	中	下	上	中	下
時間	11	11	10	9	8	7	7	6	5	4	4	3	2	1	0	0	0	0	0	0	1	1	2	3	3	5	6	6	7	8	9	9	10	10	11	11

図１－２　鹿児島におけるオリオン座の可視時間（旬別）

まず、図１－２を見ていただきたい。これは、インターネット「つるちゃんのプラネタリュウム（注1）」を使って、一月から十二月まで旬毎に、オリオン座が見える可視時間を出し、その時間をグラフにしたものだ。ただし、観測点は、北緯三六・一度の鹿児島にとり、大きな傾向を見るために、可視時間は、時間単位として分は省略した。だから、本来、滑らかなカーブを描く図が、階段状のかなり荒っぽいものになった。

　これを見れば、オリオン座が冬の星とも言われるように、一日八時間以上見ることができるのは、十月上旬から二月中旬までで、逆に二時間以内しか見えない旬が、五月上旬から八月中旬までになっている。中でも五月下旬から七月上旬までは鹿児島から全く見るこ

表１－１　五島の月別風速

月／年	1	2	3	4	5	6	7	8	9	10	11	12
1994	3.19	4.29	3.62	3.07	3.67	2.82	2.66	3.65	3.35	3.39	2.92	3.16
95	3.93	3.56	3.78	3.08	3.10	2.80	3.94	2.96	3.41	3.06	3.39	3.49
96	3.51	3.81	4.10	3.41	2.75	3.59	3.22	2.24	3.03	3.01	3.52	3.08
97	4.02	3.75	3.65	3.08	3.32	2.87	3.75	3.62	3.53	2.98	3.23	3.67
98	4.06	4.11	3.61	2.73	2.77	3.27	3.23	3.32	3.00	2.80	3.03	3.05
99	3.55	3.70	3.96	3.92	2.86	2.83	3.33	3.69	2.79	2.87	3.08	3.21
2000	3.49	3.78	4.08	3.41	2.48	2.63	3.20	2.94	3.08	3.05	3.45	3.04
01	4.12	3.39	3.98	3.03	2.71	3.20	2.95	2.80	3.07	3.28	2.87	3.49
02	4.16	3.15	3.60	3.52	2.52	2.60	3.64	3.91	2.77	3.00	3.57	3.72
03	3.97	3.32	3.78	3.50	2.90	2.70	3.81	2.75	3.21	3.02	3.07	3.68

月別平均風速（m/s）　長崎県五島の福江測候所観測データ（速い順に　黒地・薄墨地・白地に三等分した）

とはできない星座がオリオン座なのだ。

次に、この図を頭の中に置いて、表1－1、月別風速を見ていただきたい。これは、長崎県福江市（五島）の海面から三五《メートル》ほどの高さの位置で、福江測候所が観測した風速の記録を「独立行政法人新エネルギー・産業技術総合開発機構』などが整理した一九九四～二〇〇三年の一〇年間の年別月別平均風速（m/s）数値を使ってつくったものだ。

一〇年間×一二か月＝一二〇か月のデータを、機械的に風速が早い方から四〇か月ずつとり（黒地・薄墨地・白地の）三階級に分けた。

これらを基に、二〇〇〇何百年か前の船が、東シナ海を渡って日本列島と中国大陸との間を行き来する場合を想定してみる。ただし風は現代と大差ないものとする。細かくみるには、七月の陸海風の影響、八～九月の台風の影響も

（注1）http://homepage2.nifty.com/turupura/java/TuruPla.htm

考えねばならないが、そこは省略して、風が強い黒地は航海危険期、風が緩やかな白地は航海安全期と単純化して大雑把に見た。ここで注目しておきたいのは、オリオン座が良く見える一～三月は航海に適していない季節で（注2）、最も航海が盛んだったと思われる四～六月はオリオン座が見えない季節と重なっている点だ。大海原の航海では、遭難に結びつく強風は避け、反面、帆を使って風を利用する。言い換えると、航海は風に左右される。オリオン座が見えるが見えないには影響されない。だから、オリオン座が見えない季節でも航海していたと考えて間違いない。

また、大和が、「筒男命はオリオン座のことだ」と主張する根拠に使った野尻の『日本星名辞典』（前掲）は、日本全国の人からオリオン座を目標物として、どんな使い方がされているかなどの情報を集めている。この野尻の書に出てくるオリオン座の使い方は時刻・季節・航海に関する項で分けられる。集まった二四件のオリオン座に関する情報の内訳は、時刻五件・季節一七件・航海二件である。

（注2）一九七九年から二〇〇三年の冬季（十一月～翌年三月）に東シナ海と日本南方海域に発生する温帯低気圧の発生数と発生率の経年及び経月変化を調べた高橋誠の『冬季、東シナ海・日本南方海域における温帯低気圧の発生に関する気候学的研究』によると、月別では十一月と十二月が少なく、一月～三月が多かったそうだ。

航海に使った二件の情報は、「（オリオン座の）三ツ星は、正しく東から昇り、正しく西に入るので、海上では重要なアテ星となる」という箇所と、「東シナ海で撃沈された輸送船からボートで脱出した人たちが、オリオンで方角を知り台湾北部の無人島に漕ぎ着いた」という話だけだ。もっとも、これらはオリオン座が見える季節に限られた情報だ。あとは、サバが釣れる時期、カモが来る時期、新酒が出来る季節、麦を蒔く季節、夜明けが近いことを知らせるなど、現在のカレンダーや時計代わりとして使った情報ばかりである。

だから、野尻が示したデータだけで、オリオン座が航海の目標物に適しているとは言い切れないのだ。野尻自身が、オリオン座の中にある三ツ星から住吉三神を空想する、と、わざわざ空想と断っているように、星の美しさや神秘性に魅せられた星の専門家として、明確な根拠を示せないが、星空へのロマンとして述べたに過ぎないのだろう。こうやってみると、オリオン座は、航海の目標物というより、種蒔きなどの農作業の開始時期や魚介類の漁期の判断に欠かせない季節変化の目標物として使われた可能性が高いのだ。

では、オリオン座が航海に使われたのでなければ、夜間は、いったい何を頼りに航海していたのだろうか。同じ野尻（前掲）の書で、北極星は、全て（七件）航海の目標物として使われて、季節で使われた記述はない。船の航海に欠かせないのは、時刻と目的地へ向けて方向を定めるために使う目標物だ。

星を使う場合、先ほどのオリオン座のように、季節によって見えない星は、季節限定だけに年間を通じては使えない。その点、北半球において北極星は、細かいことをいわなければ、季節に関係なく動かずいつも出ている星だから、夜間の航海にはありがたい貴重な目標物になっている。しかも、北極星のまわりの星の動きが時計になってくれるから、時計とコンパスをかね揃えているのだ。たとえば、船の進行方向から左手九〇度に北極星を見ながら走れば東へ、右手に見れば西へ、正面（面）に見れば北へ、眞後ろ（艫）に見れば南へ向かっていることになる。また、それらから四五度ずらした中間の方向を取れば、北東、南東、南西、北西の四方位も加わり、北極星を使えば八方位が選択できる。

だから、二〇〇〇年前の東シナ海など島影が見えない北半球の海の夜間航海にとって、北極星さえ見えれば、船の乗組員は方向を見失うことはなかったであろう。その北極星をさておいて、季節限定のオリオンを神に仰いで筒之男三神とする大和説は考えにくいのだ。

星と航海について述べたついでに、大和説とは関係しないが、少し余談に入る。現代のような時計もコンパスもない時代に、島など陸が見えない大海原で、どうやって目的地に向かって航海したのだろうか。夜間は右記のように北半球では北極星を目標にしたとして、昼間は太陽を使ったのだろうが、北極星と違って太陽は動く。この課題の参考になるのが、鳥の渡りや帰巣飛行である。鳥が目的地に向かう飛行と、古代船が、島影も陸地も見えない大海原を航海する方法は原理が同じなのだ。鳥については桑原万寿太郎の『動物と太陽コンパス』（岩波新書　一九六三年）が参考になるので、以下、その概略をごく簡単に記述する。

　鳥は体内に時計をもっているそうだ。どんな時計かと言えば、ある位置で太陽光線を受けると、その位置におけるその日に太陽が描く軌道を読み取り記憶するすぐれた能力だそうだ。だから、次の日の日の出・正午（太陽が真南）・日没もわかるという。この体内時計を使えば、鳥は、A地点からB地点に移動した場合、二地点の日の出・日没時刻の違いから東西方向のずれを読み取り、太陽の方向を見る仰角の変化で南北の変化を読み取り、それらのデータを記憶することができるそうだ。この鳥の体内に記憶されている時計は、夜間移動する渡り鳥や伝書バトの帰巣に使われているのだという。詳しくは桑原の書を読むことを勧める。

　この体内時計を使った鳥の行動と、現代あるような航海計器をもっていなかった古代船が、島影一つ見えない大海原を目的地へ向かう航海は共通性がある。繰り返しになるが、時代を問わず、船の航海で欠かせないものは、時計とコンパスである。現代のように、器械時計や羅針盤などがない時代の人たちはどんな時計とコンパスを使っていたのだろうか。

　実は、現代人も体内時計をもっている。その例として、個人差はもちろんあるが、毎朝習慣として起きる時間が来れば目が覚めることや、屋外で、器械時計がなくても、もうそろそろお昼（正午）だ、あるいは、日が暮れる前に片付けるなど、と言ったりするが、それは無意識のうちに太陽から読み取った時刻である。また、太陽の高さ（仰角）の変化や日照時間の長短で季節を知ることもできる。もっとも、季節変化の確認は、動植物、山間に見える残雪の雪形、風、星座などいろいろな自然現象も使っている。

また、鳥は、太陽が描く軌道の一部を感知すると、その軌道の全てを頭の中に描く能力を持っているが、人も似たような能力を持っている。それは、プロ野球で打者が打った瞬間落下点に向かって走るイチローのような好選手の守備能力や、ゴルファーで自分のイメージした軌道の通りにボールを打つ選手が持っている。イチローは、瞬時に打球の軌道を頭に描き、ボールの落下点と落ちて来るまでの時間を無意識に計算しているわけだ。打球音や途中目で確認することもあるが、これは補助的なものだろう。上手いゴルファーは、あらかじめボールの軌跡を頭に描いてボールを打つ。このボールの軌道を頭に描ける能力は太陽の軌道を描く能力につながっているのではないだろうか。そう考えると、現代人のほとんどが持ち合わせていないが、島影など目標物が見えない海を自由に航行した古代人は、鳥と同じように太陽の軌道を読み取る能力をもっていた可能性はある。機器類に頼る現代人の五感は古代人と比べるとかなり退化していると見ていいだろう。太陽の軌道は、野球やゴルフボールのように風の影響を受けないだけ、比較的やさしく描けるのかもしれない。

二千数百年前の古代を想定した場合、この人がもつ太陽から読み取る能力の体内時計を鳥と同じように使えば陸地が見えなくても、目的地へ向けての方位をとることができたわけだが、太陽が見えない夜間はどうしたのだろうか。古代の人は鳥のように太陽から読み取ったデータを記憶していたのだろうか。それもあるかもしれないが、夜間は星を使って、それも北半球では北極星を重視し、季節限定のオリオン座に頼ることなく、方向を確認しながら航海したと考えていいだろう。

田中説の検証　壱岐から対馬の豆酘《つつ》は近くない

筒之男三神の筒が、対馬の豆酘という地名から来たとする田中説は、永留が『対馬風土記（前掲）』で指摘するとおり、豆酘に筒之男三神を祀る神社がないことから考えても疑問視される。

田中は『住吉大社史　上巻』で、最初に結論として、筒之男はツツの男の意で、対馬の最南端にある豆酘の男のことだと述べ、その根拠として、豆酘の現地踏査で聖地であることを確認し、また、三韓征伐に神功皇后が向かうとき豆酘村に寄ったという多久頭神社の社伝がそれを裏付けると補足している。この社伝については、当の田中自身が、後世の縁起書だからそれだけでは信じられないが、壱岐からもっとも近距離の対馬の主要港は豆酘だということを考えると、この社伝は信憑性があると言う。

また、田中は講話録の『住吉大社事典』で、豆酘は壱岐から一番近い対馬の主要港だから神功皇后が三韓征伐に行く途中に寄港した地と考えられる。その豆酘を現地調査して、筒之男命は豆酘の男の命ではないかと思いついたと述べている。

これら田中の論述を煮詰めると、筒之男を豆酘の男とする根拠は次の三点になる。まず一点目は、筒之男の筒と対馬にある聖域の地名の豆酘がツツという音で一致すること。二点目に、壱岐から対馬に向かうとき、一番近い主要港が豆酘であること。三点目に、三韓征伐に神功皇后が向かうとき豆酘村に寄ったという多久頭神社の社伝があること、になる。

一点目では、田中自身が「豆酘の地が、なぜツツと呼ばれるのか、私には判らない」（『住吉大社史』）と述べているように、聖域が地名のツツに結びついたかどうかはわかっていないのだから、これだけでは根拠になり得ない。いわば傍証に当たる。三点目の多久頭神社の社伝は、壱岐から一番近い主要港を豆酘であることを根拠に、信憑性を認めているのだから、二点目と同じ根拠になる。そうすると、田中説の根拠は、豆酘が壱岐から対馬の主要港でもっとも近い位置にあるという一点に絞られる。そこで、本当に壱岐からもっとも近い対馬の主要港は豆酘なのだろうかを検証した。

距離の測定は、グーグルアースの定規を使った（以下ＧＥ定規と略す）。まず、地図上で対馬からみて壱岐にもっとも近い勝本港を基点に、対馬の主要港の豆酘港、厳原港、雞知港（高浜船着場）との直線距離を測ってみた（図１－３）。この勝本港からだと、豆酘港よりも厳原港の方が、わずか二キロほど近い。でも、田中が言う距離は船を使っての話だ。現在、壱岐と対馬の間を就航しているフェリー発着港は郷ノ浦港と芦辺港の二港ある。それぞれの港から豆酘港、厳原港、雞知港までの航路の距離をＧＥ定規のパスを使って測定した。結果は表１－２及び１－３に示したが、郷ノ浦港からは豆酘港も厳原港も六三キロほどで、細かく言えば、豆酘の方が五〇〇メートルほど短い。この二港に比べて雞知は六キロほど遠い。次に芦辺湾からだと、豆酘港よりも厳原港の方が三キロ弱短く、雞知港は厳原港より三キロ弱遠い。以上、地図上での測定だから誤差もあるだろうが、これらの値から見た限りでは、差が小さいとは言え、壱岐から一番近い主要港を豆酘港とする田中説の根拠は揺らぐことなる。

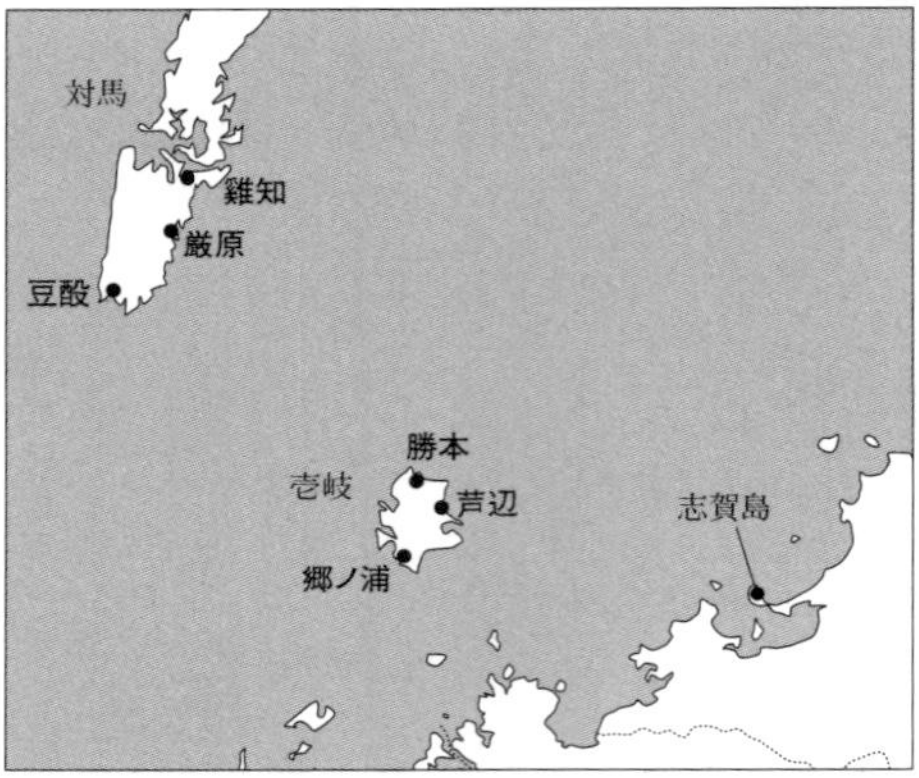

図１－３　壱岐と対馬の港

だが、地図がない時代の距離の長短は目視およびその間の移動時間で判断したはずだ。壱岐と対馬の各港間の距離を目で確認することはできないから、実際に船で渡ったときにかかった体験時間で長短が決まったことになる。ところで、海には流れがあるから、その影響を受ける度合によって、たとえ直線距離が同じであっても、

表1－2　壱岐郷ノ浦から対馬諸港への港別渡航所要時間

往路（郷ノ浦 → 対馬諸港）	豆酘	厳原	雉知
直線距離（km）	62.7	63.6	68.9
船速3ノット所要時間（時：分）	10.34	9.58	10.28
船速5ノット所要時間（時：分）	6.06	5.56	6.18
復路（郷ノ浦 ← 対馬諸港）	豆酘	厳原	雉知
船速3ノット所要時間（時：分）	10.18	11.23	12.36
船速5ノット所要時間（時：分）	6.00	6.30	7.08

表1－3　壱岐芦辺から対馬諸港への港別渡航所要時間

往路（芦辺 → 対馬諸港）	豆酘	厳原	雉知
直線距離（km）	67.8	65.1	68.9
船速3ノット所要時間（時：分）	13.05	11.33	11.35
船速5ノット所要時間（時：分）	7.11	6.30	6.41
復路（芦辺 ← 対馬諸港）	豆酘	厳原	雉知
船速3ノット所要時間（時：分）	10.24	10.51	11.49
船速5ノット所要時間（時：分）	6.19	6.18	6.48

航路によって、その渡航時間には違いが出てくる。そこで、壱岐の郷ノ浦港と芦辺港のそれぞれから対馬の豆酘港、厳原港、雞知港との航海時間と対馬海流との関係を各港間について調べてみた。

まずごく簡単に対馬海流の説明をする。フィリッピン沖あたりを起源に北上して来た黒潮が、南西諸島を洗うようにして日本列島へ接近し、九州の南西海域付近で枝分かれして、五島列島の西を北上する一～一・五ノットの対馬海流となる。この対馬海流が、対馬の南端の豆酘沖で東西に分かれて、対馬を包むように流れている。だから、壱岐と対馬の間には、この対馬の東を流れる対馬海流があり、壱岐から対馬への渡海は対馬海流を横断することになる。そこで、大雑把に見て、その渡海に対馬海流がどのくらい影響するのか、仮定を設けながら次の方法で調べた。

対馬海流の実際の速度は、季節による変化や、風の影響、潮汐の影響などを受け変化するので、いつも同じところに同じ流れがあるわけではない。また、海峡の位置によって流速に違いはあるが、ここでの計算は、そんな変動を考慮しないで、対馬の東側の流れは西側より弱いので、時速一ノット（一時間一・八五二キロメートル）で流れるものと仮定した。流れの方向は、朝鮮半島にほぼ平行して流れるものと、これも仮定した。また、風は、追手だと船速が早くなり、逆手だと遅くなるなど影響は大きいが、方向、強さが恒常的でないので、ここでは省略した。それに、実際の船の速度がわからないので、これも三ノットと五ノットの二つの速度を仮定して計算した（注3）。

実際の調べ方の基本作業は、パソコンも電卓もない四〜五〇年ほど前までの小型船舶が、海図とコンパスと時計を頼りに、進行方向と所要時間を推定していた方法と同じである。ただ、現在、私の手元に海図もコンパスもないから、これらの代わりにパソコンとGE定規を使った。

（注3）柴田恵司、大石一久は天平八年（七三六年）の遣新羅船の航海速度は二〜三ノットと計算している（『対馬風土記二六号』）。

もう少し具体的に作業を説明すると、たとえば、郷ノ浦湾口から豆酘湾口へ向かって、直線上を船が走るとすれば、その間に、船は「航行時間×一ノット＝流下距離」だけ海流に流されるから、船の航行方向は、その流される分だけ上流に向けなければならない。そうすると、その分、航行距離は直線で結んだ距離よりも長くなるので、長くなった分だけ航行時間がかかる。そのかかった時間だけ、海流に流される距離が延びる。その延びた分を考えに入れて航行コースを修正する。

そうすると、さらに、その航行所要時間が延びて、その時間だけ流下距離が延びる、といったことの修正計算が延々と続くことになるが、実際には一度修正計算をすれば、後は誤差の範囲内に収まるので、パソコンのディスプレイ上で、GE定規を使えば、海図とコンパスを使った作業と同じ程度の作業が、それほど手間をかけることなくできる。

といった作業だから、それほど精度は高くないが、それでも壱岐から対馬の主要港との航行に時間的な長短の比較はできる。その測定計算値を示したのが表1－2と表1－3で、これを見ると、船が壱岐から対馬へ向かう左手から来る対馬海流に逆らいながらの往路では、郷ノ浦からでも芦辺港からでも、船速が三ノットでも五ノットでも豆酘港より厳原港の方が短時間で着くことができる(同表上段)。一方、対馬から壱岐へ向かう右手からの対馬海流に乗る復路になると、豆酘港の方が厳原港より船速三ノットで三〇分ほど短く、五ノットになるとほぼ同じ時間で着く計算になる（同表下段）。

ところで、現代のように機械時計などない時代に、一時間足らずの時間の差をもって遠近を判断したであろうか。それに往路と復路で長短が入れ替わる壱岐と対馬間で、壱岐から一番近い主要港が豆酘だ、厳原だ、雞知だ、と決め付けることは無理と言っていいだろう。

さらに加えると、前述のとおり、対馬海流は五島列島方面から北上してきて、対馬にぶつかって豆酘の南で東西に分離して流れている。豆酘は、東の神崎、西の豆酘崎が突き出たコの字を右へ九〇度回転させた枡形の豆酘湾にある。東西に分かれる対馬海流は、この神崎と豆酘崎を洗うように流れるから、特に両崎近くはそれぞれ流れが強くなり、船にとっては怖い難所になっている。だから、壱岐方面から豆酘に向かう船にとっては、流れが速い神崎付近を大回りしなければならない分、実際の航海時間は長くなる。

以上、先の地図上の測定値からも、海流との関係からみた航海時間からも、壱岐から豆酘港が一番近いとは言い切れないので、田中が主張する壱岐から一番近い対馬の主要港が豆酘港という考えは成り立たない。そうすると、神功皇后が三韓征伐に向かうとき豆酘村に寄ったという多久頭神社の社伝の信憑性も疑問視されることになる。だから、筒之男は豆酘の男だとする田中説の、壱岐から一番近いのが豆酘とする根拠は、根拠になりえない。

必要性から生まれた港の管理者

山田説は『歴史公論』（前掲）で前述したように、筒之男命の言葉の解釈から入って、筒之男命は津を司る神の意、と一旦結んでいる。ここまでの解釈は、山田なりの論法に筋が通っているが、その後に、筒之男三神は、航海を司る神々で海上交通の要所に祭られた、と付け加えている。この後付部分は、山田が根拠にした言葉の解釈の中に、津と航海とのつながりの根拠が示されていない。この箇所は、論拠のない蛇足で、説明になっていない。

山田と同じように、筒之男命を港の神としているのは、新川登亀男で、『住吉と宗像の神』に「住吉の神は、けっして漁労の神ではない。玉や石の神化もみられない。それは何よりも人為的につくり出された港津の神であり、（以下略）」と書いているが、肝心の筒之男を港津の神とする根拠が示されていない。

また、新川の文で、人為的に創り出されたのは、港津そのものなのか、港津の神なのかわかりにくい。神は動植物や鉱物資源のように自然が創り出したものではないから、人為的に創り出されたに決まっている。それだけに、港津のことかとも思ったが、後に続く神功皇后や津守連と住吉神社とのかかわりなどの説明を読むと、人為的に創り出されたのは神で、港津の神を指しているらしい。

では、人はなぜ神を創り出すのだろうか。新川は言及していないが、それは、必要だからだ。神を創り出すときの必要は、言葉を換えると願い事である。これは、現在でも身の回りにある。たとえば、受験生が合格願いの絵馬を神社に奉納するのもその表れで、合格にかかわる神は、学校制度が出来て、入試制が採られて必要になったから願うようになった新しい神だ。ただ、実際、合格願いの神は既存の天神などの神を利用しているが、もしなければ、新たに創り出したことだろう。同じように、古代でも新たな必要性が出てくれば、それに見合った神を創りだしたはずだ。そこで、新たな必要性が新たな神を創るという視点から、筒之男三神の意義を探ってみる。

まず、海の使い方を大きくとらえると、生産の場として製塩も含めての漁労と、船を使っての航海がある。次に時代経過からみると、漁労は技術や漁具は変わっても、人が海の幸をいただくという点で、太古から現代に到るまでそれほど大きくは変わっていない。その点、古代の航海は、船の構造によって大きく変わっている。

どこが変わったかと言えば、一つは船体の大型化であるが、もう一つは、停泊時に浜辺などへ陸揚げできる船型の船だけの時代から、陸揚げできない船型の船も造られる時代に変わった。すなわち、遠出する船の横断面の船底形状が、U字型の平底の刳船（丸木船）や筏のように浜辺などに引き上げることが出来る船型から、刳船に板を接いだ準構造船や竜骨に板を接いだ構造船のように板を接ぐことで船幅を広げたV字型の尖底の大型船に変わった。このV字型の船底だと、陸に引き上げると転倒する。なぜ船底形状が変わったのかと言えば、U字型は風上に向かって走れないが、V字型は向かい風を利用して風上へ向かっても走れるのだ。

その理由を簡単に説明すると、船が風を斜め前方から受ける場合、船底形状が平底だと水の中での抵抗が小さく船は風下に流されるが、船底形状が尖っていると、その尖底部分に水の抵抗がかかり船を風上へ押す力となる。だから、船は風と水の両方から押されて、斜め前方に飛び出すように押し出される。尖底形状の船だと、これを利用して船をジグザグに走らせて風上へも走れる。平底船だとこれができない。

陸地に引き上げることができない大型船やV字型の船は、静穏な水面に係船して停泊することになる。波が静かな湾といっても、古代には、現代のような人工防波堤はないから、強風時には、外から波浪が入って来るし、風で船が流される危険もある。停泊時に、大切な船が損傷することがあれば航海は続けられない。だから、船を港(津)に安心安全に停泊できることは、航海と同じように、命にかかわる大切なことだったはずだ。そこで、安心安全の停泊地として、河口から少しさかのぼった川、あるいは、河口近くにある潟湖(ラグーン)を利用することになる。この水域は、静穏度が高く、外から入る水(波)を止める水戸(→ミナト→港)であり、波を止める波止場であり、港、すなわち津であった。船の大型化や尖底船の出現によって、それまで必要としなかった港が必要になったのだ。その港は、これまで綿津見神に安心安全などをお願いしてきた水域から、戸で仕切られた新しい別の水域に当たる。この水域区分については、記紀にそれぞれ二か所記述されている。イザナミノミコトが黄泉の世界に行く前と後に出てくる。前の部分については後述するとして、筒之男三神は、後の部分で、黄泉に行ったイザナミノミコトに会いに行ったイザナギノミコトが黄泉の世界の汚さを見て逃げ帰り禊ぎをする場面（本書五章の冒頭に掲載）に出ている。

『古事記』では、「竺紫の日向の橘の小門の阿波岐原に……」（以降、『古事記』の現代訳文は、倉野憲司の訳文を使用）。これに対し、『日本書紀』では、「筑紫の日向の川の落ち口の、……」とある（以降、『日本書紀』の現代訳文は宇治谷孟の訳文を使用）。ここで注目されるのは書紀の「川の落ち口」だ。川の落ち口とは、川が海に入る川と海の境で、いわゆる河口域である。

河口域は、模式図1－4に示したように上層を川から流れ出る比重が小さくて軽い淡水が流れ、底層に比重が大きくて重い海水が入り込み、水層が上下に分離した構造が特徴である。言い換えると、川の水は河口付近で海水に押し上げられて、層が薄くなって、その分流れが速くなっているが、海水は、川上に向かって楔状の斜めに差し込み、潮の干満で出入りするだけで、上層に比べて静かな流れである。この河口域の構造に照らしてみると、記紀で、イザナギノミコトが「上の瀬は流れが速く、下の瀬は流れが弱い」と言った表現は、河口域の特徴を表して

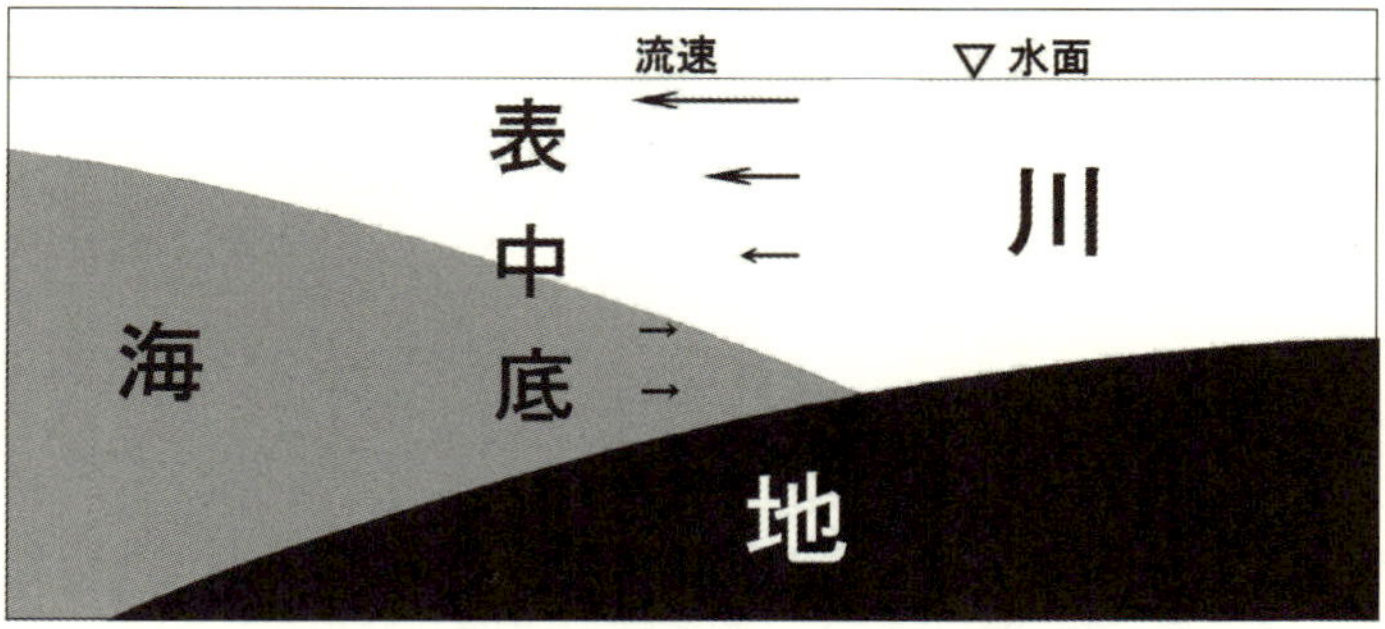

図１－４　河口域の構図（海水と河川水の流れ）

いる。禊を行った場所は河口域なのだ。

次に、これも記紀で、「水の底に潜って穢れを洗い流すときに底津綿津見神と底筒之男命が、潮の中に潜って中津綿津見神と中筒之男命が、潮の上に浮いて表津綿津見神と表筒之男命が生まれた」と言った記述があるが、ここでは、底から上への順番で、綿津見神と筒之男命が生まれていることが注目される。

ごく最近まで、怪我したら海水で洗え、という消毒法を使う地域が神奈川県三浦半島にあった。また、現在でも、塩が穢れを除くとされていることは、葬儀でお清めの塩を使うことからもわかるし、お祭りなどで、「潮撒いておくれ」と言うように潮水をかける（現在、実際は真水が多い）ことからも理解できる。だから、イザナギノミコトは、はじめに底層の海水で禊（消毒、殺菌）をやって、中層を経て、表層の真水（川水）で塩気を流し落としたということになる。記紀では、この手順で穢れを落とす都度神々が生まれたという表現になっている。これは河口域に形成される水層構造だからこそ踏める手順で、これが海の沖や川の上流ではできない。

以上のように見てくると、川の落ち口、瀬の流れの遅速、神が生まれる順番から、禊を行った場所が河口域だとわかる。そして、肝心なのは、この河口域が、航海水域（海）と港水域（川）との境界に当たることだ。両水域の境界だからこそ、同じ水域でもいわば縄張りの水域が異なる海の神の綿津見神と港の神の筒之男命が同時に、この場所で生まれたわけだ。このように水域を区別しないで考える限り、記紀で、綿津見神と筒之男命が同じ場所で同時に生まれたことを理解することはできないだろう。逆に言うと、海と港を区別した水域ととらえて、はじめて綿津見神と筒之男命の出現が理解できる。少し推論を飛躍させると、この綿津見神と筒之男命が生まれたときから、日本人の頭に、海と川という水域を区分する概念が生まれたのかもしれない。

船にとっての港は、航海してきた海とは違い、現代人で言えば家と同じようなもので、外から帰宅して心が休まる安心安全の空間なのだ。海は外に、港は家に相当する。現代、外と家を区分して考えるように、海と港は別の空間なのだ。港が必要となる前から、海人は漁労や航海の神として綿津見神の概念をもっていた。時代とともに港が必要となり、河口の上流に港ができると港の神も必要になった。そこで港の神の筒之男が生まれた。だから、記紀に綿津見三神と筒之男三神が同時に、同じ海で生まれたことになっているが、厳密に言えば、綿津見三神の海と筒之男三神の港（津）とで両神の受け持ち空間は異なるわけだ。ただ、その後、筒之男三神は大和朝廷と結びつき、航海も、戦争も受け持つようになりその効用を増やし、航海に関しては綿津見三神と重複することになったのだ。

ここでイザナミノミコトが黄泉の世界に行く前にも港の神が生まれたことを紹介しておく。

『古事記』では、神々の生成で一〇神生まれる場面で、「……次に海の神、名は大綿津見神を生み、次に水戸《ミナト》神、名は速秋津日子《ハヤアキヅヒコ》神、次に妹速秋津比売《ハヤアキヅヒメ》神を生みき。この速秋津日子、速秋津比売の二はしらの神、河海によりて持ち別けて、……」とある。

『日本書紀』では、神代上の一書（第六）に、イザナギノミコトとイザナミノミコトが協力して大八洲国を生んだ後の場面で、「……また生んだ海の神たちを、少童命《ワタツミノミコト》という。山の神たちを山祇という。海峡の神たちを速秋津日命という。……」とある。ここで宇治谷が海峡と訳した箇所は、原典に「又生海神等。號少童命。山神等號山祇。水門神等號速秋津日命」とある。「水門」だから「みなと」と訳すべきだ。そうすると、ここは『古事記』と同じ水戸のことになる。

このイザナミノミコトが黄泉の世界に行く前で注目されるのは、記紀の中ではっきりと海と港を別けて考えていること、もう一つは、イザナミノミコトが禊ぎをしたときと同じように海の神と港の神が同時に生まれていることである。

ところで、大綿津見神と綿津見神三神、速秋津日子神と筒之男三神が同じ神であれば、二度生まれたことになる。神の世界のことだから、何度生まれてもかまわないのだろうが、海の神として大綿津見神と綿津見神三神を別扱いにする方が不自然なだけに、速秋津日子神と筒之男三神も同じ神と見た方がいい。そうすると、ここでも筒之男三神は河口で生まれた港の神になる。なお、この件については第三章でも触れる。

少し話は変わるが、筒之男三神が河口で生まれたことをスミヨシの文字からも見てみる。住吉大社の住吉をスミヨシと称し始めたのは平安時代からで、それ以前はスミノエだけだった。万葉集には、住江、清江、墨江、墨之江、須美乃江とも書く（大和岩雄「日本の神々―住吉大社―」）、そうだ。ということは、ある場所を言葉でスミノエと称していたが、その地名を文字で表わすときに、いろんな漢字を当てたものと理解できる。それらの当て字は淘汰されて、好字の住吉《スミノエ》が残り、やがて、その住吉をスミヨシと読むようになり、それ以降、文字の住吉と、読みのスミヨシが定着していったということではないだろうか。では、どんな土地をスミノエと呼んだのか。

視点を変える。近年、言葉を漢字に換えることは特に外来語に対して行なわれてきた。その外来語を漢字で表わした結果を見ると、漢字の当て方は次の三つに分かれる（以下の例示はいずれもワープロの漢字変換で出てくる言葉）。

一　音・万葉仮名と同じように、発音どおりに漢字を当てた。例として、亜細亜、亜米利加、印度などがある。
二　意・言葉の意味だけを漢字に変えた。例として、煙草、燐寸、麦酒などがある。
三　音＋意・発音どおりに漢字を当てて、その漢字の一部に、言葉の意味をもたせた、分類一と二を混合した漢字がある。例として、金平糖、倶楽部、歌留多などだ。それらの漢字表現では、中にそれぞれ糖、部、多、が言葉の意味を表わしている。

私は言語学者じゃないし、そちらの見識もないから、既にこの三分類について、誰かが唱えているかもしれないが、それはそれとして、この三分類は、時代を問わず日本人が言葉を漢字で表わすときの法則とでも言えそうだ。

そこで、前に戻って住吉の原点のスミノエに当てられた文字を見ると「江」の字が共通して入っている。これは分類三に該当し、「江」には意味があると判断できる。「江」の意味は、『大字典』（講談社）によると、本義は揚子江（長江）を表わすが、日本では湖海等が陸に入り込んだ湾の義で入り江、江上は川のほとり、江口は河川水が海に注ぐ口とある。

そうすると、スミノエの「江」は、入り江や川の河口近くの地に付けたものだと考えられる。スミノエのスミについて、谷川健一が『古代海人の謎』（一九九一年、海鳥社）で、九州から沖縄の西表、与那国まで琉球島全体にかけて、スムは潜ることだ、と言っている。これをそのままスミ（スム）ノエに当てはめると、イザナミノミコトが潜って筒之男三神が生まれた河口と符合する。

そうすると、九州、沖縄地方の河口付近にスミノエと言う地名があってもよさそうだが、探し方が悪いのか、河口付近を漁場とする潜る漁業がないからか、ともかく河口付近に見当たらない。また、九州、沖縄に限らず、入江や河口付近にスミノエ、あるいは、それに類する地名が付けられた所があってもおかしくないが、それも見当たらない。それでも、全国的に見て、住吉という地名は多い。

直木幸次郎は『新修大阪市史第一巻』で、住吉郷の中には住吉神を勧請祭祀したことで住吉の地名がついたところもあろうが、そればかりでなく、住吉という地名はあった、と述べている。だが、第二章、第四章でも触れるように、対馬、壱岐、福岡、下関、神戸、大阪、安曇野の住吉神社の周辺に住吉の地名がある。これらの地は、必ずしも河口近く、すなわちスミノ江の江に該当する位置ではない。この住吉という地名は、おそらく、住吉大社、住吉神社の社号に因んで後から付けられた地名だろう。

ところで、おそらく、当時の海人の間には、前述のように、新しい港の神が出現する前から、航海を司る綿津見神は存在していたであろう。そうすると、港水域も航海水域も同じ水面だし、停泊する船も航海する船も同じ船だから、港の水域も綿津見神に兼ね持たせることも出来たはずなのに、という考えが出てもおかしくない。だが、これも前述したが、港の使い方は、安心安全に停泊できる静の水域、航海の動の水域とは違っていて、両者は静と動という対をなしているのだ。だから、新たに生まれた静の水域には新たな神が必要になる。

この静と動とを区分けすることは、現在の自動車保険の内訳でも行われている。自動車保険は、衝突など動の走行中の保険と、盗難など静の駐車中の保険に分かれている。古代と現代とでは時代も違うし、対象物も船と車の違いはあるが、人が安心安全を願う気持ち及び、その対象区分も変わらないことが理解できるかと思う。もっとも、神と保険は安心安全という点でも共通している。

第三章の対馬のところでも説明するが、ワタツミとツツノオを概括すると、ワタツミは東南アジア系、すなわち縄文人が信仰していた神で、ツツノオは日本列島生まれの弥生人の神という出自と時代に違いがある。

また、板を接いだ大型の構造船（又は準構造船）や横断面がV字型の船の出現は、鋼鉄製の鋸、鍛鉄製の船釘の出現によって盛んになったわけだから、順番で言うと、U字型の丸木船や筏が先で、その後になる。したがって、綿津見神が先輩で、筒之男命は後輩になる。その辺のことも配慮してか、記紀では、出現順番を綿津見神が先で、筒之男命は後という先輩後輩に分けて扱う気配りもしている。

このように、筒之男の必要性、港の静穏条件、記紀の描写という大きく異なる三つの視点と文字の江などからとらえて、筒之男三神の意味は、山田説の津の男、港(津)を守る神と同じ結論に到った。ただし、山田説では、筒之男を蛇足的に航海の神ともしている。これは、言葉の分析から入って理論展開した山田説としてはそぐわないが、一旦生まれた神は時代とともに他の役目も負わされる。第三・四章で述べるように、筒之男三神も港の安心安全だけでなく、軍神の役も担ってくる。そう考えると、山田説が自説の理論に乗らない航海の神を付け加えたことも理解できるが、念を押すと、港(津)の神と航海の神は、その受け持ち区域が違う。筒之男三神が港の安心安全を司る神として生まれ、その後、航海の神、軍の神などの役目をもつことは、筒之男三神が成長する過程で、その時代に沿って付加されてきたものだ。

ついでに、筒之男三神はいつの時代から出現したのであろうか、という問題に触れておく。それは、繰り返しになるが、横断面がV字型の尖底船の出現と関係する。すなわち、板を接いで浸水しない構造の船(準構造船、構造船)を造れる造船技術が開発されてからだ。その造船技術には、板を切り出す鋸や板を接ぐ釘が必要だ。青銅製の鋸や釘でも造れないことはないが、本格的に板を使ったV字型の尖底船が造り出されるのは、鋼鉄製の鋸、鍛鉄製の船釘ができるようになってからである。ということで、筒之男三神を必要とし始めたのは造船に鉄が利用されるようになってからである。

いつから造船に鉄器が使われ始めたのか、その年代は明確にはわからないが、鉄の使用について、中国大陸では、戦国時代の終わりごろから始まっている。だから、大雑把にとらえると、秦の時代（前二二一～二〇六年）から鉄が使われ始め、盛んになるのは、前漢の武帝（前一四一～前七八年）が鉄の専売制を執ったころになる。だから、鉄を使ったV字型の尖底船が出現するのは、西暦前二世紀ごろからと考えても大きな間違いではないだろう。その後、これに呼応する形で、港も必要となり、筒之男三神の概念も生まれてきたであろう。

いずれにしても、鉄器を使った大型船や横断面がV字型の尖底船が出現して港が必要となり、その港を守る筒之男三神の概念が生まれたのは、記紀の編纂される七～八〇〇年も前で、神功皇后が実在の人、架空の人という問題は別としても、ごく大雑把にみても、神功皇后より四～五〇〇年前の時代である。

これで私の筒之男三神の誕生に関する説明は終わりだが、先に大和が山田説を、記紀で筒之男三神の前に出てくる磐（石）筒之男神との関連についての説明がない、と批判していた。

大和は『日本の神々』で、筒が星に結びつくことを二つの視点から説明しているが、この説明は率直に言って、結論の「筒之男はオリオン座の三連星（カラスキ）、磐筒之男は金星」に至る論述が込み入っていて、私には難しすぎる。それでも無理に順序だてて整理すると次のようになるようだ。

書紀に、イザナギノミコトが十握剣でカグツチを三段に斬ったとある。そのときの血の滴りで磐筒之男が生まれた。だから磐筒之男は剣にかかわる神である。別途、スサノオがヤマタノオロチを斬ったときも十握剣を使った。このときの十握剣は、書紀一書の第三では韓鋤剣とある。オリオン座の星を線で結ぶと、子の日に、人が使う韓鋤の形になる（図1－1 現在のシャベルに近い形）。だから、カラスキとも称される三連星は韓鋤で、韓鋤→韓鋤剣→十握剣→血の滴り→磐筒之男と、説明の順序を逆にたどると磐筒之男の筒が星に結びつく。

また、星が落ちて石になる。石と一緒に生じる金（鉄）は剣になる。だから、星は剣につながっている。一方、星は航海の目当てに使われる。航海の神の筒之男は三連星だから筒は星を意味する。そうすると磐筒之男の筒も星だから、航海に使われる宵の明星、明けの明星の金星が磐筒之男に当たる、と言うことらしい。

このあちこちへジャンプする説明を読んで、そもそも筒という文字が同じだからといって、筒之男と磐（石）筒之男の間にそれほど整合性をとることもないかと思う。そこで次のように軽く考えてはどうだろうか。

筒之男三神が発展して航海の神の役も受け持つことになると、港と港をつなぐパイプ、またはチューブの役として筒の字を使った。一方、石筒之男の筒も石と石をつなぐ石垣づくりなどの意で、石筒之男の前に生まれた石拆《イワサク》神の拆に対応させてつなぐ意の筒が使われただけだ。

あるいは、本書の原稿は、パソコンのワープロを使って書いた。その記述中、筒之男の文字を使っていると、たとえば「いしつつのお」と入力して変換すると「石筒之男」と出てくるし、「そこつつのお」と入力すれば「底筒之男」と出る。これは、「つつのお」の漢字変換が時間的に近い記憶を優先させているからだ。当て字を使う場合、人の頭もワープロと同じで、記紀の記述者も、その意味を考えることなく、同じ音の文字は、少し前に使った文字を当てただけだと考えてはいかがだろうか。

第二章　住吉神社

平安中期の延喜五（九〇五）年から延長五（九二七）年に完成した延喜式に名神社として掲載されている住吉神社が存する国は、西から順に挙げると、対馬、壱岐、筑前、長門、摂津の五国である。これらの国は、大和（奈良県）と朝鮮半島とを結ぶ経路の要所にあたる。ただ、これらの国にある住吉神社が、記紀に出ている神功皇后（略三世紀）から七世紀の天武天皇時代までの時代にはどこにあったのか、と言うことになると必ずしも明確ではない。

壱岐と長門は現在の住吉神社でほぼ間違いないとしても、対馬では雞知《けち》の住吉神社が有力であるが、鴨居瀬の住吉神社とする説もある（永留『対馬風土記一三』）。筑前では、現在の福岡市博多区の住吉神社の前身は、福岡県那珂川町にある現人《あらひと》神社という説もある。また摂津についても、大阪市住吉区の住吉大社か、神戸市にある本住吉神社かという問題がある。と言った具合だ。これらの諸説・諸問題に関しては、現地踏査した結果を踏まえた上で説明する。

その他にも、摂津の住吉神社に関係する条件に、大阪湾を見渡せると言う項が出て来たので、神功皇后による創建と称している河内長野市の住吉神社も踏査対象にした。また、時代は少し下がるが、大和と朝鮮半島を結ぶ交流ルート上で、明石海峡の潮待ちとの関係から明石の住吉神社は、大阪湾への玄関口としてははずせない。それに、安曇野の住吉神社は、天武天皇のとき信州に都をつくる計画があったこととの関連から大和朝廷の防衛拠点との関連で現地踏査の対象にした。したがって、訪ねた住吉神社を西から順に並べると次の一一社になった。安曇野の住吉神社を除く一〇社を図2-1-1（西日本）と2-1-2（近畿）に示した。

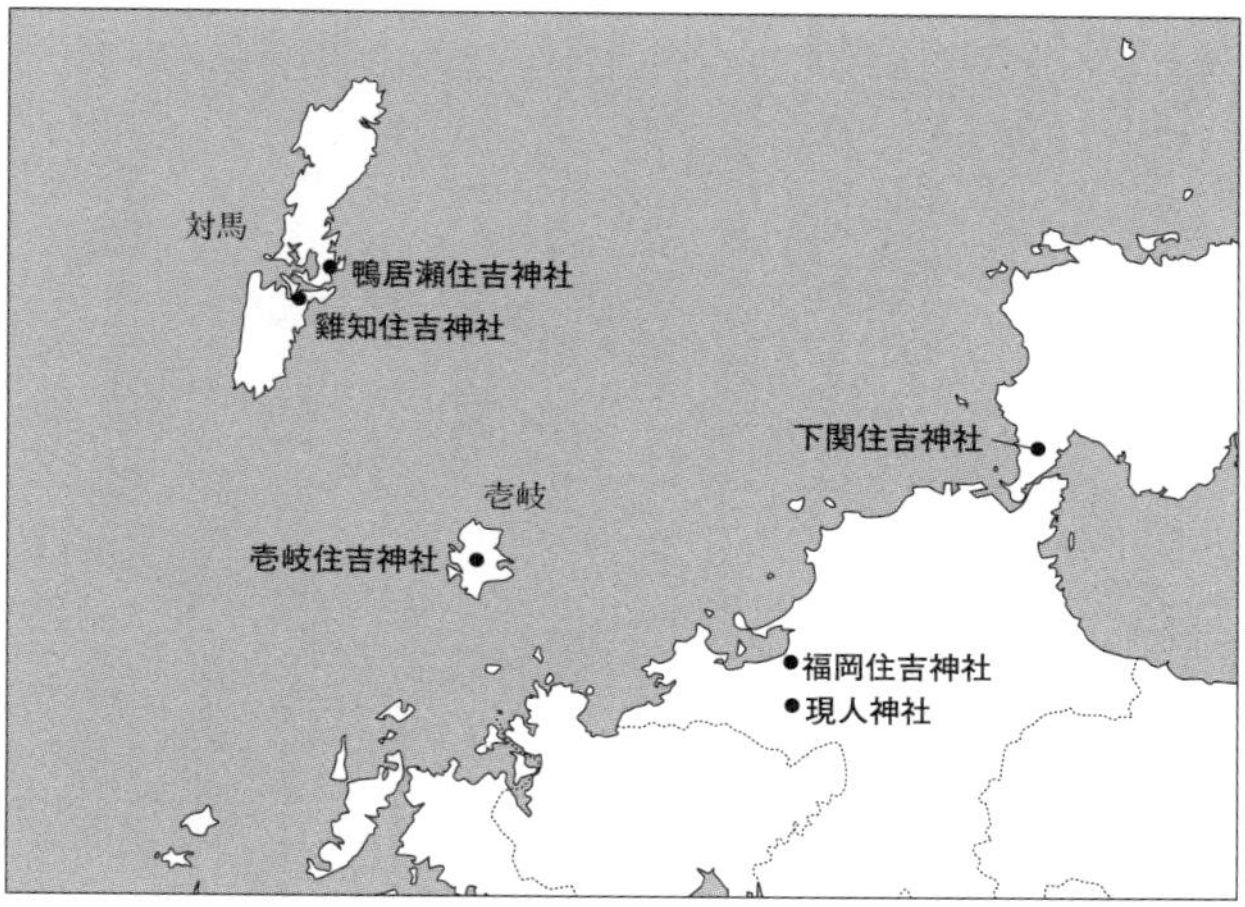

図2-1-1　住吉神社（西日本）

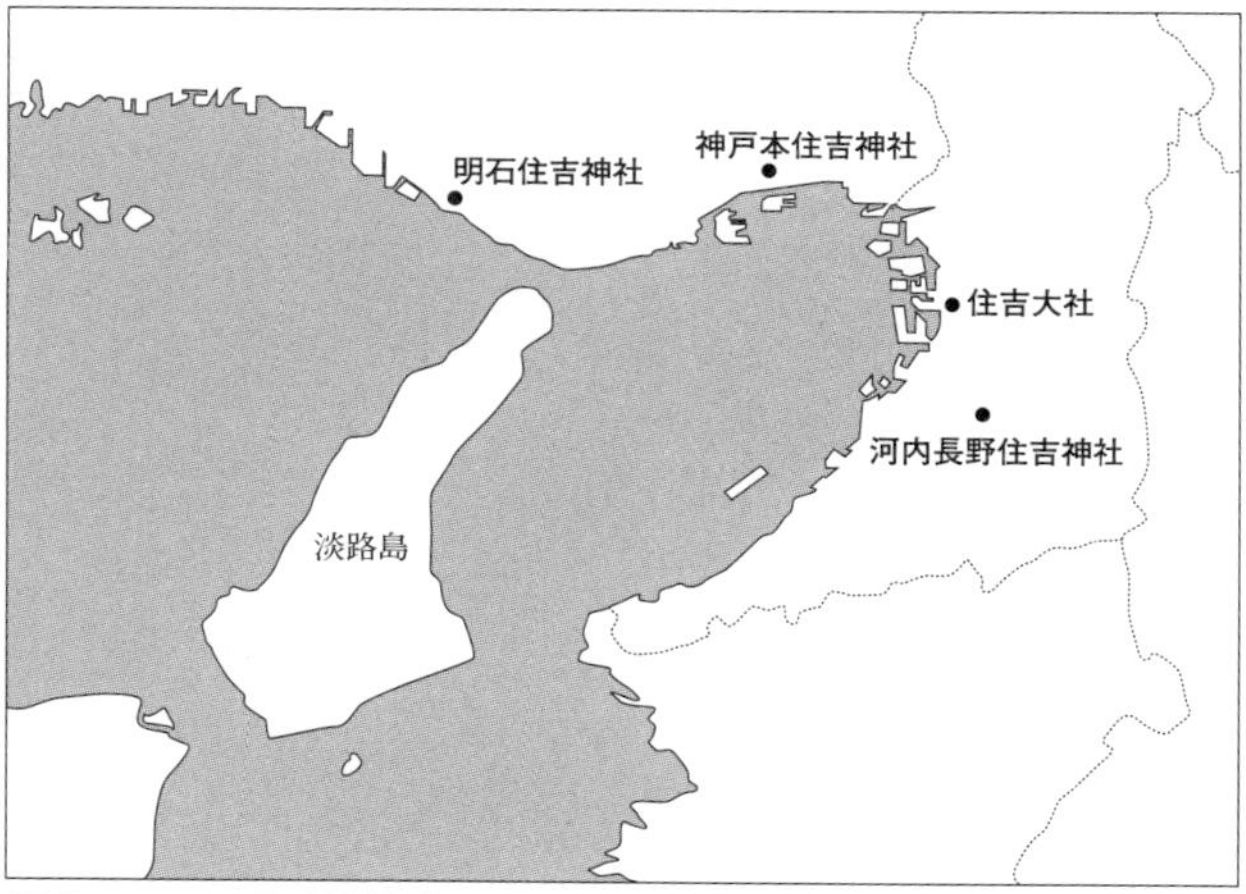

図2-1-2　住吉神社（近畿）

対馬市美津島町雞知　住吉神社
々　鴨居瀬　住吉神社
壱岐市芦辺町住吉東触　住吉神社
福岡市博多区住吉　住吉神社
福岡県那珂川町　現人神社
下関市一の宮住吉　住吉神社
明石市魚住町中尾　住吉神社
神戸市東灘区住吉宮町　本住吉神社
大阪市住吉区住吉町　住吉大社
河内長野市小山田町　住吉神社
安曇野市三郷温　住吉神社

なお、この一一社の他に、延喜式に掲載されている住吉神社、すなわち式内社として、いわき市の住吉神社と兵庫県加東郡社町の住吉神社の二社がある。これらを訪問しなかった理由はつぎのとおり。

いわき市の住吉神社は、地図で見ると、藤原川をさかのぼったところにあるが、東北総鎮守として筒之男三神を祀った(和田文夫『日本の神々　一二』)。すなわち、東北の方から大和朝廷を脅かす存在に目を光らせる機関だ。また、兵庫県加東郡社町の住吉神社は、瀬戸内海から直線距離で三五キロほど山間部に入った所にある。それに社町の周辺地域には住吉神社と称する神社が四五社もあるが、なぜ海にまつわる筒之男三神を祀っているのか、まだわかっていない(浅田芳朗『日本の神々　二』)そうだ。ただ、ここら一帯は住吉大社の荘園(小野原荘)だった関係で、住吉大社から勧請し、さらに分祀されたからだろうという説や、『住吉大社神代記』によると、播磨国賀茂郡の掎鹿山《はしかやま》で朝鮮出兵のための船を造ったという伝承があるので、ことによると、造船、その木材、あるいは木に付いている山ノ神と筒之男三神とを入れ替えるためなどが考えられるが、現段階では、これだという根拠が見出せないでいる。いずれにしても、これらの住吉神社は、大和と朝鮮半島を結ぶ経路から外れているというのが、今回は訪問しなかった理由だ。

訪問した一一社については、これから訪問した順に述べるが、ワタツミ系の神との関係で複雑な長崎県対馬市の雞知と鴨居瀬の住吉神社は第三章に、また、大和と朝鮮半島とを結ぶ航路から外れた内陸部にある長野県安曇野市の住吉神社は、第四章で詳述する。

福岡の住吉神社

私は歩いて、福岡市の中心街天神から住吉神社へ向かった。那珂川に架かった住吉橋を渡ったすぐ先に、緑の木立に囲まれた住吉神社に着いた（写真2－1）。境内に入ると、そこは、それまでの密集している市街地と違って、広々とした神聖な空間があった。由緒に、祭神は底筒男命、中筒男命、表筒男命、配祀は天照皇大神、神功皇后とあり、つづいて、「住吉大神をお祀りする神社が全国に二千数社あるが、当社は最初の神社といわれ、古書にも『住吉本社』『日本第一住吉宮』等」と記されていることに注目させられた。

この全国で最初の住吉神社ということに関しては、貝原篤信（一六三〇～一七一四年　名を益軒　福岡藩に仕えた）が、『筑前国続風土記　巻之五』で、また、青柳種信（一七六六～一八三六年　福岡藩士）が『筑前国続風土記拾遺　巻の十と十三』で記している。次に、その二書を合わせて紹介する。

貝原も青柳も異口同音に、記紀でイザナギノミコトが禊ぎをするときに筒之男三神が生まれた場所は、「筑紫の日向の橘の小門の阿波岐原」とあるが、これらの地名が福岡周辺にあることを根拠に、筒之男三神は福岡で生まれたと述べている。それに、大阪の住吉大社や下関の住吉神社は神功皇后の時代に出現したのだから、神代の時代に生まれた福岡の住吉神社の方が古

写２－１　福岡市の住吉神社（福岡市博多区住吉）

い。ということで日本列島で最初に創建された住吉神社は、福岡の住吉神社だと主張しているのだ。また、加えて貝原は、筒之男三神が生まれた時代に、日向、薩摩、筑前などの国名はなかったので、「筑紫の日向」と言っても、今の（江戸時代）日向国ではない。神代の時代には、九州一円を筑紫と称していた。九州は、朝は東方の日に向かい、夕は西方の日に向かう。だから、筑紫の日向と記紀にあるのだと記している。

それから、貝原は、今の（江戸時代）住吉神社があるところは干潟だったから、創建時は他所にあったと言い、青柳も、同じく今の（江戸時代）住吉神社の地から那珂川を五キロほど上ったところに三宅村（注1）があって、そこを那津の口と言っていたことから考えても、海は南の山際まで来ていた。今の所が陸地になった後に、遣唐使船が那津に入るようになってから遷したのだろう、と述べている。

どこから移って来たのかについて、貝原は述べていないが、青柳は、現在の住吉神社から那珂川を九キロほど上った那珂川町にある現人《あらひと》神社（写真2－2）に、古くから「現人大明神は住吉神社の跡で、ここから今の住吉の地に遷し奉った。また、文書にも住吉本社とある」という言い伝えがあることや、両社とも神職の姓が同じ佐伯氏であることを根拠に、現在の福岡の住吉神社は、現人大明神から遷ったと主張する。また、現人大明神の社名を住吉神社と称さないのは、そもそも住吉神社という社名は、神功皇后の時代に付けられたので、それ以前に創建されていたからだと言っている。この貝原と青柳の主張を合わせると、筒之男三神を祀ったのは、全国で現人神社が最も古いことになる。ただし、福岡の住吉神社が、社号を全国のどこよりも早く住吉神社と号したことについての根拠は示されていない。

次に貝原と青柳が主張している筒之男三神が生まれた地が、現在、福岡市を通って博多湾に

（注1）『日本書紀』の宣化天皇の項に、元（五三六）年「筑紫の国は外国と往来する関門だから、河内国や尾張国など四ヵ国の籾を那津（博多）へ運ばせろ。官家（屯倉）を那津の口に建てよ。また、この筑紫・肥国・豊国の三つの国の屯倉は、それぞれ離れているから、分割して那津の口に集めて非常時に備えよ。」といった趣旨の命令を発している。この五三六年の官家（屯倉）が現在の三宅の位置の可能性はある。

写2－2　現人神社（福岡県那珂川町）

流れ込む那珂川の河口だという説を検証してみる。

　まず、河口で筒之男三神が生まれたことについて、第一章で述べたとおり、横断面がVの字型の尖底船や大型船が安全に停泊できる港の水域と海とを区別する必要性から、河口域で綿津見三神と筒之男三神が生まれたという考えに立つので、貝原と青柳の二人の説は首肯できる。その河口が那珂川という説は、西暦前二世紀の初め頃、博多湾の入口にある志賀島を根拠地に、尖底船を操って中国大陸と交易していた安曇族が、港を志賀島から博多湾に移したとしてもおかしくない。また、安曇族は綿津見神を祀っていたので、記紀で綿津見三神と筒之男三神が那珂川河口で同時に生まれたとしていることも納得できる。

また、現在の住吉神社の地は海だったから、それ以前の住吉神社は別の地にあったという貝原と青柳の考えは、宮崎康平が『まぼろしの邪馬台国』で使っている山崎光夫九大名誉教授作成の弥生時代の博多湾沿岸図でも、現在の住吉神社の位置は、弥生時代の海岸線の外、すなわち海になっているから、これもおかしくない。

最後に、現在の住吉神社が、那珂川町の現人大明神から遷ってきたとする青柳の説を検証する。実際、那珂川町の現人神社（大明神）を訪ねると、神社の略誌に、住吉三神総本宮、御祭神は筒之男三神とあり、由緒に、「……住吉三柱の大神を祭祀した最も古い社にして……神功皇后三韓遠征の際、軍船の舳先に御形を現し、玉体を護り進路を導き無事凱旋せしめた御神として皇后いたく畏み奉りて、この住吉の神の鎮り座す現人宮を訪れ神田に水を引かむと、山田の一の井堰を築き、裂田の溝を通水して五穀豊穣の誠を捧げられ、現人大明神の尊号を授けられ、……福岡の住吉宮は（一二〇〇年前）分霊せらる……明治五年太政官布告にて、現人神社と改号され……」とあった。

この現人神社の由緒は、内容が青柳の説とほとんど同じだから、これをもって青柳説を検証することは出来ない。だが、先述のとおり、那珂川の河口で筒之男三神が生まれたことと、現在の住吉神社の位置が、弥生時代には海であったのだから、那珂川沿いのどこからか遷って来たことは間違いない。でも折居正勝は『日本の神々　一』で、この青柳の説を現人神社が平野

部にあることを理由に疑問視している
平野部を云々するのであれば、現在の福岡の住吉神社も平野部にある。たしかに現在鎮座する現人神社も平野部にある。折居が言う平野部の意味は判りにくいが、もし山を背にした山麓、あるいは海辺でないと言う意味であれば、これから述べる他の筒之男三神を祀る住吉神社も山麓に限られていないし、海から少し入ったところにあるから特段おかしくない。このことについては、他の住吉神社のところでも説明するが、船を安心して停泊できる港は、河口から少し入ったところが波浪の影響がなく、またフナクイムシによる食害もないので、適地になる。筒之男三神を祀って、船乗りが安心安全を願って参拝できて、港を管理できる位置であれば、少々海や川から離れていても一向に構わない。ということで、青柳の現人神社から現在の住吉神社の位置に遷ったとする考えは、他に那珂川沿いに該当する神社がなければ可能性が高いと考える。ただし、なぜ遷したかについては、青柳の遣唐使船の寄港地云々では根拠が弱い。
話は変わるが、宮地直一は、『安曇族文化の信仰的象徴』の中で、安曇野にある穂高神社と住吉神社に関していろいろな課題を指摘している。その中の一つに、福岡の住吉神社の南東に犬養(犬飼)村があり、安曇野の住吉神社の南東にも犬養氏が出た犬甘島という地名がある。このことは、住吉神社と犬養とのつながりを暗示しているようにも思えるが、実態はわからない。だから、安曇族と住吉神社と犬養(飼・甘)との関連性を調べると、何かわかってくるかもしれ

写2－3　犬飼大神宮（福岡市博多区）

ない、と述べている。

それで、福岡の住吉神社を訪ねたとき、宮地の言う犬飼村も探して訪ねた。と言っても、現在、犬飼という地名はなく、住吉神社から南東方向に歩いて一五分ほどの博多駅南三丁目にある東住吉公園の中に犬飼大神宮という神社名が犬飼の名を残しているだけだった（写真2－3）。

私が犬飼大神宮の社殿をカメラ片手に覗き込んでいると、不審者に見えたのだろうか、スポーツウエアを着て缶コーヒーを片手にした年配の男性が、私の様子を伺いながら近づいてきた。そこで、少し話をしてみると不審も解けたのか、その男性はここの宮司だそうで、次のような話を聞かせていただけた。

博多駅が現在の地に移って町名変更がある

前まで、この犬飼大神宮がある博多駅南地域のほとんどが犬飼町だった。また、以前、犬飼大神宮の周りは、木が繁った森であったが、そこを公園にしたので、そのとき現在地に社殿は遷した。そういわれて周りを見回すと、現在の犬飼大神宮の周りは小さな公園になっているが、何本か生えているクスノキが以前の鎮守の杜の面影を残していた。

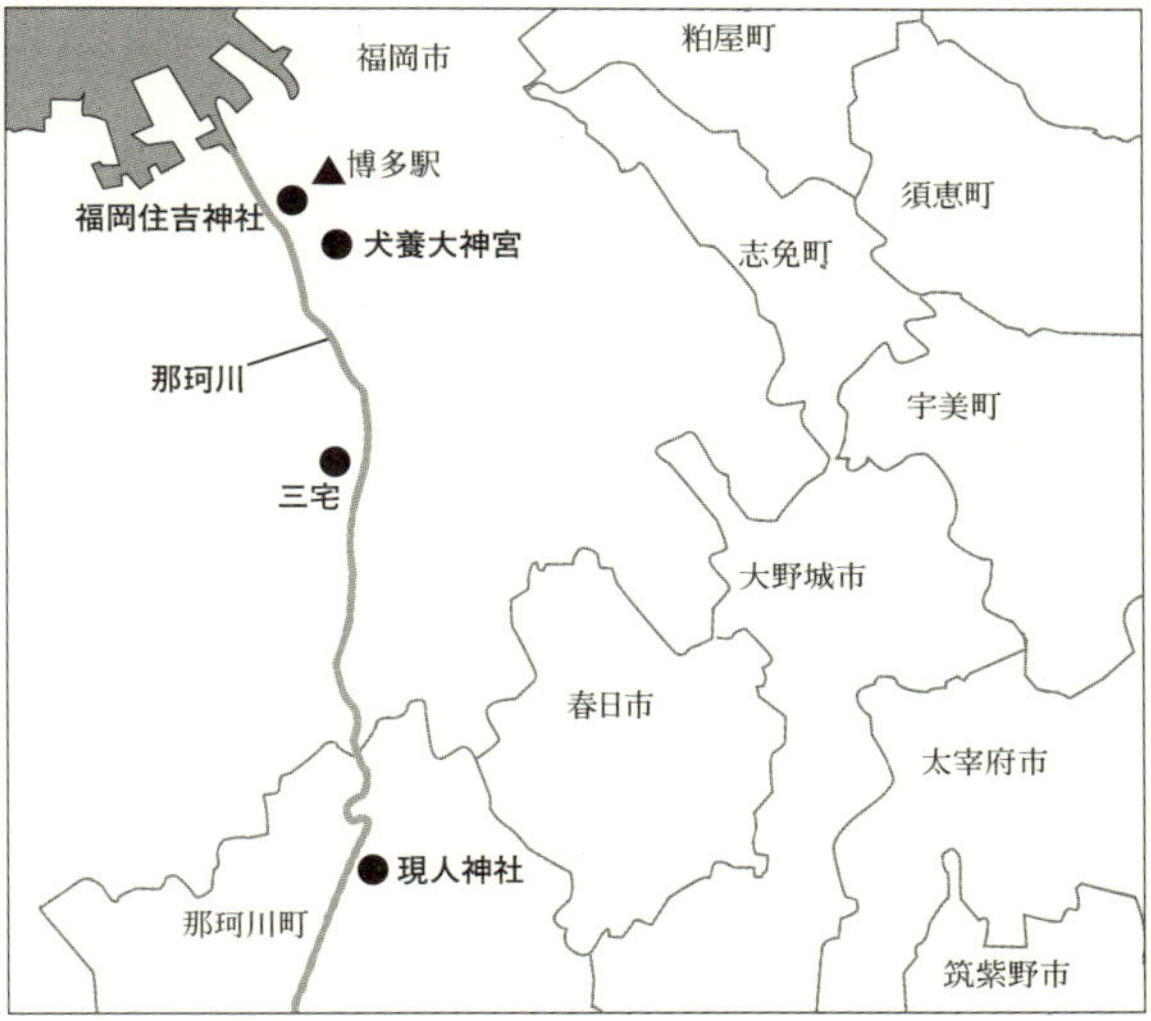

図２−２　福岡市の住吉・犬飼・三宅の位置関係

　ということで、住吉神社と犬飼の地名との関係はわからないが、『日本書紀』の安閑天皇の項の五三五年に、「筑紫、豊国、火国、播磨国、備後《びんご》国、婀娜《あな》国、阿波国、紀国、丹波国、近江国、尾張国、上毛野《かみつけの》国、駿河国に稚贄《わかにえ》屯倉《みやけ》を置いた」続いて、「国々に犬飼部を置いた」とある。この犬飼部は屯倉の番犬を管理する役人と言うのが一般的な解釈である。犬飼の地名は、その犬飼部との縁があるところだとされている。そうやって犬飼の地名と屯倉との関係で見ると、福岡では、この犬飼大神宮から南四～五㌔ほどのところに三宅という地名がある（図2－2）。したがって、犬飼の地名と住吉神社との関係を見るより、屯倉（三宅）の地名との関係でとらえる方がおもしろそうだ。

下関の住吉神社

新幹線新下関駅から歩いて二〇分ほどのところに下関の住吉神社はあった（写真2－4）。祭神は、住吉大神・荒魂（主神）、応神天皇、武内宿禰命、神功皇后、建御名方命で、西暦二〇〇年に、神功皇后により創建された、とある。広い境内は、天然記念物として、山口県と下関市の両教育委員会から山口県指定文化財を受けていた。

その文化財の説明文には、おおよそ次のことが書いてあった。「約九千平方メートルの境内に茂る樹木は、古来、神域として崇められ、保護されてきたもので、付近一帯の山地の植生と異なり、暖地性植物が多く、原始的植物景観を保持している」。そのとおり、境内は、大きなクスノキなどたくさんの樹木で覆われた鎮守の杜だった。原始的植物景観と的の字をつけたまわりくどい表現になっている。これは、この住吉神社の御神木になっているクスノキが、元を正せば日本列島にあった植物でなく、史前帰化植物と呼ばれる古代に渡来した植物だから、原

写２－４　下関市の住吉神社（下関市一の宮住吉）

始でなくて原始的と言う表現になったのだろう。

ところで、現在、下関市にある主だった船着場の下関港や下関東港は、関門海峡も含めて瀬戸内海側にある。だから、住吉神社が創建されて以来、下関に着けた船の乗組者たちは、瀬戸内海側から住吉神社へお参りしたのだろうとばかり思っていた。しかし、住吉神社を訪ね、周りを見渡すと、瀬戸内海方向の視界は、丘陵に塞がれて海は見えない。反対側の新幹線新下関駅がある日本海（響灘）方面は開けている。住吉神社を訪問した当日は、時間がなかったので、この現場で得た景観だけを頭に入れて帰宅した。

後日、あらためて地図を見た。そこで気づいたことが二つあった。一つは、北九州の遠賀川の河口から北東にある遠見ノ鼻から、藍島と六連島《むつれじま》の間に直線を当てると、その延長線に綾羅木川があること。もう一つは、その綾羅木川が現在の新下関駅付近まで伸びていることだ。

そうすると、福岡の住吉神社がある博多湾から、この綾羅木川河口までの距離が八七キロほどだから、流れを考えに入れなければ、五ノットで走る船だと九時間四〇分ほど、三ノットでも一五時間四〇分ほどで走れることになる。両地点間は、船を使って、一日～二日航程の距離なのだ。これらに気づいたので、再度訪問することにした。

二回目の訪問は、綾羅木川の河口付近から、新幹線新下関駅まで、上流へ向かって三キロほど歩いた。土手の上から見ると、コンクリートブロックで直線状に護岸された綾羅木川は、ちょうど上げ潮だったらしく、川幅四〇メートルほどの水面を水が下から上へ向かって逆流していた。帰宅後、地図で調べると、川の流れが順流（上から下）になった地点は、河口から二キロほど上ったところだった。綾羅木川はかなり河床が低いのだ。また、土手の上から見た右岸の田畑も低かった。これも帰宅後グーグルアースで調べると、右岸の低地と左岸の一部は標高ゼロメートル地帯だった。二〇〇八年に山口県が作成した綾羅木川浸水想定区域図がある。これによると、綾羅木川右岸の低地は、一〇〇年に一度の大洪水があると、水深二メートル～五メートル未満の洪水に見舞われる地帯になっている（図2－3）。

ところで、『日本書紀』巻第九の神功皇后の項に、次のことが書いてある。神功皇后と三韓

図２－３　綾羅木川流域

征伐に向かった筒之男三神が、神功皇后に「わが荒魂を穴門《あなと》の山田邑に祭りなさい」と告げ、穴門直《あなとのあたい》の先祖の践立《ほむたち》と津守連《つもりのむらじ》の先祖の田《た》裳《も》見宿禰《みのすくね》が、皇后に「神の居りたいと思われる地を定めましょう」と申し上げた。「そこで践立を荒魂お祀りする神主として、社を穴門の山田邑にたてた」ということになっている。

この山田邑について、浅田芳朗の『日本の神々二』では、山田邑は、綾羅木川の低地帯と、周辺の台地および丘陵を含む一帯の古称であろう。践立は、おそらく綾羅木川流域を支配していた長門の海人の長だったと考えられる。その根拠に、そこには、長門国最大の仁馬《じんば》山《やま》古墳（四～五世紀頃の全長七四メートルの前方後円墳）をはじめ多くの古墳群があることと、古墳時代初頭から六世紀後半にいたる村落跡が発見されていることを挙げている。

その綾羅木川周辺耕作地の形成について、伊藤照雄は、『史跡綾羅木郷遺跡』に、「縄文時代の後半ごろから発達し始めた山陰沿岸の砂丘地帯は、上流から運ばれた土砂を海岸近くでせき止めた。土砂とともに流れ込む肥沃な土は砂丘の背後で水たまりを作って、海岸線に沿って湿地帯を連ねた。湿地帯にあふれた水は、やがて砂丘を突き破り、海にそそいで湿地帯は耕作地と化していく」と書いている。

現在の綾羅木川流域の地形を見ると、伊藤の記述どおり、海岸線に沿って走る国道一九一号線は標高四～五《メートル》ほどの帯状地の上にある。だが、綾羅木川が砂丘を突き破ったのではなく、砂州が延びてきて、河口を狭め内側に潟湖（ラグーン）が出来たのではないだろうか。それはともかく、綾羅木川を軸に約東西二・八《キロ》、南北〇・八《キロ》の細長い現在の低地帯に潟湖があって、そこは静穏水域で船を停泊させる適地の港だったことが考えられる。伊藤によると、縄文時代後半ごろからできた、ということだ。四～五世紀に古墳をもつ海人がいたのであれば、住吉神社が創建された時代も潟湖の港はあったのだろう。船の乗組員は、この港から安心安全を筒之男三神に願うため、住吉神社へ参拝したであろう。下関の住吉神社は、瀬戸内海の港に対してでなく、日本海側の港に対して創設された神社だ。

壱岐の住吉神社

博多港から壱岐の芦辺港までの距離は六四キロほどある。その間を六五分でジェットフォイルという高速船が走っている。壱岐は、南北一七キロ、東西一四キロ、面積一三八キロ平方メートルで、島の中を結ぶ幹線道路として、図２－４のとおり、Ｌの字型に国道三八二号線が走っている。国道のＹ（縦）軸が一二キロ余り、Ｘ（横）軸が六キロ余りある。地図で見ると、このＹ軸を横断して流れる川はない。南北に走る国道の三八二号線は、壱岐島を東西に分ける分水嶺を連ねているのだ。言い換えると、Ｙ軸は壱岐の山なみの尾根を伝っているのだ。

Ｙ軸の西側は、東側に比べて海岸線までの距離が短い。したがって島を流れる大きな川は、東側の幡鉾川《はたほこがわ》（九キロ余り）と谷江川《たにえがわ》（六キロ弱）

図２－４　壱岐

写2－5　壱岐の住吉神社（壱岐市芦辺町）

になる。この両河川ともその流域に水田が広がっていた。

『魏志倭人伝』には、木や竹の林が多く、三〇〇〇戸ばかりある。少し田畑もあるが食糧が足りないので南北に米を買いに行く、とあるが、現在の壱岐を総じて言えば、水も田畑も海の幸もあり、豊かな島と言えそうだ。

一般的に、神社は道路より小高いところにあって、下から上がって参拝するが、壱岐の住吉神社は、国道三八二号線から下がった位置にある。だから、筒之男三神を祀ってある壱岐の住吉神社の参道は、谷底に向かって下がっている変わった神社だ、と言う人もいる。

私が乗ったタクシーは、国道沿いの鳥居をくぐれないので、脇にある道路を下まで降りた。だから住吉神社を下から見上げながら社殿へ向かった（写真2－5）。そうすると、位置的には小高い山麓にある一般的な神社と何ら変わらない。これは、国道から下がったのではわかりにくいが、一旦下まで降りたところに立てば、参道が上から下へ向かう変わった神社と言うことにはならない。その昔は、山を背にした山麓の小高いところに建造した住吉神社に、人々は下から上って行って参拝したであろうが、その後、裏山の尾根伝いに道路が造られたのだ。全国的にみても、神社の裏山の尾根道がハイキングコースになっている例はある。その小道を連ねながら幅を広げて本格的な道路が建造されれば、道路の下に神社が位置することになる。

すなわち、社殿建造より遅れて、裏山の尾根沿いに国道が開通し、時間経過とともに道路沿いの地が発展して生活域になると、道路から下がって住吉神社参拝に行く人が多くなった。そうすると、参拝への利便性を考慮して、国道から住吉神社へ通じるところにも鳥居を建て、参道を造ったと解釈すれば納得できることだ。

壱岐の住吉神社が日本史上で貴重なのは、朝鮮半島と北部九州を結ぶ航行船の寄港地であることが第一だが、もう一つある。それは、川が港として利用されていたことを実証できる資料として、原の辻遺跡から船着場が発掘されたことだ。川が港になる理由は、既に触れたが、この考えの正しさを原の辻遺跡の船着場は実証してくれた。また、原の辻の船着場から六キロほど上に住吉神社はある。この住吉神社と幡鉾川の船着場（港）との関係から、これまで紹介してきた河口から上ったところに筒之男三神を祀っている福岡の現人神社と那珂川の港、下関の住吉神社と綾羅木川の港との関係が理解できる。

ところで、河口から二キロ弱さかのぼったところにある原の辻の船着場は、幡鉾川の河口に大型船を停泊させて、小船に乗り移って幡鉾川をさか上ったと考えている人もいる。でもこの考えは、次の理由により成り立たない。

川を専門に航行する小船は、浅瀬も航行する関係で船底形状は平であるから、船は砂浜など平らな地に引き上げることができる。そうすると、原の辻のような大掛かりな固定物の船着場の必要性はない。それに、河口に大型船を停泊させたのであれば、大型船の船着場も造ったのかという疑問も生じる。福岡の住吉神社でも述べたように、川が海に落ちる河口は、波浪の影響を受けやすく船着場に適していないし、洪水などで年によりその位置を変えるので、固定した構築物は造りにくい。だからこそ、河口の陸側にある潟湖や、わざわざ安心安全の静穏な上流までさかのぼった位置に船着場を造る必要があるのだ。その位置が、壱岐の幡鉾川の場合、原の辻付近なのだ。

原の辻遺跡の現場には行ったが、残念なことに、船着場は埋め戻されて眼で見ることができなかった。その後、船着場跡の構造図や発掘された写真を見て気になることがある。それは、考古学の素人の目に、船着場と言っても船の発着場でなく、現在の造船場の干ドックではないかと見えるからだ。その理由を記しておく。

この原の辻船着場について、武光誠の『魏志倭人伝と邪馬台国』に次の通り記してある。「三〇メートルから五〇メートル程度の自然石を積み上げて造った防波堤に囲まれた港だった。防波堤は、たて約一二メートル、横約一二メートルの範囲を囲んでいた。それが造られたのは、弥生時代中期が始まって間もない紀元一世紀の初頭である」。ここで防波堤とあるが、ここは海岸と違って大きな波は来ないはずだから、他の人たちがインターネットで表現している突堤の方が適切な表現かと思う。それはそれとして、気になる点を列記する。

一、船着場跡の復元模型の写真によると、二本の突堤の間に斜路があって船を引き上げている。引き上げることが出来る平底の船型だと、わざわざ船を接岸させる船着場を造る必要はないだろう。

二、幡鉾川は、ほぼ西から東へ向かって流れている。船着場跡の構造図を見ると、二本の突堤は、およそ北北西を向いている。そうすると、西暦一世紀ごろの幡鉾川の流れが大きく蛇行していたのでなければ、船着場は、流れに直角に近い形で交わる配置になる。船着場造りにわざわざ陸地を掘り込んだのか、小さな支流でも利用したのだろう。それにしても、船の発着だけだったら、杭を打った木製桟橋で間に合うから、石積みの提は必要なさそうだ。過剰設備になる。

三、復元模型では、その提の石積み岸壁が、垂直でなく斜めになっている。そうすると、船は接舷しにくいから、やはり木製の桟橋の方が使いやすいはずだ。

以上の素朴な疑問に、自分なりに答える。まず、船にとって修理は欠かせないし、船底から浸水する場合は、船を水面より上に揚げないと塞げない。港に欠かせない施設として、修理するための船揚場が必要なのだ。だから、この原の辻船着場は単に船を接岸させる船着場でなく、造船場の干ドックではないかと考えるわけだ。二本の突堤の先端部分の形はわからないが、ここに土嚢でも積んで水が入らないように仕切り、内側を干ドックとして利用していたのではないだろうか。すなわち、干ドックで入港船の修理や尖底船などを造っていたのではないだろうか。出来上がったら仕切りを開けて水を入れ、船を進水させたのではないだろうか、ということである。

これに近い形として、時代はぐっと下がるが、一六六三年に造成された対馬のお船江が参考になる（写真2－6）。現場に建っている厳原町教育委員会の説明板によると、対馬藩御用船の船だまりとある。だが、干潮時には干上がるし、お船江に入る狭まった水路を塞げば干ドックになる構造をしていることからも、船だまりと言うより干ドックの形態に適した環境である。永留久恵の『対馬歴史観光』（前掲）でも、お船江は、船渠、航海から帰って次の航海まで船の手入れをした、とある。

写2－6　対馬のお船江

原の辻の船着場跡の場合、付近まで潮の干満で水位が変わるかどうかがわからないが、この地はその昔、海だったとも言われているし、全体地形を見ると、周りは標高四《メー》《トル》の低地で潟湖だったとしてもおかしくない。そういった未確認要素は多いが、航海中の船、あるいは帰港した船にとって、対馬のお船江と同じように、船体の修理や補修する場が必要であるだけに、尖底船に備えた施設として干ドックをもっていたと解するわけだ。

神戸の本住吉神社

神戸市東灘区にある本住吉神社を訪ねた。私は阪神電車の魚崎駅で降りて、住吉川沿いをさかのぼって歩き、国道2号線を左折して本住吉神社に着いた。歩行距離は二キロほどだった。現在の住吉川は写真２－７のとおり、直線状にコンクリートと石で両岸を固め、水が階段状に流されている人工流路だったが、その昔は、

写２－７　現在の住吉川（神戸市東灘区）

写２－８　本住吉神社（神戸市東灘区）

蛇行しながら流れる自然流路の川だったのだろう。この日は、雨が続いた後だったこともあってか、流量も多く、きれいな水が不自然に流れていた。歩きながら思い浮かべたのは、今は市街の中を流れコンクリートで固められたこの住吉川だが、その昔は、下関の綾羅木川と同じように、潟湖があってそこが船着場になっていた風景だ。

本住吉神社は（写真2－8）、住吉神社の頭に本《もと》を付けている。その由縁は、一言で言えば、この神戸の住吉神社から大阪の住吉大社へ遷ったから、神戸の住吉神社に本の字が付いたという。その根拠は、二〇〇〇年に、本住吉神社社務所が発行している『本住吉神社紀』に、次のように書いてある。『日本書紀』の神功皇后の項に出てくる筒之男三神の教えで和霊を鎮めた「大津の渟《ぬ》中《な》倉《くら》の長峡《ながお》」の位置について、本居宣長は、一旦、『古事記伝』の六で、大阪の住吉大社の地としたが、同じ『古事記伝』の三〇で、わざわざ訂正して菟原郡《うばらのこおり》住吉の地、すなわち、現在の本住吉神社の位置だと書いている、という。念のため『古事記伝』を調べたら、確かに社務所の指摘どおりだった。

また、社紀には、この説を裏付ける資料が勝尾寺の文書に残っていたとあり、その具体的な内容として、「宝治元（一二四七）年の『請文案』に津守為弘以下一〇人の津守姓の人たちが連署している。鎌倉時代、当社には津守氏が『大阪へ遷すもとの住吉』の意をもって、『もと住吉』と謂い『本』の字を宛てて用いたものであろう。そしてこの文書から、書紀の伝える神功皇后の住吉神御鎮祭地『大津ぬらくらのながを』は、当社の地であったと推論して間違いないであろう」と書いてある。

以上のように神戸の本住吉神社は、『日本書紀』巻第九の神功皇后の項にある筒之男三神のお告げで創建され、大阪の住吉大社は神戸から遷ったのだと主張しているが、これに対し大阪の住吉大社側は否定している。これは、学問的な論争であるが、俗っぽく表現すれば、神戸と大阪の本家（本貫）争いだ。この論争を第三者からみると、お互い身びいきに立っているが、主張する根拠に絶対的なものがないから、神戸の本住吉神社は、本居宣長という江戸時代の学問の権威者を出し、一方の大阪の住吉大社は、『摂津風土記逸文』という文献を出して納得させようと鎬《しのぎ》を削っているわけだ。

私は、筒之男三神が大和朝廷とどう関わっていたのかを調べていたから、どちらが本家であってもかまわなかったが、ただ神功皇后の時代に、筒之男三神を今の神戸にある本住吉神社の地に鎮められたのか、そうでないのかを究明したいだけだ。そのために、書紀にある「大津の渟中倉の長峽」の地が神戸か大阪かを検証する必要が生じてきたのだ。そこでまず関連する地を図2－5に示しておく。

そこで具体的な検証方法として、本家は神戸とする説と、大阪とする説を比較しながら、「大津の渟中倉の長峽」の地がどこなのかその解明にとりかかる。具体的には、『日本書紀』巻第九

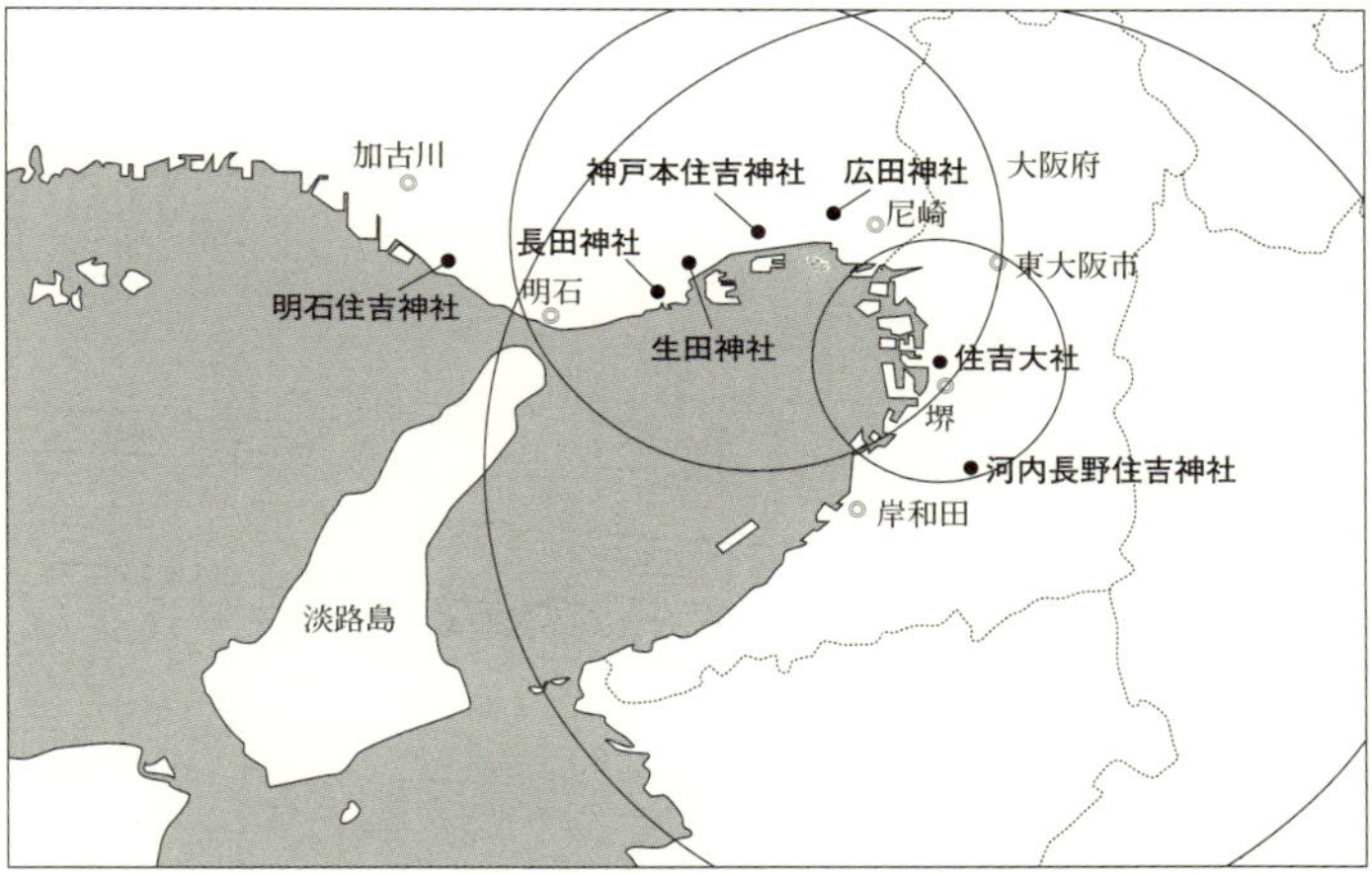

図２－５　本住吉神社・住吉大社・河内長野住吉神社からの視界（視程）

の神功皇后の項に出て来る言葉がもつ意味を明らかにする。すなわち、神功皇后の項に出ているキーワードをつかって、客観的な答えを探す作業になる。そのキーワードとして、「大津の渟中倉の長峡」にある「大津」の具体的な所在地、「長峡」で表される地形、それに忍熊王《おしくまのきみ》が退いた「住吉」の地の具体的な場所、船を「見守る」がもつ意味などを摘出した。それらの言葉は、神功皇后が、いわゆる三韓征伐を果たし、後に応神天皇になる皇子を生んで大和の都へ船で瀬戸内海を通って帰る場面に出てくる。これにかかわる場面の概略と後に関連してくる原文の一部を次に記述する。

　神功皇后の皇子が天皇に就くことを恐れた異母兄弟で同じ仲哀天皇の御子の麛坂王《かごさかのきみ》と忍熊王が、皇后の皇子を亡き者にしようと、明石で兵をそろえて待機する。それを知った皇后は、武内宿禰に明石海峡を避けて皇子を連れて南の紀伊の港に泊まらせ、皇后自身はそのまま明石海峡を目指した。

一方、麛坂王と忍熊王は、戦いの成否を獣狩りで占ったところ、麛坂王が猪に食い殺されるという不吉な結果になったので、忍熊王は住吉に退去した。皇后の船は、難波の港へ向かったが、思うように進むことが出来なくて武庫《むこ》の湊に入って占い、天照大神の教えで広田神社を、稚日女尊《わかひるめのみこと》の教えで生田神社を、事代主命の教えで長田神社を鎮座し、また、筒之男三神から「わが和魂を大津の渟中倉の長峡に居さしむべきである。そうすれば往来する船を見守ることもできる」との教えを受け、それに従って鎮座した。それで平穏に海を渡れるようになった。

皇后は、紀伊国で皇子と再会し、忍熊王の軍を攻めようと小竹（現御坊市）へ進軍、忍熊王は宇治に退き、さらに、山城方面から武内宿禰に攻められ、近江の狭狭浪《ささなみ》で斬られた。

爰伐新羅之明年春二月。皇后領群卿及百寮。移于穴門豊浦宮。即收天皇之喪。従海路以向京。時麛坂王。忍熊王。聞天皇崩。亦皇后西征并皇子新生。而密謀之曰。今皇后有子。群臣皆從焉。必共議之立幼主。吾等何以兄從弟乎。乃詳爲天皇作陵。詣播磨興山陵於赤石。仍編船〇于淡路嶋。運其嶋石而造之。則毎人令取丘而待皇后。於是犬上君祖倉見別。與吉師祖五十狹茅宿禰。共隷于麛坂王。因以爲將軍。令興東國兵。時麛坂王。忍熊王。共出菟餓野。而祈狩之曰。

祈狩。此云于氣比餓利。若有成事。必獲良獸也。二王各居假〇。赤猪忽出之登假〇。咋麛坂王而殺焉。軍士悉慄也。忍熊王謂倉見別曰。是事大怪也。於此不可待敵。則引軍更返屯於住吉。時皇后聞忍熊王起師以待之。命武内宿禰懐皇子。横出南海泊于紀伊水門。皇后之船直指難波。于時皇后之船廻於海中以不能進。更還務古水門而卜之。於是天照大神誨之曰。我之荒魂不可近皇居。當居御心廣田國。即以山背根子之女葉山媛令祭。亦稚日女尊誨之曰。吾欲居活田長峡國。因以海上五十狭茅令祭。亦事代主尊誨之曰。祠吾于御心長田國。則以葉山媛之弟長媛令祭。亦表筒男。中筒男。底筒男。三神誨之曰。吾和魂宜居大津渟中倉之長峡。便因看徃來船。於是隨神教以鎭坐焉。則平得度海。忍熊王復引軍退之。到菟道而軍之。皇后南詣紀伊國。會太子於日高。以議及群臣。遂欲攻忍熊王。更遷小竹宮。小竹。此云之努。

(http://www013.upp.so-net.ne.jp/wata/rikkokusi/syoki/syoki.html　より抜粋転載)

住吉大社の本貫—神戸か大阪か—

〔神戸説〕、前述の本居宣長は、『古事記伝』の三〇で「大津の渟中倉の長峡」にある長峡を神戸の本住吉神社の地とする根拠に、武庫山から尾崎まで南へ長く延びた地形を挙げている。また、大阪の住吉大社が、仁徳天皇の時代に、神戸の本住吉神社から遷ったとする考えの根拠として、『古事記伝』の六で、仁徳天皇の時代に、「難波の堀江を掘りて海に通はし、また小椅江《こばしのえ》（大阪市東成区）を掘り、また墨江（大阪市住吉区）の津を定めたまひき」（倉野憲司校注）とあること、すなわち、墨江の津が神功皇后より二代後の仁徳天皇の時代にできたことを挙げている。

〔大阪説一〕、田中卓は、『住吉大社事典』で、「大津の渟中倉の長峡」の長峡を現在の大阪市上町台地（注2）が妥当として、そのことは、『摂津風土記逸文』に、「沼名椋之長岡之前」とあり、その注釈に「前とは、今の神宮の南辺」と書いてあることを根拠に、本居宣長が「大津の渟中倉の長峡」の地を神戸の本住吉神社とするのは間違い、としている。

さらに、『古事記』の仁徳天皇の御代に、「墨江之津」を定む、とあるのをもって、住吉大社は仁徳天皇の時代に祀られたとするのは、「墨江之津」は、今の住吉大社付近の海岸ではなく、淀川の河口を中心とする大きな入江を指していると考えるから、これも本居宣長は間違えている、と指摘している。

この田中が使った『摂津風土記逸文』は、鎌倉時代に出された『日本書紀』に注釈をつけた『釈日本紀』に出ているもので、風土記の原典の文ではない。したがって田中が注目した「前とは、今の神宮の南辺」という注釈が、風土記の原典についていたものか、『釈日本紀』の著者が

（注2）大阪市中央区から南の住吉区まで長さ一二キロほどの細長い緩やかな丘陵地

自分の見解として注釈をつけたものかがわからない。もし著者が自分の見解を注釈として述べたのであれば、その根拠が示されていないので、この『摂津風土記逸文』の注釈をもって、宣長説は間違いで、風土記逸文説が正しいと判断できるものではない。

〔大阪説二〕落合重信は、『日本の神々　三』で、『西宮市史』の中に(注3)、横田健一が「書紀に出てくる『大津淳(渟)中倉之長峡(峽)』は、大津を難波ととった方が、本住吉よりよさそうである」と、書いていることを例に出して、落合自身も「(神戸だとする)本住吉説には、組しがたいような気がする」と書いている。その根拠として、①文献がない、②住吉は、もとはスミノエと称し、後にスミヨシとなるが、神戸の地はスミノエと称されたことがない。③本住吉神社は式内社でもなく、旧村社に過ぎない(住吉大社と格が違う)、といったことを指摘している。

このように落合は『西宮市史』を一言だけ引用しているが、この『西宮市史』には、落合の引用箇所の前段階がある。そこには後で述べるように、住吉の地の検証もなされている。また落

(注3)西宮市史一巻の凡例に、「本巻は、魚澄惣五郎が監修し、専門委員渡辺久雄・藤田和夫・武藤誠・横田健一・永島福太郎・吉井良尚(執筆順)が執筆にあたった。なお、第二章(三)は田岡香逸、また第二章(二)は鶴巻道二、同(四)は済川要、同(五)と第三章(三)・(五)は笠間太郎、第三章(九)は市原実、同(二)は粉川昭平の諸氏の執筆をわずらわせた。」とある。落合重信が引用した記述は第五章にあるが、これだけでは横田健一の執筆かどうかは不明。

合が指摘した根拠①で文献がないと言うが、時代を考えれば、なくて当然だろう。もっとも、本住吉神社が、文献があったと言う文献も、その年代が鎌倉時代では、信憑性が問われる。②でスミノエと称されなかったと言うが、これも、そういう記録がないということだから、文献がないという指摘と同じである。③の格が違うと言うが、全国に四万余社八幡宮の総本宮の宇佐神宮の元宮といわれる金富神社が郷社であるように、遷宮した跡の元宮の格が必ずしも高いとは言えない。そう考えると、落合の示した根拠は、はたして根拠となり得るだろうか、疑問である。そのことは、落合自身が「本住吉神社説には、組しがたいような気がする」と自信のない記述に表れているのかもしれない。

〔大阪説三〕住吉大社禰宜の川嵜一郎は、『大阪府漁業史―大阪の漁業と神社―』と題する中で、書紀の中に筒之男三神のご託宣として出てくる「大津の渟中倉の長峡」の地は、現在、住吉大社がある住吉の地と決めて既定の事実として扱っている。その根拠は明確には書いていないが、強いて探すと、神功皇后の当時の住吉の地について、西は海、東側にはまだ河内湖が広がり、海陸の交通の要衝であったという表現や、住吉大社が南北に細長くのびる上町台地の南端にあるという表現から判断して、長峡を細長くのびる上町台地と読み取ったようだ。

この長峡については、大阪説の田中も川嵜と同じく大阪の現在の上町台地と見ている。神戸説の本居宣長は神戸の地形から本住吉神社の地を採っている。また、『日本書紀』の長峡という表現は、『摂津風土記逸文』では長岡になっている。ここで、その長峡が具体的にどういう地形を指しているのかを検証する。

長峡の地形

『大字典』によると、岡は山の背とあるだけだが、峡は山と山に挟まれた間、谷間、転じて、山が切り立って水を挟む所、大陸と大陸が挟む狭き地、海峡などの義とあり、総じて狭い地形になる。岡と峡は意味が異なる。そこで、書紀で長峡という表現をされた地形を拾い出して対照させてみる。

書紀に、この長峡という文字が出てくる箇所は全部で三ヶ所しかない。その中で二ヶ所は、ここで採り上げている巻第九の神功皇后の項にある「活田（生田）長峡國」と、「大津の渟中倉の長峡」だ。他の一ヶ所は、巻第七の景行天皇の項にある「豊前長峡縣」だ。

活田（生田）は現在の神戸市兵庫区の生田神社の位置だから、確かに山と海に挟まれた狭い地形である。では、豊前長峡縣はどうだろうか。長峡縣は、景行天皇の一行が、現在の山口県から瀬戸内海沿いの福岡県に入り、北九州市、京都郡苅田町、行橋市、築上郡築城町などを通って、大分県に向かう途中に出ている。すなわち、「長峡縣（福岡県行橋市長尾か）に行宮を立てて休みそこを京（京都郡）と名づけた」とある。その先の碩田国《おおきたのくに》、すなわち、現在の大分に着いたときは、「地形は大きく美しい」と表現されている。だから、長峡縣は、現在の福岡県行橋市長尾付近になる。

　現在の地図で見ると、北九州市から京都郡苅田町までは確かに山が海に迫っている。でも、行橋市に入ると、長峡川、今川、祓川が海に流れ込み、現在、二〇〇メートル級の山並と海との間は五キロほどで、その間に標高一～二メートルの平地が広がっている。その昔、この平地のどこまで海が入り込んでいたのかわからないが、現在よりかなり狭かっただろう。だから、山と海に挟まれた地形であることには間違いない。ということで、書紀の「豊前長峡縣」の場合も、山と海に挟まれた細長い地形に長峡という文字を使ったと見てよさそうだ。そうすると、標高二〇〇から五〇〇メートル級の六甲山脈と大阪湾に挟まれたと実感される本住吉神社の地に、長峡の表現が使われてもおかしくないが、標高一〇メートル級の上町台地を山並と実感できるかどうか、その間に横たわる細長い地に、長峡の表現がふさわしいかどうか疑問である。それに、神戸の地形には「生田長峡」という表現で長峡の言葉が使われている実績がある。以上のことから、長峡の地形で判断すると、神戸説が大阪説よりやや有利と言えるだろう。

　これまで神戸説を一、大阪説を三とりあげたが、この成否は論文数やそれを書いた人数で決まるものでもない。多数決でなく、提示された根拠の客観性の有無で判断すべきだ。したがって、ここまでの段階で、「大津の渟中倉の長峡」の地は、神戸説の本居宣長の『古事記伝』と大阪説の『摂津風土記逸文』との対比では優劣付けがたいが、長峡の地形の対比で神戸説が有利かと思える。次に、先に示した神功皇后と忍熊王との争いの中に出てくるが、住吉に退いたという住吉の地を検証する。

住吉の地

『西宮市史』は、務古（武庫）水門（港）が現在の西宮市を指すのか、それとも、神戸市を指すのかを主課題にして、いろいろな視点から実によく調べられている。だから、その解明の過程で、「大津の渟中倉の長峡」の地が神戸か大阪かという課題にも触れられている。武庫の港に関しては、地元西宮市の身びいきが絡むこともあるかもしれないが、「大津の渟中倉の長峡」が神戸か大阪かという問題に対しては地元ではないから、神戸説、大阪説に偏ることのない中立の立場に立っているだろう。

『西宮市史』は、忍熊王が退いた住吉の地について、次のように述べている。神功紀の中に出てくる場合に関する限り、反乱軍の忍熊王の軍が住吉に退いたという住吉の地が、もし神戸の本住吉の地であれば、神功皇后軍が敷く陣（広田神社、生田神社、長田神社）の間に挟まれた位置になるから、それは避ける。そうすると、忍熊王の退いた住吉は、神戸でなく、大阪南部の住吉になる。だから、神功皇后が筒之男三神を鎮座した地の「大津の渟中倉の長峡」は絶対に神戸の本住吉でなければならない、と主張している。

言い換えると、『日本書紀』の神功皇后の項に出てくる住吉の地は、神戸の本住吉神社の地か、大阪の住吉神社の地のどちらかになる。だが、『西宮市史』は、神功皇后の軍を避けた忍熊王の軍が、神功皇后軍の陣に挟まれる神戸に退くことはあり得ないとしているのだ。そうすると、書紀に出て来る住吉の地は大阪で、神功皇后が居た「大津の渟中倉の長峽」は神戸の地になる。

この住吉の地と「大津の渟中倉の長峽」の関係について次のことも添えておく。神の教えに従い祀った広田神社は西宮市、生田神社は神戸市中央区、長田神社は神戸市長田区、これらの地は六甲山脈と大阪湾の間をほぼ一直線上に並んでいる。神戸の本住吉神社も、広田神社と生田神社の間にあって、この直線に乗る（図2－5）。また、忍熊王軍が、明石から住吉に退却し、その後、宇治、逢坂、瀬田と移動する経路からみても、書紀に出てくる住吉の地は現在の大阪の住吉区付近に違いない。これを逆に住吉の地を神戸と考えてみると、何で神功皇后軍は、忍熊王軍が神戸に退却したとき、わざわざ和歌山県の日高から迫る必要性があるのか、という矛盾点が出て来る。だから、やはり忍熊王軍が退いた住吉の地は大阪で、神宮皇后はそれを知って動いたことになる。ここでも「大津の渟中倉の長峽」の長峡は神戸説が有利だ。

武庫は大津

ところが、同じ『西宮市史』に、『播磨風土記逸文』に「住吉（すみのえ）」の大倉に向かいて飛べばこそ速鳥といわめ、何の速鳥」という歌があることを紹介して、「大津の渟中倉の長峡」の倉を文字通り倉庫ととる説に従うと、これは神功皇后の二代後の仁徳天皇の時代に、「明石から難波を向くと、住吉の大倉が船にとって難波の所在地の目標になった」とあることから、渟中倉は住吉大社にあった大倉のことだろうと考え、大阪説に有利だとしている。ただし、これは、住吉大社に大倉ができた後につくられた言葉で、これを神功紀の創始鎮座縁起説話に追記したものではあるまいかと言う。要するに、大倉は仁徳天皇の時代に造られたので、神功皇后の時代にはなかったはずだが、書紀ができた時代は仁徳天皇の時代よりずっと後だから、神功皇后の時代にあったように編集したと言うことだ。それはそれでいいとして、ここでは、実際に、明石から住吉大社にある大倉が見えるかどうかを検証する。

船乗りが明石から難波を向くと言った場合、明石海峡を抜けてからのことで、おそらく今の神戸市垂水《たるみ》区垂水にある海神《わたつみ》社を左手真横に見た位置あたりからだろう。そうすると、そこから四〇キロほど離れた標高八メートルの地にある住吉大社に大倉が在ったとしても、遠すぎて見えない。大阪湾の真ん中あたりまで来てようやく見える地理的関係になる。それが標高二四メートルの神戸の本住吉神社のところに大倉があったのであれば明石から二二キロの距離だから、明石海峡を抜けて東に向かえば左手約三〇度の方向に見える。この標高と視程距離との関係については、神戸の本住吉神社、河内長野の住吉神社、大阪の住吉大社の三社から大阪湾を眺めた場合の視程のところで数値を出して詳しく説明する。なお、この大倉の話との関係の有無はわからないが、前掲の落合の本住吉神社の項に、「菟原郡衙の位置」という古地図があり、その中に大蔵という地名が入っていることを付記しておく。

次に「大津の渟中倉の長峡」にある大津とは、どこの津を指すのか。その結果によって「大津の渟中倉の長峡」の場所が特定できる。大津は大きな津のことだとすれば、応神天皇の時代に、武庫の津に五〇〇隻の船が入ったとあるから、武庫の津も大津に違いない。にもかかわらず、『西宮市史』は、前記の明石から住吉大社の大倉が見えるということを根拠に、大津を難波にとった方が本住吉よりもよさそうだ、とした。これが間違いであることは前の説明で理解いただけたかと思う。もっとも、奈良時代の文献の令に津とあれば難波津のことだ（『住吉大事典—住吉大社と防人—』）そうだから、念のため大津について、『日本書紀』でどんなところで使われているかを検証する。

書紀に大津という表現は、大津皇子などの人名を除くと七ヶ所出てくる。その中の一つは、ここで問題にしている「大津の渟中倉の長峡」の大津だ。あとの残り六ヶ所の大津は、宇治谷孟の『日本書紀現代訳文』（一九八八年講談社教養文庫）を見ると、原文では大津という表現だけで地名が入っていなくても、宇治谷がその地名を入れた箇所がある。それは、難波の大津二ヶ所（応神天皇・仁徳天皇の項）、博多の大津二ヶ所（斉明天皇・持統天皇の項）、泉の大津一ヶ所（皇極天皇の項）、もう一つは宇治谷にも確信が持てないのか、カッコ書きで「羽曳野市長尾街道か」と書いている大津が一ヶ所ある（天武天皇の項）。これで書紀の大津は難波に限られていないことがわかった。また、宇治谷が大津の地名を入れた根拠が示されていないから、これで間違いないと必ずしも言えないが、少なくとも、「大津の渟中倉の長峡」の大津を難波津だと言い切るわけにはいかないことだけは確かだ。

だが、どんな津を大津と称するのか指すのか分りにくい。たとえば、博多の大津は、那の大津、那の津、博多津などとも呼ばれる現在の博多湾にある港である。博多湾には、住吉神社の近くを流れる那珂川の他に、室見川、御笠川、宇美川、多々良川といった川が流れ込んでいる。これらの諸河川の周辺に遺跡があることから考えても、それぞれの川に船が入る港、すなわち津があった。那の津の那は奴国（なこく）の那である。だから、博多の大津、あるいは那の大津と言った場合、博多湾に流れ込む諸河川の津の集合体を指す呼称として大津と表現したのではないだろうか。現代でも一言で横浜港と言っても、大黒埠頭や本牧埠頭など複数の埠頭の集合体になっている。

このように大津は津の集合体だと考えると、現在の尼崎市と西宮市境を流れる武庫川から、西の芦屋市や神戸市を流れる夙川《しゆくがわ》、高座川、天上川、住吉川、石屋川、生田川、湊川を利用した津を一つの集合体として大津と称されたとしても別段おかしくない。

それに、武庫の港には、相対的な数値とは言え、五〇〇隻の船が入ったと言うから武庫の港単独でも大津と呼べるのかもしれない。また、現在の神戸市長田区の湊川河口辺りは、大輪田泊と呼ばれる潟湖があったそうだから、こちらも単独で大津と称してもおかしくない。

ともかく、繰り返しになるが、「大津の渟中倉の長峡」の大津は、難波津だとする根拠はない。神功皇后が入った武庫の港は、単独または近隣港の集合体として大津と呼んでもおかしくない。だから、神功皇后が武庫に入って筒之男三神から「大津の渟中倉の長峡」云々の託宣を受けられた大津を武庫の港と受け止める方が素直である。

ここまで、「大津の渟中倉の長峡」の地が具体的にどこなのか、神戸説と大阪説の論争、長峡の地形、大津の場所と検証して来た。その結果は、神戸説有利になってきたが、先に挙げたキーワードにもう一つ「往来する船を見守る」が残っている。これは、筒之男三神が見守るという精神面とも、人が大阪湾を航行する船を監視する機能面とも受け止められる。そのどちらであるかは、大阪の住吉大社、河内長野の住吉神社について説明をした後に、神戸の本住吉神社も含めての三社から、それぞれ大阪湾を眺めた場合の視程距離と視程範囲を明らかにし、その結果を基に判断することになる。先に結論だけを述べると、大阪の住吉大社から見える範囲は狭く、大阪湾を見渡せないが、神戸の本住吉神社と河内長野の住吉神社からは見渡せる。

ここで、書紀に出てくる住吉の位置と「大津の渟中倉の長峡」の大津を住吉津としている直木幸次郎の『新修大阪市史』を紹介する。この中で直木が書紀の解釈を間違えたとしか思えない箇所がある。それは、神功皇后が忍熊王との争いで「(忍熊王軍が明石での占いで)麛坂王《かごさかおう》が猪に食い殺されるという不吉が出たので、忍熊王は住吉に退去した」という場面(前掲文参照)で、直木が神功皇后が、『「住吉にとどまった(屯於住吉)」』と書いている箇所だ。原典は前掲のとおり、「忍熊王謂倉見別曰。是事大怪也。於此不可待敵。則引軍更返屯於住吉」であって、軍を引いて住吉にとどまったのは神功皇后でなく忍熊王なのだ。だから神功皇后と忍熊王を取り違えた明らかなミスだ。これだけでは大した問題ではないが、続けて、直木は、神功皇后にこの住吉で筒之男三神から託宣を下されたと書いているが、書紀には、神功皇后は武庫の湊には入って占ったと書いてある(前掲文参照)。これも直木の間違いだ。この託宣の内容は、「わが和魂を大津の渟中倉の長峡に居さしむべきである」となっている。ここでも直木は神功皇后が住吉の地にとどまったとして、この大津を住吉の地にあると解釈している。さらに、大津は朝廷にとって重要な港に限る名称だとして、ここに出てくる大津は住吉津のこととした。さらに続けて、住吉津の存在の可能性と消滅に至るまでの経過など、神功皇后と忍熊王との取り違えに端を発したボタンの掛け違えから始まったミスが次々ミスを引き起こしたところに問題がある。だか

写2－9　坐摩神社（大阪市中央区）

ら、その後の直木の論述に首肯することはできない。

大阪の住吉大社

神戸市東灘区の本住吉神社から、大阪市住吉区の住吉大社へ行く途中、地下鉄御堂筋線の本町駅そばにある坐摩《いかすり》神社に寄った（写真2－9）。なぜ寄ったのかと言えば、難波を研究した山根徳太郎が、『難波王朝』（学生社　一九六九年）に、難波津で船着場、船、航海を管理していた渡辺党が司っていた坐摩神社と住吉大社は共同体だったと書いてあったことに興味を持ったからだ。

坐摩の神は、『続日本紀』の聖武天皇が天平九（七三七）年八月十三日に、国家のために効験のある神として出ている。宇治谷孟は、『続日本書紀訳文』の注釈文に、「坐摩は皇居の地を守護する神」とある。実際、坐摩神社に参拝したら、真新しい看板に、「御祭神は、生井神、福井神、綱長井神、波比岐神、阿須波神」と書いてあった。これらの神は、井戸の神様と竈《かまど》の神だから、住吉神社との関係はわからない。先を急いでいたこともあって、山根や宇治谷の記述がわからないまま坐摩神社を出た。

写2－10　坐摩神社付近の住所表示（渡辺の地名が入った）

なお、坐摩神社は、豊臣秀吉の大阪城築城で現在の地に移転させられたが、その地の地名を渡辺としてきた。近年、住所表示変更で渡辺町はなくなったが、写真2－10のとおり、坐摩神社の住所表示は久太郎町四丁目の後に渡辺の名を残している。

南海電車の本線和歌山行きに乗り住吉大社駅で下車した。少し歩くと、路面電車の線路の向こうに住吉大社が見えた（写真2－11）。境内に入った。御由緒には「底筒男命　中筒男命　表筒男命の三神を総称して住吉大神と申します。住吉大神の『吾が和魂をば宜しく　大津渟中倉長峡に居くべし　便ち因りて往来ふ船を看む』との御神託により　神功皇后が　この地に御鎮祭になりましたのが　皇后の摂政十一（西暦二一一）年と伝えられています」とあった。この由緒にあるとおり、住吉大社は「大津の渟中倉の長峡」の地がご当地だと主張していた。

写２－11　住吉大社（大阪市住吉区）

太鼓橋には木製の階段が取り付けられていた。大社はさすがに広い。航空写真で見ると、境内は正四角形ではないが、東西三〇〇《メートル》ほど、南北三七〇《メートル》ほどある。福岡の住吉神社の境内も広かったが、東西約二四〇《メートル》（含む幅が狭い参道一二〇《メートル》）、南北広いところで約一七〇《メートル》だから、大雑把に見て、大社の境内面積は、福岡住吉の四～五倍の広さはある。

住吉大社の広大な境内は、神聖さや威厳を示すのに大切だろうが、それだけではなく、大勢の人が集まれる広場として、必要な空間でもあるのだろう。何か催す場合には人が集まれる広場、西洋のプラザ、現在の日本のショッピングプラザ、野球場や陸上競技場などのスポーツプラザ、広大な駐車場を有す郊外の量販店、など連想させられる。

視点を変える。現在の会社で言えば、小さな個人商店あるいは町工場から始まった会社が成長して、各地に支店や出張所ができると、それらを統括する本社が必要になる。また別のケースとして、各地に生まれた会社を一つの資本系列の傘下に治めて行くと、やはり本社機能をもつ社屋が必要になってくる。いずれにしても、本社は支社より立派なものになるだろう。住吉大社は住吉神社の総本社らしい実に立派なものだった。住吉大社にゆかりのある摂社として、豊玉彦命と豊玉姫命を祭る大海神社と底・中・表少童命を祀る志賀神社もあった。

ところで、住吉大社のホームページの祭りと年中行事の中に埴使《はにつかい》という行事が次のとおり紹介されている。「祈年祭と新嘗祭に付随した主要な行事です。祈年祭・新嘗祭の前に、奈良県にある畝傍山《うねびやま》の埴土《はにつち》を採ってくる神事です。とても大切な神事のため、神職は雲名梯神社《うなでじんじゃ》、畝火山口神社《うねびやまぐちじんじゃ》にて祭典を行い、山に登ります。山頂の秘地にて口に榊の葉を含んで、埴土を三握半、採取し、埴筥《はにばこ》に収めて持ち帰ります。埴土はお供えを入れる祭器を作るのに使われます。一般の人が見ることはできませんが、住吉大社でのみ、現在も伝承されている儀式です」。

埴土は、陶器づくりの原料にされる粘土だが、質的には同じ粘土であってもこの神事に使われる粘土は並の粘土ではない。何しろいわくがある。伝統がある。それは、『日本書紀』に略次のように記されている。

神武天皇が大和に入るに当たり、兄磯城《えしき》が率いる抵抗勢力に拒まれて困り、神に祈ると、夢に天神が現れて「天の香具山の社の中の土を取って、平瓦八〇枚をつくり、同じくお神酒を入れる瓶をつくり、天神地祇をお祭りせよ。～（中略）～このようにすれば敵は自然に降伏するだろう」との教えがあった。また、天神の教えと同じことを支援者の弟猾《おとうかし》も言った。神武天皇は老人に変装させた使者二人を香具山に送って埴土を入手した。この土で瓦と瓶をつくり、天神地祇に祀って天下を平定することができた。

これと共通する記事が『住吉大社神代記』にもある（注4）。天平瓮《あめのひらか》を奉る本記として、次のような記述がある。住吉大神（筒之男三神）が神功皇后に「天の香具山の社中の埴土を取って、天平瓮（平らな土器）八〇枚つくって祀れば、謀反が起きても必ず従えることができる」と詔賜う。そこで、神功皇后は、古老の海人に蓑笠を着けさせて醜者にして埴土を取って来させて天平瓮をつくって住吉大神に祀った。

前の『日本書紀』と後の住吉大社神代記を比較すると、当然時代は前後するが、内容は、神

（注4）原典、天平瓮奉本記（『住吉大社神代記の研究』田中卓著作集7 図書刊行会より）
右。大神昔奉レ誨二皇后一詔賜久。我乎波天香个山社中取二埴 土一。造二作天平瓮八十瓮一奉二齋祀一。又覬覦之謀時 仁毛如レ此齋祀。必服倍矣。詔賜。古海人老父着二田蓑。笠・簑一。遣二醜者一土取。以レ斯奉三齋二祀大神一。此即爲賀悉利祝。古 海人等也。斯造二天平瓮一。刊奉レ幣時御歌本記 坂木葉仁。余布止里志弖弖。多賀余仁賀。賀彌乃 美賀保遠。伊波比曾〔米〕藝牟。

写2－12　河内長野の住吉神社（河内長野市小山田町）

武天皇と神功皇后、天神と住吉大神が違っているだけでほとんど変わらない。ただし、いつの時代か定かでないが、埴土採取の場所が香具山から畝傍山に変わっている。もっともここでは、両書の共通性や相違でなく、住吉大社が大和朝廷と深く結びついていることに注目しておく。なお、現在、住吉大社が埴土採取に出かける畝傍山の山口神社の祭神は、神功皇后、豊受大神、表筒之男で、ここでも住吉大社との関連性が伺える。

河内長野の住吉神社

河内長野の住吉神社には、南海高野線河内長野駅からタクシーで行った。タクシーが市街地を通り抜けて坂道を上った小高いところに、住吉神社はあった（写真2－12）。タクシーを降りて平坦地を進むと、拝殿と由緒が眼に入った。だから街中にある神社だとばかり思ったが、辺りを見回すと、鳥居とその向こうに石段が見えた。一〇〇段ほどの石段の落ち葉を踏みながら降りてみた。余り利用されないのか人と出会うこともなく、石段を降り切ると、「マムシ注意」の看板があった。さらに両脇を樹木が繁った新しい舗装道路を少し下ると、市街地神社の風景と全然違う山間の田畑風景に変わった。おそらく、この田畑方面からマムシに注意を払いながら登って、石段を上がるコースが本来の参道で、タクシーを降りた付近は、近年開発された地から入る脇道なのだろう。壱岐でもそうだったが、参道は後から周囲の開発で変わるものらしい。

この河内長野の住吉神社は、筒之男三神、神功皇后、武内宿禰を祀り、由緒には次の趣旨が書かれていた。

「住吉神社は、神功皇后が三韓征伐をして凱旋されて、天下を行幸されたとき、河内国小山田の東南尾上山丘陵に、斉宮を建立され神主として御祭祀をされ給ったのが始まりで、後、文化十（一八一三）年に本殿を建替え、以降、住吉大明神と称えていたが、明治の初めに住吉神社に改めた」

由緒の根拠は書いてないが、『日本書紀』九巻神功皇后に、小山田邑に斎宮を造り、皇后が審神者《さにわ》（神託を聴く人＝神主）になって、住吉三神を祀ったとあり、また、神功二年に仲哀天皇を河内国の長野陵に葬った、とある記述と関連性がありそうな表現だ。

だから、書紀の小山田邑も長野陵も、河内長野の住吉神社と関連しているのかもしれないが、小山田邑という地名は他所にもあり、『日本書紀』の記述との関連性をほのめかしているので、今のところ、書紀の文と河内長野の住吉神社が結びついているとは言い切れない。

河内長野の住吉神社は、現代の地図で見ると、西に直線距離約二キロ足らずで石川、東に直線距離一キロ足らずで西除川《にしよけがわ》(天野川)が流れ、この二本の川に挟まれている。いずれの川も現代の大和川の支流だが、今回は限られた時間での訪問だったこともあって、河内長野駅のそばの石川だけを見た。この地点から大和川と合流するまで一七キロと書いてあった。石川は、雨があった翌日か翌々日とは言え、その昔、川舟が行き来していたのではないかと思わせるほどの豊かな水量が流れていた。大阪湾に入った船が、石川を使ったか、西除川を使ったかは別にして、河内長野の住吉神社に参拝した可能性はある。

ここでは、由緒にあるように、河内長野の住吉神社が、神功皇后により創建されたと伝えられていることと、筒之男三神を祀っていること、それに、グーグルアースで調べると、大阪湾を一望できる位置にあることも訪ねた大きな要素である。

河内長野の住吉神社の標高は一六〇メートル。大阪湾に向かって遮る山がないから海が見えるはずだが、現場に立つと、高い木立に囲まれて海は見えなかった。でも　近くのどこかに大阪湾が見えるスポットでもあるのではないかと思い、帰って河内長野市の観光関係機関に電話で訊ねたら、「海が見えるところはありません」と言う答えだった。どうも納得できないが、かといって、再度河内長野に行って、納得できるまで調べる元気もないまま時間だけ経過していった。

ところが、インターネットで、河内長野の住吉神社のすぐ近にある大阪千代田短期大学の七階にある研究室から、大阪湾、淡路島、神戸、明石海峡大橋が見えるという記事を見つけた。大阪千代田短期大学のグラウンドの標高は、一六一メートル、仮に七階研究室での眼の高さをグラウンドより二〇メートル高いとすると一八一メートル、この位置からだと海が見えるということだ。やはり河内長野から大阪湾に向かって海は見えるのだ。

ということは、住吉神社から大阪湾に向かって視界を遮っている周りの樹木を切り払うか、樹木より高い櫓でも建てれば、海が見えるということになる。河内長野の住吉神社は、その昔から、大阪湾を航行する船を監視することが出来る地にあったのだ。

大阪湾の監視網

そこで、神戸の本住吉神社、大阪の住吉大社、河内長野の住吉神社の三社それぞれの位置から、大阪湾を見渡したとき、航行中の船を見つけ出せる最大の距離すなわち視程を計算した。これは、先に挙げていたキーワードの一つ「往来する船を見守る」の検証である。地球は球状

視程（km）＝ 3.85（$\sqrt{h}+\sqrt{H}$）
h＝眼の高さ（標高m＋眼の高さ）　各社の地面＋櫓など監視用構築物の高さ
H=目標物の高さ（標高m）　大阪湾を航行する船
（茂在寅男『古代日本の航海術』）

だから視程には、遮るものがなくても限度がある。その視程は上記の計算式を使って出した。なお、標高はグーグルアースから出した（上記囲み参照）。

三社それぞれの視程を計算し、その範囲を図２－５（Ｐ79参照）に落とした。そうすると、計算上では、神戸の本住吉神社からだと、播磨灘から大阪湾に入って来る船は、明石海峡を通って、須磨にある鉢伏山を通り過ぎると、発見できることになる。ただし、淡路島と紀伊半島の間にある友ヶ島水道から大阪湾へ入って来る船は見えない。住吉大社からだと、明石海峡を抜けて、大阪湾の中ほどまで進んで来れば視界に捉えることが出来るが、明石海峡も友ヶ島水道を入って来る船も見ることができない。その点、河内長野の住吉神社からだと、明石海峡に入って来た船は視界に入るし、友ヶ島水道から五キロほど入ると視界に捉えることが出来る。

これは、計算上出てきた結果だから、実際とは多少違った数値かもしれないが、繰り返しになるが、視界を円弧で示した図２－５を見るとわかるように、河内長野の住吉神社は、明石海峡や友ヶ島水道を通って大阪湾に船が入って来れば直ちに発見できる位置に創られている。神戸の本住吉神社は明石海峡から入って来る船を監視できる位置に創られている。その点、住吉大社は、大阪湾に入って来る船の監視という点では機能しない位置に創られたことになる。

大阪湾の監視体制を考えた場合、この神戸の本住吉神社と河内長野の住吉神社の筒之男三神の位置は重要なポイントにあたる。仮に戦いでも始まり、敵船団が大阪湾に入ると、船の数や大きさをつかみ、すばやく有利な体制をとって大和朝廷を守ることができる。

そこまで考えると、キーワードの一つ「往来する船を見守る」の意味は筒之男三神が見守るという精神面よりも、人が航行する船を監視する機能面ととらえた方がよさそうである。そうなると、前に戻って、「大津の渟中倉の長峽」の地は、住吉大社の位置でなく、往来する船を見守ることができる神戸の本住吉神社の位置ということになる。

これまで、かなりの紙数をとって、「大津の渟中倉の長峽」の位置が神戸か大阪かを、客観的に検証してきたが、その結果を整理すると、キーワードになった「長峽」で表される地形では神戸有利、忍熊王が退いた「住吉」の地の具体的な場所でも神戸有利、「大津の渟中倉の長峽」にある「大津」の具体的な所在地でも神戸有利、船を「見守る」がもつ意味でも神戸有利という結果になった。

そこで神功皇后が筒之男三神の教えを受けて鎮祭した「大津の渟中倉の長峽」の地は、神戸の本住吉神社と結論づける。ただし、これまで検証してきた経過では、神戸の『本住吉神社紀』に記載の「大阪へ遷すもとの住吉」の意をもって「本」の字を宛てたとする根拠は出て来ない。

写２－13　明石の住吉神社（明石市魚住町）

強いて言えば、住吉大社は、他の住吉神社から遷すなどせず、新規に他の住吉神社を統括するために必要となり創建された、と見た方がいいのかもしれない。

明石の住吉神社

瀬戸内海を走る船が大阪湾に入るとき、明石と淡路島に挟まれた潮の流れが速い明石海峡を通る。潮の流れは片側交互通行で、その方向は時間で変わる。だから、船は海峡をうまく通過する潮時がある。その潮時に合わせるために、明石海峡の手前の港に入って潮待ちをする。だから、明石の住吉神社は、大阪湾への玄関とも、関所とも言える位置にある（写真２－13）。

明石の住吉神社へは、ＪＲ山陽本線の魚住駅からタクシーを使った。この地域は、住吉大社領だった関係だろうか、兵庫県加東郡社町と同じように、住吉神社が多数あるので、魚住町中尾の住吉神社と言わないと、どこの住吉神社か判らないそうだ。三〇〇分の一の地図で調べると、明石の住吉神社を挟んで、一〇キロ足らずの海岸線近くに住吉神社が六社もあった。間違えないように、目当ての魚住町中尾の住吉神社に向かった。

　明石の住吉神社を訪ねた日は、時折激しい雨が降っては止み、止んだかと思うとまた降る天気だった。黒雲が迫る中、住吉神社に着いた。タクシーに待ってもらって、駐車場から少し上ると拝殿の脇に出た。拝殿の前から播磨灘が見えた。能楽の稽古をしている能舞台、江戸時代に造られた由緒ある楼門の脇を通って、まばらに立ち並ぶ松の木の間からも播磨灘が見える。

　なだらかな石段を降りると、道路一つ隔てて漁港があり、その先に播磨灘が広がっている。播磨灘の左手に淡路島が迫り、明石海峡を通る船は手に取るように見えた。振り返って見ると、周り一体が低い丘になっていて、丘の頂上部は、松の木に囲まれて拝殿などが立っていた。右手に、子どもが遊べる滑り台などもあり、遊園地にもなっていた。明確な塀囲いなどがないから、どこが境内なのかはわかり難いが、おそらく、その昔は、遊園地や駐車場も含めて丘全体が社領地だっただろうから結構広く、非常時には大勢の人が集まれる広場として使われたはずだ。タクシーの運転手さんの話だと、バーベキューの季節になるとにぎわうそうだ。

祭神は筒之男三神、神功皇后で、言い伝えによれば、新羅征伐に向かう神功皇后が乗った船が播磨灘で暴風にあったとき、当地に上陸して平穏を祈願したことで、この地を住吉神社発祥の地とするが、雄略天皇八（四六四）年に勧請して住吉三神を祀った。一二九二年に現在地に遷座したとある。

『日本書紀』では、神功皇后は、凱旋時には瀬戸内海を通っているが、出かけるときは、福井県の敦賀から日本海回りで穴門（長門）の豊浦へ向かわれたとあるし、住吉神社発祥の地も、その根拠が明確でないが、ともかく、明石海峡の玄関として、通行船の監視の場として、潮待ちの港を管理する役として、船や船乗りの安心安全を祈願する場として、早くから必要に迫られて創建された住吉神社であることは確かであろう。以上が明石の住吉神社を訪ねて得たものだった。

第三章　ワタツミの島　対馬

対馬行きの日程は、一泊して次の日朝一番のフェリーで博多へ向かわねばならなかったから、対馬での踏査時間は行ったその日だけしかなかった。時間がないのに対馬へ行ったのは、それでも対馬の住吉神社をはじめに現地だけは確認しておきたかったからだ。この時間に余裕がない対馬訪問だったが、思いがけぬことが二つあった。

その一つは、自宅を朝の六時に出て、十時三十五分には対馬空港に着いたことだ。羽田空港に駆け着けた時刻が七時十五分なので、羽田から三時間二〇分で対馬空港に着いたことになる。飛行機の乗り継ぎがうまく行くと対馬がこんなに近いものなのだと驚いた。当初思っていたより対馬滞在時間に余裕が出たので、欲張って住吉神社や和多都美《わたつみ》神社だけでなく当初予定していなかった所も訪ねることができた。交通手段はレンタカーも考えたが、道が解らないので、効率よく回るために時間で料金が決まっている観光タクシーに乗った。これがよかった。

もう一つは、その和多都美神社などを回った結果、安曇族の活動範囲が対馬に及んでいることを実感できた。と同時に、ワタツミとツツノオの関係が解からなくなったことだ。この章は、その安曇族とツツノオの謎に取り組んだ結果の説明になる。

対馬に関する予備知識としては、永留久恵の『対馬歴史観光』と同じく永留の『日本の神々―対馬―』に目を通していたぐらいしかなかったが、この日の夕方、厳原《いづはら》市の書店で対馬郷土研究会発行の『対馬風土記』に永留がシリーズで書いている「対馬の神々」の一一号和多都美神社、一三号住吉神社、一四号阿麻氐留神社、二六号上津・下津八幡宮を入手した。この種の書は現地でないとなかなか手にすることができないので助かった。

雞知《けち》の住吉神社

対馬は津の島とも言われるように港が多い。図3-1に示したが、現在、島の周りを一〇の港湾と大小合わせて六〇の漁港が取り巻いている。今回対馬で訪ねまわったところは図3-2に示したとおり。なお、一〇年ほど前に、田ノ浜漁港の近くにある海神《わだつみ》神社と豆酘《つつ》漁港は訪ねている。対馬は、地図を見ると、中央部で離れた上下（南北）二つの島からなっているように見えるが、中央部は狭い陸地でつながった細長い一つの島だ。南北直線距離で七〇数キロある。西の朝鮮半島側と東の九州側との間を黒潮から分かれた対馬海流が、対馬で東西に二分され両岸を挟んだ形で流れている。対馬海流を川と見立てれば、対馬は川の中にある川中島に当たる。繰り返すと、上下に離れているかのように見える中央部は、複雑に入り込んだ数多い入江がある浅海湾だ。浅海湾が入り込んだ分、陸地が狭くなり、一見地図上で二つに切れているかのように見えるわけだ。

この陸地が狭い所にある雞知の住吉神社は、西の浅海湾にある船着場からも、東の九州側にある船着場からも参拝に行くには近い位置にある。直線距離で東が七〇〇メートルほど、西が八〇〇メートルほどだ。その昔、東側の雞知川の河口には砂嘴《さし》が延びて、その内側は、近世まで入江だったそうだから（『対馬歴史観光』）、いい港として利用されていたのである。西側も奥地が、近世ま

図３−１　対馬を取り巻く港

図３－２　対馬の雞知の住吉神社付近地図

で沼地だったそうだから、こちらも以前は船の停泊地に利用されていたであろう。だから雞知の住吉神社は（写真３－１）、現在よりもっと東西の港に近かったことになる。

まず、空港から雞知の住吉神社に行った。鳥居からつづく石段を登って門をくぐり、住吉神社と額を掲げた拝殿に達したが、由緒など過去の言い伝えを書いたものは何もない。私のような通りすがりの訪問者にとって、この社伝の類が何もないのが一番困る。それで、ここは、永留の書に頼る。永留によると、雞知の住吉神社は筒之男三神を祀らずに、鵜茅葺不合尊《うがやふきあえずのみこと》、豊玉姫《とよたまひめ》、玉依姫《たまよりひめ》、和多都美神《わたつみのかみ》を祀っているそうだ。

境内から車一台が通れるほどの道路一つ隔てて雞知川《けちがわ》が流れていた。私は、この雞知の住吉神社が海からどのくらい入ったところにあるのかを知りたくて、川沿いの狭い道をタクシーに下ってもらった。後から地図で調べたら、一キロも行かないところで雞知川は終わり、砂嘴とおぼしきところにあるコンクリート製の岸壁にぶつかった。水路は右へLの字形に折れ曲がって

写３－１　対馬雞知の住吉神社（対馬市美津島町）

いる。そこは波一つない海水が静かに入った船着場で、イカ釣り道具を積んだ漁船が一〇隻ほど係留していた。

それにしても、雞知の住吉神社が、ワタツミを祀りツツノオを祀っていないことは、永留の指摘どおり不思議なことである。私は、雞知の住吉神社が、小高いところから船着場を見守る筒之男三神を祀るのにふさわしい位置にあることだけを頭に入れて、次の大船越へ向かった。

大船越と小船越

東西を水路で結ぶ大船越は、一六七一年に、長さ約一一〇メートル、幅一八メートルの堀切が行われて、西の浅海湾と東の九州側の海が水路でつながったそうだ。これで対馬の陸地が南北の島に人の手で切断

写3－2　対馬の大船越堀切水路

されたことにもなる。現在は長さ二四〇メートル、幅五〇メートルの水路に拡張され、その上を国道三八二号線の橋が跨ぎ南北の島を再び陸路でつないでいる。現在の水路を見る限り（写真3－2）、どこを人の手で掘り切ったのかその位置はわからないが、周辺の地形から見て、おそらく現在の水路の東側口付近から一一〇メートルほど入った所だろう。この位置を地図で調べると、水路の左右両側に一〇メートルの等高線があるので、一〇メートルより低い谷状の低地を掘り切ったものと考えていいだろう。

ここで、堀切工事以前の大船越の地形を想定してみる。現場に立ってまわりの地形から読み取った感じではもっと低いが、仮に最高地の高さを七メートルとし、底辺の両端を海とした従断面図が二等辺三角形を描くとすれば、底辺一一〇メートル、高さ七メートルの二等辺三角形の勾配は一二・七％となり、現在の道路構造令に定められている普通道路の最大縦断勾配の中でやむを得ない場合のみ認められている上限の一二％より大きくなる。現在の道路勾配と大船越の勾配を単純に比較することは出来ないとしても、船

写３－３　対馬の板状の岩石

はかなり厳しい勾配の坂を引き上げることになる。

　そこで、次に考えられることは、掘切をやる前から、頂点の最高地を削ることぐらいはやっただろうということだ。最高地を削って五メートルまでに下げれば、勾配が九％になる。この掘切について、地元の永留は『対馬歴史観光』に、ここら辺りは、低いので掘切も容易だっただろうし、掘切される以前から比較的大きな船が越せたのであろう、と書いている。泥の部分を削ることはそれほど難工事ではないだろうが、問題は岩石を削る作業である。ただ、対馬の岩石は厚さ二センチほどの板状の石だから（写真３－３）、鉄製の工具さえあれば、一枚一枚めくるように剥がすことは出来るはずだ。永留が掘切した場所は、掘切も容易だったと言う理由はこんなところにあるのかもしれない。

　それにしても、この大船越を比較的楽に船が越せるようになるには、鉄製の工具を使って石を掘削できるようになってからではないだろうか。鉄製品が出た頃には、造船でも鋼鉄製の鋸で板を作り、刳船（丸木舟）に鍛鉄製の船釘で板を接いだ準構造船が出現していたはずだ。だから鉄の使用が始まって、準構造船の出現に呼応する形で大船越は開通したと考えるがどうであろうか。ただし、この開通は水路ではなく、まだ陸路で、船を担ぐか引きずるかして越す通路だ。大船越の開通で、北部九州と朝鮮半島とを結ぶ航海時間が短くなり、浅海湾経由での交易を盛んにさせたであろう。

ところで、話は飛ぶが、パナマ運河（一九一四年に開通）を通る船は、一段一段船の水位を上げ下げして、左右両岸を走る機関車に牽引されて太平洋と大西洋の間を行き来している。大船越を通る船は、岩盤の斜路を、頂上に向けて人の力で少しずつ引き上げ、頂上から下ろして、九州側の東水域と西の浅海湾とを行き来する。水と岩盤、機関車と人力、南北アメリカ大陸と対馬の上県《かみあがた》郡と下県《しもあがた》郡、といったスケールの違いはあるが、考え方とやり方、それに役目、効果などは同じである。大船越がパナマ運河より一七〇〇乃至一八〇〇年ほど先行していたことは、対馬の誇りにしていいだろう。ついでに、水路で紅海と地中海を結ぶスエズ運河は一八六九年に開通した。大船越が水路の運河に掘切ったのは、それよりも一九八年先行している。

北部九州と朝鮮半島との交易が盛んになったことは、永留が『対馬風土記一一号』で、「対馬には、弥生時代の遺跡が多い。それが、弥生初期から終期まで、一貫して北九州と同じ変容をしめしている。弥生土器の分類が、北九州の編年をもってそのまま通用することは、対馬が北九州の文化圏にあったことを証明している」と述べていることでもわかる。永留の弥生初期が西暦で何年頃を指しているのかわからないが、ともかく、対馬の浅海湾周辺に、弥生時代の遺跡が集中していることは、永留の主張どおり北部九州や朝鮮半島との交易と無関係ではない。弥生遺跡が南の豆酘や厳原、北の浦々にも広がっていいはずなのに、浅海湾に集中していることは、この大船越を船が越せたことと関係しているだろう。

大船越から小船越へ向かう途中、万関橋《まんぜきばし》の下を流れるもう一本の運河にも立ち寄った。この水路は、日本帝国海軍が五年ほどかけて一九〇〇年に完成させた水路で、海軍は久須保水道と称したが、対馬の人は万関瀬戸と呼んでいるそうだ。開削当時は、幅二五メートル、深さ三メートルだったが、その後、一九七五年に幅四〇メートル、深さ四メートルに拡張されている(『対馬歴史観光』)。

私が行ったときは、素人目には潮汐流利用の発電所でもできそうな思いがするほど、きれいな海水が西から東へ滔々と流れていた。対馬は、この水路と先ほどの大船越の水路によって、東西に横断する船の行き来が便利になったが、それとともに浅海湾の水交換がよくなったことは確かである。

この運河を離れて次に訪ねた小船越は、対馬の西側にある浅海湾の入江の一つ西漕手《こいで》(越出・漕出とも書く)と、東側の小船越浦が最も接近したところにある。東西の距離は、小船越浦の海が阿麻氐留《あまてる》神社《じんじや》の下まで海だったからせいぜい一〇〇メートルほどしかなかったであろう(『対馬歴史観光』)、ということだ。この間にあった船の陸越え通路は、地図上では一〇メートルの等高線に挟まれた谷間にあるが、実際現場に行くと、現在小道になっていた。柴田(前掲)によると、この小道は幅二・七メートルで人が六メートル掘り下げた地だと言う。船の越させ方は、東西間の距離も高さもほぼ同じ大船越と、その基本は同じだと考えていいだろう。ただ、小船越は船幅三メートル弱の船しか越せなかった。だから大船が越せた地を大船越、小船が越した地を小船越と呼んだのであろう。

この小船越と先の大船越で違う点は、対馬を東側から見た場合、大船越は近くに自然の地形を利用した雞知川の河口に、船を安心安全に停泊できる港があるのに対し、小船越は、三浦湾の奥にあるが、付近に川らしい川がないことだ。三浦湾の入り口には黒島があり、湾の中にも小島があるから外からの波を受けにくい自然の地形ではある。だが、現在、三浦湾の入り口と奥に、人工防波堤が築かれていることは、その昔、自然のままだと、外から波が入り、船を安心安全に海面に留め置けなかったのではないだろうか。もっとも、小船だと船台を使って陸揚げも考えられる。

大船越や小船越で船が陸を越すときのことを考えてみると、潮が高くなる満潮時はその分陸地が低くなるので労力が少なくてすむが、干潮時は逆に労力が余計要る。対馬は満干の潮位差が二メートル以上あるから、陸越えする船は、明るい昼間のいい潮時を待ったことだろう。その潮待ちができる港に近い大船越と、小船越とでは扱う船に違いが出てくる。比較的大きな尖底船は港で潮待ちするために雞知川の河口の港で待機して、近くの大船越から陸を越すことになる。一方、平底船で比較的小さな船は潮待ちしないか、あるいは、近くの浜に引き上げて潮を待てばいいから、小船越でも陸越えできる。

弥生時代に船が陸を越すとき、どんな方法をとったのかはわからないが、少し横道にそれるが、当時の道具や素材を想定して次のように考える。

小船は、現在のお祭りのお神輿を担ぐように担いだだろうが、担ぎきれない大船は曳いたはずだ。曳くときは、尖底船は船体が横転しない船台をつくり、水際でその船台を船の下に入れて人力で曳いただろう。曳くときの摩擦抵抗を出来るだけ小さくし、滑りをよくするために、硬い木で作ったシラを線路の枕木状に間隔をあけて敷く。そのシラ（注1）を水で濡らしながら力を合わせて曳く。通り過ぎたシラをはずして船台の前に敷く、これを順次繰り返しながら前に進む。もっとも、頻繁に船の陸越えがあれば、数多くのシラを鉄道の枕木状に固定させただろう。

この作業は、現在でもその基本を見ることが出来る。漁船などを扱う造船場に船を引き上げるとき台を使っている。また、船揚場がある漁港に行くと、固定したシラの上に船を引き上げ

（注1）ヒラ、スラなどとも言う、修羅の字を宛てることもある。要するに船を滑らすスリップウエイ。

ている。ただ、今は人力で曳くのではなく、電動巻き上げ機を使っている。現在でも鎌倉は、漁業者より後から住み着いた市民から、景観がこわれるという反対理由が出て漁港が造れず、昔のままで、浜辺で移動式のシラと電動巻き上げ機を使って船を引き上げている。電動が入る前は神楽と呼ばれる人力の巻き上げ機を使っていた。

陸上で船を曳く光景は、お祭りの山車として船を曳く光景がその原形だ。ただ、現在、木製やゴム製の車輪をつけているところが多い。有名な岸和田のダンジリは、元をたどれば船曳きであろう。車輪をはずして曳く原形としては、船とは違うが、これも有名な信州諏訪の御柱で大木を曳く光景がある。

こうして見ると、先の小船を担ぐことと祭りでお神輿を担ぐことの共通性も含めて、大勢の人が力を合わせて何かをやる原形が、弥生時代の大小の船越にあり、その伝統が、現代人が意識することなく、造船場や漁港、浜辺のお祭りに引き継がれてきている。まだ、現代の私たちの身の回りに弥生時代が残っていることに気づかされる。

なお、小船越の利用方法について、永留は、『対馬歴史観光』で、一説では、朝鮮半島などへの遣使らが小船越を通っている。そのときのことを、陶山訥庵《すやまとつあん》という学者は、船自体は越さないで東西で別の船に乗り換えたと言っているが、それはどうだろうか、と越さないで船を乗り換えたという説に疑問を呈している。

当時の船がどんな大きさの、どんな船型の船であったかはわからないが、陶山説が成り立つには、対馬の東西に船を安心安全に停泊させられるという条件がつく。浅海湾は波が静かで、小船越に近い奥の西漕手は船を安心安全に停めて待機させることもできる。だから、遣使が東の小船越浦から西の西漕手へ行く場合は、遣使一行が歩いて小船越を越えて、西側に待機させていた船に乗ることは考えられる。逆に、西の西漕手で船を下りて徒歩で小船越を越えて、東で待機している船に乗り換える場合、現在の小船越浦付近には入江はたくさんあっても船が入れるような川がないだけに、待機させる船を船台でも使って陸揚げしていれば別だが、船を海に安心安全に停泊させて待たせる港の条件を備えた地形ではないように見受けられる。

また、船体が越さないのであれば、東西の船着場の船、あるいは政府間での連絡を密にする必要がある。そのために数日足止めされることも生じただろう。だったら、なぜ東西に船を安心安全に停泊することができる大船越を使わなかったのか、わざわざ船を乗り換えないで、対馬の北端を回る航路をとらなかったのか、と考えると陶山説は機能的でない。永留の疑問も当然だ。もっとも、たとえば、大船越ルートが出来る以前のしきたりで、新羅から対馬までは新羅の責任で、対馬から大和までは大和朝廷の責任での航海、といった取り決めでもあったり、遣使が乗る船が小船であれば陶山説もあり得るかと思う。

鴨居瀬の住吉神社

次に訪ねた鴨居瀬《かもいせ》の住吉神社は（写真3－4及び3－5）、対馬の東側に在って、住吉瀬戸または紫瀬戸と呼ばれる水路に小さく突き出した岬の先端にあった。海から直接石段を数段上がって鳥居をくぐると、そこは住吉神社の境内に入れる構造になっている。社殿は後ろに木が生い茂る山を背負っているが、前は海に向かって開放され、木立もなく直接太陽が照りつけ、海からの潮風が吹きつける配置だ。鴨居瀬の住吉神社は、海へ向かって神を迎える姿勢をとった神社だった。境内を見渡すと祭神や縁起を書いた看板が目に入った。そこには次のことが書いてあった。ただ、使ってある文字が漢和辞典を引いても載っていないような難しい漢字なので、本書では一般的な表現に改める。

祭神は、鵜茅葺不合命（神武天皇の父神）と、三筒男命（住吉神）とあった。でも、永留の『対馬歴史観光』（一九九四年）には、祭神は住吉大神（筒男命）でなく、鵜茅葺不合尊と豊玉姫とある。十数年の間に祭神が変わったらしい。それはそれとして、この地は、周りに数え切れないほどの入江はあるが、川らしい川はない。これまで、内陸部にある安曇野の住吉神社を除いて、筒之男三神は、船を安心安全に停泊できる川や河口水域とセットでとらえることができたが、こ

写３－４　対馬 鴨居瀬の住吉神社（対馬市美津島町）　海に面し、海から神を迎える形

写３－５　対馬 鴨居瀬の住吉神社　本殿を臨む

の鴨居瀬の住吉神社にはそれができない。どちらかというと、海から神を迎えるワタツミ系の神社の構えに見える。そう考えると、永留の指摘した筒之男三神を祀っていなかったということが納得できる。でも、繰り返すが、現在、祭神は筒之男三神と書いてある。

続けて創建の起源と社号の変遷を読む。ここには筒之男三神は出てこない。起源は、海幸彦山幸彦の話に出てくる豊玉姫が鵜茅葺不合尊を生んだ産屋をこの紫瀬戸に建てたとある。さらに、最初の社号は津口和《つのくちわ》多《た》女《め》御《み》子《こ》神社《じんじゃ》と称したが、神功皇后が三韓征伐に行った時に海神（筒之男三神）を祀ったので住吉神社に改称した。一一八五年ごろには再び津口和多女御子神社と称したが、一六八四年頃の神社誌に紫瀬戸住吉大明神とある。さらに、一八七〇（明治三）年に和多女御子神社に社号を改め、一九四三（昭和十八）年、住吉神社と号するようになった。

この言い伝えなどの記録に従うと、社号は、創建時にワタツミ系を祀ったことから始まり、その後は、神功皇后に関連してツツノオ系に変わり、以降、ワタツミ系を二回、ツツノオ系を二回、交互に繰り返し、現在の社号は住吉神社になっている。

神社の社号がどういうことで変更されるのかは知らないが、鴨居瀬の住吉神社の社号の変わり方を見ると、その時代の流れに合わせたり、そのときの権力者に合わせたりして変わるものらしい。神功皇后がお通りになったという話が出ると、それに合わせて社号も祭神も変えねばならない事情が出てきたのかもしれない。およそ神社の由緒には手前味噌の伝説が多い（『永留

「対馬風土記』二六号）。とは言え、由緒が、たとえ、言い伝えであれ、後からの創作であれ、その時代のその神社の事情、主張したいことがどこかに投影されているのではないか。そう考えると、鴨居瀬の住吉神社が、ツツノオ系の住吉神社と号していながら、ワタツミ系の海幸彦山幸彦の話を由緒に取り込んでいることは、対馬のワタツミとツツノオの関係を解き明かそうとするときの鍵になるかもしれない。

記紀の時代はずっと後の話になるが、住吉神社がある雞知と鴨居瀬を利用していた漁船の話を宮本常一が「海人ものがたり」（『宮本常一著作集』二〇）に書いている。参考のため記しておく。話は概略次のとおり。

一六〇〇年代、鐘ヶ崎（現在の福岡県宗像市）の海人は、毎年季節になると、家族を乗せた家船で対馬にやってきて、鴨居瀬と雞知の高浜を根拠地に、対馬沿岸全域の海に潜ってアワビなどを獲っていた。鴨居瀬にいた仲間を上海人《かみあま》、雞知にいた仲間を下海人《しもあま》と呼んでいたそうだ。ここまではそれほど気になる話ではない。だが、少し気になるのは、鴨居瀬と雞知に祀られている住吉神社は鐘ヶ崎から勧請して祀ったものと言われていることだ。もっともこの勧請について、宮本は、鎌倉時代の中ごろからの文書に住吉神社が出てくることから、鐘ヶ崎の海人以前に住吉神社があったとして否定している。しかし、先の縁起によれば、社号はたびたび変わり、一一八五年ころ津口和多女御子神社だったのが、一六八四年ころ紫瀬戸住吉大明神になっている。この社号変更に、鐘ヶ崎の海人がかかわっていた、すなわち勧請した可能性はある。ともかく、鐘ヶ崎の海人と住吉神社との間に何やら関係があることをほのめかす話だ。そこら辺の関係を少し探ってみる。

推定では十四世紀の終わりごろから、鐘ヶ崎の海人は小船を使って対馬や朝鮮半島へ出かけて潜水漁をしていたらしい。その優れた航海術が歴史上の事件に巻き込まれる。それは、一四四一年に赤松満祐が将軍足利義教を殺したとき、助けに入った大内持世も殺された。以来、周防長門（山口県）の大内氏は赤松氏に属していた九州の少弐氏《しょうにし》を攻めた。少弐氏は配下だった対馬の宗氏に救援を頼んだ。宗氏は九州の地で大内氏と五〇年も戦った。その間、九州と対馬の間を行き来して連絡や運搬の役目をしていたのが鐘ヶ崎の海人だった。このときの功績によって、鐘ヶ崎の海人は、対馬での漁業を正式に認めてもらい、それ以来、宗氏との特別の関係を持つようになった。宗氏のために日々の采魚を納め、海上の連絡に当たった。それでも、対馬に定住することもなく、季節が来るとやってきて小屋がけ生活を続けていた。元禄の頃になって（一六八八～一七〇四年）曲《まがり》（厳原市）に定住した。

以上が宮本の書いた内容の要旨だが、少し考えると、対馬には津（港）はたくさんあるのに、鐘ヶ崎の海人が、なぜ住吉神社がある鴨居瀬と雞知を根拠地にしたのだろうか、なぜ住吉神社を勧請したと言うのだろうか、といった疑問が湧いてくる。この疑問の答えを探していたら、以下記述するように、鐘ヶ崎の海人による海上監視体制の線が浮かんできた。

結論を先に書くと、鐘ヶ崎の海人は、対馬周辺で漁をしながら、不審船などの出入港の情報を集めて、住吉神社に提供する監視の役を担っていたのではないだろうか。というのが今のところ出てきた答えだ。雞知の住吉神社も鴨居瀬の住吉神社も摂津国の住吉大社とどこかでつながっていたはずだ。対馬藩主の宗氏と住吉神社とのつながりはよくわからないが、先述のとおり、鐘ヶ崎の海人と宗氏はつながっていた。対馬に出入りする船は、対馬周辺各地の津(港)近くに散らばって漁をしている鐘ヶ崎の海人の誰かの目に留まる。不審船を見れば仲間を通じて、即住吉神社へ伝えられる。現代のように、電波を使って情報のやり取りはできない時代だから、海に囲まれた対馬が島の外と情報を交換するには、船を除くと烽火ぐらいしかない。だから、入って来る情報も、出て行く情報も船が使われた。したがって、対馬の情報管理としては、広い範囲を見渡せる山などの陸上から船を見張ることと、海人による海上からの監視体制を組み込んでいたのではないだろうか。代々朝廷とつながっている津守氏については後述するが、日本にとって、対馬は朝鮮半島との間にある最前線だけに、雞知と鴨居瀬の住吉神社がもつ役割は、祭神に関係することなく大きかったであろう。

この海人を使った海上監視体制については、時代は下がるが、江戸時代の江戸湾にもあった。徳川将軍と佃島の漁師との関係がそれだ。徳川家康が摂津国の佃村(現在大阪市西淀川区佃)と隣の大和田村（現在大阪市西淀川区大和田）に住んでいた海人三十余名を江戸に移り住ませ、漁業をさせながら、江戸湾を監視させている。その経緯の概略を記す。

徳川家康と摂津国佃村の名主孫右衛門が結びついたきっかけについては諸説ある。織田信長が明智光秀に殺された本能寺の変のとき、京都にいた家康の身にも危険が迫り、家康は岡崎へ何とかして逃げ帰るため、摂津の住吉大社にお参りに行くことを口実に神崎川を渡った。だが、この神崎川を渡るのに難儀した。そのとき、助けてくれたのが孫右衛門だった、という説。あるいは、関が原の夏の陣で、家康が茶臼山（大阪市天王寺区）に陣を敷いたときの密偵として孫右衛門一派が活躍したなどが伝えられている説。おそらくこれらの逸話以前からの結びつきがあったのだろうが、その真偽は別にしても、家康が孫右衛門に森の姓と帯刀を許したなど、信頼おける海人として孫右衛門を扱ったことは確かである。

徳川家康が江戸入りした時（一五九〇年）、連れられて来た森孫右衛門一派は、江戸湾内のどこへ行って魚を獲ってもかまわないという特別の漁業免許状を賜って操業し、徳川将軍家に白魚や魚介などを納めている。なお、現在の東京都中央区の佃島は、元々洲であったところを一六四四年に埋め立てを完成させ、孫右衛門一派を住まわせた。以来摂津の佃村の名を採って佃島と呼ばれて今日に至っている（以上、藤森三郎『東京都内湾漁業興亡史』東京都内湾漁業興亡史刊行会）。

この森孫右衛門一派は、摂津の佃村在住の頃より表向きは漁師（海人）であったが、実は軍事の密使で、江戸湊海上の監視役をしていた（中村勝『市場の語る日本の近代』）、という見方もある。現代の日本に海上保安庁があるように、いつの時代でも、統治者にとって、海上監視体制が必要であったのだろう。このように海上保安庁、佃島の漁師、鐘ヶ崎の海人、と時代を遡ってたどると、その昔、住吉大社を総本部として、筒之男三神を祀る全国の主要住吉神社は、単なる港の神という機能だけでなく、あるときは軍事に関与する軍神として、また、あるときは情報を集める諜報機関として、日本列島の海上の監視体制に組み込まれていた可能性はある。

和多都美神社

午後一時半過ぎに、豊玉町の仁位《にい》にある和多都美神社へ着いた（写真3－6）。ちょうど潮が引いていて、海から神をお迎えする鳥居の一の鳥居と二の鳥居の礎石の部分まで見えた。鳥居は、一の鳥居から拝殿前の五の鳥居まで海から真っ直ぐ並んでいる。海から神を向かえる構えは、先の鴨居瀬の住吉神社と同じである。

祭神は、彦火々出見尊《ひこほほでみのみこと》と豊玉姫命とあり、また、縁起をたどれば、神代の昔、海神である豊玉彦尊が当地に宮殿を造り、宮を「海宮《わたつみのみや》」と名付け、この地を「夫姫《おとひめ》」と名付けた、と境内の説

写３－６　対馬 仁位の和多都美神社（対馬市豊玉町）

明板に書いてあった。

ここに出てくる彦火々出見尊、豊玉姫命、豊玉彦尊は、鴨居瀬の住吉神社の縁起にもあった海幸彦山幸彦の話によるもので、広く浦島太郎のおとぎ話でも知られているが、念のため大筋だけを紹介しておく。

その昔、釣りが上手な海幸彦と狩が上手な山幸彦の兄弟がいた。ある日、お互いが釣り道具と狩りの道具を取り替えて、兄の海幸彦は山へ、弟の山幸彦は海へ出かけた。ところが山幸彦は海幸彦が大切にしている釣り針を失う。兄に返却を迫られて困り果てた弟に、塩土老翁《しおつちのおじ》が小船に乗って海の中にある宮殿に向かわせる。山幸彦は、そこで出逢った豊玉姫と結婚し、子どもができたので、豊玉姫は、山幸彦に絶対に見てはならないと言いおいて、浜辺に出産のため作った産屋に入る。にもかかわらず、山幸彦は覗く。豊玉姫は鰐の姿になっていた。覗かれた豊玉姫は宮殿に帰ってしまった。

というお話だが、ここに出て来る山幸彦のまたの名を彦火々出見尊と言い、宮殿（海宮）は豊玉姫の父親の豊玉彦（綿津見神）が住んでいるところだ。生まれてきた子どもが鵜茅葺不合命。これが浦島太郎の話では、山幸彦が浦島太郎、豊玉姫が乙姫、宮殿が竜宮城、小船が亀の背中に置き換えられているだけで、話の基本構成は同じである。

この海幸彦山幸彦の話、すなわち浦島太郎のおとぎ話は、上田正昭が『日本神話』で言うとおり、セレベス島のミナハッサ、パラウ諸島、ニューブリテン島など、太平洋をめぐる地域に広く分布していて、日本独自の神話ではない。

だから、先の鴨居瀬の住吉神社でも豊玉姫が鵜茅葺不合尊を生んだ産屋はここだと言い、和多都美神社で、豊玉彦尊（綿津見神）の海宮はここだと言うのは面白いが、それらを史実とすることはできない。

和多都美神社の社殿裏の小道を行くと、注連縄を巻いた豊玉姫之墳墓と彫られた球状の石がある。永留によると、考古学的に観ると墳墓ではなく、磐座《いわくら》だそうだ（『対馬歴史観光』）。永留は宗像大社の沖ノ島を連想させる、と言うが、沖ノ島に行ったことがない私は、沖縄の御嶽《うたぎ》と共通しているように思えた。

御嶽は、谷川健一が著書『沖縄』で、本来、御嶽は建物も鳥居も神体すらもなく、あるのは自然が作り出した聖域だけであった、と述べているように、人為的構築物がない神聖な空間にある樹木や岩石を神との接点としている。芸術家の岡本太郎は、この御嶽に接したとき、次のように表現した。少し長いが転載する。

私を最も感動させたものは、意外にも、まったく何の実体ももっていない、といって差し支えない、御嶽だった。御嶽、つまり神の降りる聖所である。この神聖な地域は、礼拝所も建っていなければ、神体も偶像も何もない。森の中のちょっとした、何でもない空地、そこに、うっかりすると見過ごしてしまう粗末な小さな四角の切石が置いてあるだけ（岡本太郎『沖縄文化論』）。

ここで言う四角い切石は、岡本も説明しているが、香炉であって、これは、後に仏教の影響を受けて作られたもので、本来は、人の手が加わらない石だった。この沖縄の御嶽と対馬の和多都美神社で豊玉姫の墳墓と崇められている石は重なる。

また、海から神を迎える形の鳥居や拝殿などの設置構造は、これも沖縄に伝わるニライカナイに共通している。ニライカナイは、神が住む海の彼方のことで、人は死んだら海の彼方へ行って神になって、戻って来るという来世の考えである。戻ってくる神が迷わぬように迎えるためのランドマークが鳥居である。鴨居瀬の住吉神社と和多都美神社の鳥居が海に向いて立っているのは、ニライカナイと重なっている。このニライカナイと鳥居、御嶽と磐座、海幸彦山幸彦の神話は、対馬と南の国々とのつながりを教えてくれる。

厳原　八幡宮神社

仁位の和多都美神社から、厳原へ向かった。厳原の「お船江」と呼ばれる造船場のドックに寄った。住吉神社とは直接関係ないが、ついでに見ておきたかったのだ。現地に立つと、一六六三年に造られたという見事な石造りの岸壁と水門があり、潮汐の干満を利用した干ドックだった。干潮時に水路を堰でふさぎ、水がない内側で船を造ったり、修理したりして、出来上がったら堰を切って水を入れ進水させる方式だ。少し想像をたくましくすると、「お船江」ができる前にもこの地を利用したドックがあったのではないか、壱岐の幡鉾川《はたほこがわ》にあった原の辻の船着場も、ことによると、船着場でなく干ドックだったのではないか、との思いがしたのは、「お船江」を見たときだった。

厳原のメインは、厳原港のそばにある住吉神社を訪ねることだった。ところが、地元出身のタクシーの運転手もその場所がわからないと言う。携帯電話でタクシー会社に訊ねてくれたら、現在、がけ崩れの危険性があって立ち入り禁止になっているそうだ。その場所は厳原港のフェリー発着場のそばに聳え立つ亀の甲羅を立てたような立亀《たてがみ》（本来は立神）と呼ばれる大きな石のそばにある。やむなくその大石だけを眺めて、宿泊予定のホテルに行きタクシーを降りた。

厳原のホテルから歩いていくらもないところに八幡宮神社はある。境内にある説明板を見ると、祭神は、神功皇后、仲哀天皇、応神天皇、姫大神、武内宿禰とあり、また、縁起に、神功皇后が三韓征伐の帰還時に、この清水山に行幸されて、天神地祇を祭って異国の寇を守り給えと祈った、と言ったことが書いてある。

この縁起の中にある「三韓征伐」と「異国の寇を守り給え」はともに戦とかかわりがある。住吉神社とも関係が深い神功皇后が、わが国あるいは大和朝廷を守る神、すなわち軍神にお願いできる能力を持つ人だと書いてあることに注目させられた。

永留の『対馬歴史観光』によると、この八幡宮も元々は和多都美神社で、八幡宮の社号になったのは十一世紀と推定されるそうだ。当時の祭神は神仏習合の八幡大菩薩で、その後、応神天皇と神功皇后にかわり、社号も下津八幡宮、府中八幡宮と変わり、明治四（一八七一）年に、一旦、和多都美に戻ったが、明治二十三（一八九〇）年に現在の厳原八幡宮になったそうだ。府中八幡宮の時代の祭神には、現在の姫大神と武内宿禰が入っておらずその代わり、ワタツミ系の豊玉姫と玉依姫が入っていたそうだ。

この厳原八幡宮境内の前五～六〇《メートル》のところを幅一〇《メートル》足らずの川が流れている。そこは古代の船着場だったらしいそうだが、現在、厳原港まで一《キロ》もなく潮の干満で水面が上下する。どうやらその昔は八幡宮の前まで海だったようだ。そうすると、一の鳥居は海から神を迎える方向を向いていたことになる。

対馬の交易

対馬にとって交易は重要である。それは、対馬の産業云々だけでなく、弥生時代から古墳時代の昔、朝鮮半島や中国大陸からの物品の他に情報や技術が対馬を通って日本列島へ入っただけに重要なのだ。だから、対馬の変化発展は日本列島の変化発展を映し出してくれる。

人の体で言えば、対馬は口だ。何を食べたか、その量と質を細かくチェックしていれば、食欲や摂取カロリーなどもわかるので、その人の成長や健康状態のおおよそがわかる。対馬を通った物や人、それらの量などがわかれば、当時の日本の社会状態がわかる。だが、対馬を通ったこれらの情報の記録は全然ない。その点をわずかでもカバーしてくれるのが遺跡や神社だ。人々のよりどころの神社は人の体で言えば頭のようなもので、頭は、すべてを記憶しているわけではないが、忘れられないことは濃縮して残っている。そんなことを思い、対馬の神社に当たれば、対馬の何かがわかると訪ねてみたのだ。また、文献にも少し当たってみた。だが、かえって対馬がわからなくなってしまった。対馬は大きい。「木を見て森を見ず」で言えば、森と言うより樹海と表現した方がいい。ちょうど樹海の中の数本の木を見て、また、見た人から話を聞いても、樹海の全体像は見えないのと同じように対馬がわからないということだ。対馬訪問でそんなことを悟らされた。樹海の全体像をつかむためには杓子定規でなく、少し頭を柔らかくして、いろいろな視点から雑多なことを考えてみた方がいいのかもしれない。

そこで、固い切り口になってしまったが、まずは交易から入ってみる。対馬をとらえる素材に対馬を記録した文章で最も古い『三国志』の「魏志倭人伝」を採り上げた。そこには対馬国を次のように紹介している。絶縁の島で、四方は四百余里ばかり。土地は山が険しく森林が多く、道路は鳥や鹿の径のようだ。千余戸ある。良い田はなく、海産物を食べて自活し、船に乗って南北にゆき、米を買うなどする(石原道博訳)。

この倭の調査に派遣された魏の役人が書いた報告書を読んで、皆さんの頭には、対馬に対しどんなイメージが湧くだろうか。一般的には、対馬は食料事情が厳しく、経済的貧困者の生活が浮かんでくるかと思う。だが、視点を変えて今流に解釈すれば、対馬の国の人々は、海と山と緑の自然に囲まれ、人も田も少ないリゾート地で、主にシーフードを食べ、米の飯を食べたくなったら、船で南や北の国にお米を買いに行く、といった精神的豊かな生活を送っていると受け止めることもできる。

それはそれとして、永留は『対馬国志』第一巻で、弥生時代の対馬には大小の浦があって(図3－1 P112参照)、中心になる大きな浦に浦主がいる。その墳墓に豪華な副葬品があることから見て彼らの生活は豪勢だったに違いない。浦主らは海外に通商する海商だったはずだ、と言った旨述べている。世の中、時代を問わず、豪勢な生活ができる富裕者がいれば、その反対の貧困者もいる。だから対馬の島民全てが、豪勢な生活を送っていたとも、南北の国へ出かけて交易していたとも思えないし、また全ての浦主が海を渡って交易をしていたかどうかもわからない。そこで、まず貧困者が交易をする可能性について考えてみる。

貧困者は、南北に出かける船を手に入れるだけでも大変だろう。何とか手に入れたとしても、対馬で交易商品として何があるだろうか。「魏志倭人伝」の時代(三世紀)の対馬の人になったつもりで少し細かく考えてみる。陸上耕作物がないとすれば、水産物になる。真珠も採れるとは言え、養殖でなく天然ものだけに、生産が安定しているわけではない。生鮮魚介は、鮮度の問題があり有力な交易商品になりそうにない。塩干魚介や塩(注2)が思い浮かぶ。乾しアワビも

(注2) 対馬の塩の生産が盛んであったことは、永留の『対馬歴史観光』に、「島内には塩竈神社が各地にあり、塩焚きの伝承や地名が方々に遺っている。」とあることからもわかる。

塩も商品価値が高かったかもしれない。これら湿気を嫌う塩干魚介や塩の輸送は雨に降られても波を被っても濡れないようにしなければならない。船で運ぶには、水密性の高い防水容器が要る。竹篭か行李に漆などを塗って水密性を持たせた籃胎漆器のような物で作った容器を使ったかもしれない。そうすると、船に積む防水容器として、商品の塩干魚介入れと塩入れ、それに交換した籾殻付の米を入れる容器の最低三種類は要りそうだ。小さな丸木船だとこれらを積むスペースの確保もままならないし、乗組員も一人か二人に限定される。それに、そんな小船で対馬の岸辺を洗うように流れている対馬海流を乗り越えることは容易でない。

それでも、南北の国へ行けたとする。行った先々も海辺のはずだ。塩干魚介や塩の産地だ。内陸部へ向かわないと商売は出来そうにない。もし海辺に塩干魚介や塩を集めて他所へもって行って売りさばく業者がいれば助かる。だが、足元を見られて買い叩かれるだろう。そこまで考えると、貧困者の零細交易は難しい。また、行った先の人々の生活がよければ、そこへ住み着きたくなるだろう。対馬を離れて移住することにもなりかねない。そんなことを考えると、貧困者に交易はできそうにないという結論になる。

次に、富裕者、すなわち浦主についても考えてみよう。南北の国へ交易に出かけることができる程度の大船は持っているとしよう。それでも、交易商品は塩干魚介と塩ぐらいしかなさそうだ。その塩干魚介と塩は、当人も生産するかもしれないが、資本家として他人を雇って生産させるか、浦の個人が生産したものを集荷して扱うことになる。交易商品を集荷する場合、生産者とその場で米など代替品との交換で決済するか、あるいは一旦品物を預かって南北の国で取引した後、その出来高に応じて決済する委託販売がある。

いずれにしても、浦主は、その間の有利な利ざやで富裕者になるわけだが、扱い量の多寡で利益も左右される。「魏志倭人伝」にある南北の国に出かけるといっても、対馬の浦主商人が行くお得意様になると、そのマーケットはある程度限られたところになるだろう。そうすると、対馬の大小合わせて五七か所（永留資料前掲）もある浦主商人の取引先が同じところで重なる可能性もある。だったら、その重なった浦主の荷は、一緒にまとめて扱った方が利益は大きくなるはずだ。それに、先にも述べたように、対馬の交易商品は沿海地域の水産物だから、需要は内陸部にある。対馬の数多い浦主が、川をさかのぼって個々で内陸部に販路を持っていたとは考えにくい。それでも対馬の浦主商人が、塩や塩干魚介の交易で利益を上げて米などとの交換ができたとなると、そのノウハウやマーケットをどうやって身につけたのか、また、対馬海流を乗り越える操船術などの問題にぶつかる。

ところで、何も対馬だけが交易をやっていたわけではない。対馬から出向いた先の港付近にも交易を営む人がいたと考えてもおかしくない。その人たちと交易をやれば、その人たちの中には、対馬から来る人を待っているだけでなく、自分たちが独自に集めた荷を持って、対馬に交易に出かけようと考える人が出てきたとしてもおかしくない。そう考えると、対馬の弥生時代の遺跡から中国大陸の製品、朝鮮半島の製品、日本列島の製品が出土するのは、何も対馬の人だけの交易によるとは限らない。

ただ、ここで言う対馬の人という定義がむずかしい。何年ほど、何代ほど、対馬に住めば対馬の人になるのだろうか。住民台帳や戸籍制度もない時代、極端に言えば、対馬に住めばその日から対馬の人になった。そう考えた方がよさそうだ。そうすると、「魏志倭人伝」に出て来る南北の国へ交易に出かけた人は、他所から入ってきた人であって、代々長年対馬に住んでいた人でないかもしれない。

考えを対馬の外に向ける。弥生時代の日本列島で、先駆けて中国大陸との間や日本列島の各地で手広く交易していた集団がいる。それは、現在の福岡市東区の志賀島を根拠地とする安曇族だ。交易のノウハウやマーケットをもつ安曇族が対馬を見逃すはずがない。

対馬の安曇族

ここで視点を変える。まず安曇族について簡単に説明する。出自は、紀元前四七三年の中国春秋時代、越に滅ぼされた呉で、その残党が北部九州へ渡ってきたのだ。今の福岡市東区志賀島を拠点に、中国大陸及び日本列島で交易を始め、日本列島に弥生時代の基礎を築いた。現在、福岡市の志賀島に、海神の総本社とする志賀海神社がある。代々宮司は阿曇姓で、創建は二〜四世紀と伝えられているが、おそらく、もっとさかのぼるだろう。綿津見三神を祭神に神功皇后、玉依姫命、応神天皇を合祀し、摂社に穂高見命、住吉三神、阿曇磯良丸を祀っている。この安曇族などに関する根拠等詳細は、拙著『安曇族と徐福』を参照されたい。

この安曇族と対馬は関連深い。そのことは、永留の「対馬の神々四」（『対馬風土記』第十一号一九七四年　対馬郷土研究会）から抽出して箇条書きにした次のことでもわかる。現在、対馬には一〇か所ほど和多都美の神社がある。また、社号は異なっても豊玉姫を祭神としている神社が多い。それに和多都美の伝説に連なる由緒を語っている社も少なくない。『対馬島誌』には、ワタツミ系の神社が七七社もあげられている。仁位の和多都美神社に磯良の墳墓と豊玉姫の墳墓とされる遺跡があり、神主は長岡姓だが、古い時代には安曇姓を名乗っていた。また、浅海湾の中に鹿島という小島があり、そこには志賀神社があって、ここも磯良を祭神としている。今回私が訪ねた仁位の和多都美神社をはじめ、雞知の住吉神社の境内には、鵜茅葺不合尊、豊玉姫、玉依姫が、鴨居瀬の住吉神社にも鵜茅葺不合命が祀られている。それに厳原の八幡宮神社は時代をさかのぼると和多都見神社として海神を祀っていた。祀られている神々はいずれもワタツミ系の神である。こうやって対馬のワタツミ系の神を見ていくと、安曇族の本家は、対馬か志賀島かと迷ってくる。田中卓は『神話と史実』（一九八七年　図書刊行会）で、阿曇氏の本貫（本家、本籍）に関しては、筑前糟屋郡と認めると同時に、対馬にも有力な本拠の存したことを推定せざるを得ない、と述べている。もっとも、この田中説の弱点は、推定の根拠に、ワタツミ系の祭神豊玉姫を神功皇后の投影としたところにある。時間的にみて、『古事記』によると、豊玉姫は神武天皇の祖母に当たるから先輩で神功皇后はずーっと後輩になる。

前述のように、仁位の和多都美神社には、磯良の墳墓や豊玉姫の墳墓があり、海幸彦山幸彦の話に出て来る海宮はこの地だという言い伝えがある。仁位の和多都美神社が醸し出す聖域の雰囲気は、確かにそう思わせるものをもっている。仮に、この仁位をワタツミの本家とし、志賀島を豊玉姫が鵜茅葺不合命を生んだ産屋があった地としても、この海宮（竜宮城）と産屋だけを採り上げる限り、この仮定は矛盾しない。だが、この話は、和多都美神社と志賀島の志賀海神社を入れ替えて、志賀島に竜宮城があって、仁位に産屋があったとしても話しは成り立つ、という欠陥がある。

要するに、海幸彦山幸彦の話はいろいろなところに当てはまるということだ。言ってしまえば、着せ替え人形のようなもので、着物すなわち条件を変えてもなるほどと思わせる話なのだ。そもそも、どの地に行っても、そのご当地にマッチした話に仕上がるから、東南アジアの島々、中国大陸は洞庭湖まで、それに日本列島の各地へと広く伝わったのだ。この点について、大林太良も『海の神話』（一九九三年　講談社学術文庫）で、海の中に竜宮があり、竜王が海の動物の支配者であるという観念は、現代の中国の民衆、ことに漢民族の間に広まって、少なくとも唐の時代にはもう確立していた、と言っている。

どこに行ってもその地の雰囲気にマッチして定着する例として、話と歌の違いはあるが、たとえをあげると、日本の小学唱歌として「更け行く秋の夜、旅の空……」の歌詞で日本人に親しまれている「故郷」は、アメリカ人のオードウエイの作曲だが、中国にも「送別」の題名で愛唱されている。その他、イングランド民謡の「埴生の宿」だって、アイルランド民謡の「庭の千草」だってそうだ。神も歌も話も、人の心をとらえる要素があれば、洋の東西を問わず広く伝わる。

そんなことを考えると、対馬に海幸彦山幸彦の話を基にしたワタツミ系の神社が多いことで、安曇族の本家は対馬だ、否、志賀島だ、といっても決着はつきっこないことがわかるだろう。神は信じて始めて存在するものだから、後世、たとえ記紀の記述に沿って創られた話であっても信じることはかまわないが、それを史実かどうかと信憑性を突き詰めようとするとわからなくなる。当然のことだし、突き詰めるのは意味がないことだ。

そういうことで、ワタツミ系の神社数と海幸彦山幸彦の話は別に置いといて、対馬の富裕者の交易と安曇族の交易を比較することから、安曇族の本家が対馬か志賀島かの問題にとりかかってみる。まず、どちらが古く、どちらが手広く交易していたのかを見てみよう。

永留は『対馬国誌』で、対馬出土の縄文土器にある蛇の紋様から縄文海人の神を想像させる。これは、豊玉姫の本身が蛇だという伝説と重なる。そうすると、対馬が海人の根拠地で縄文時代から海外と交流していたことがこれらの考古学資料からも考えられる、という指摘をしている。また、橋口尚武は『海を渡った縄文人』（一九九九年　小学館）で、長野県和田峠と星糞峠産の黒曜石が二四〇㌔四方に分布することや、縄文後期に、佐賀県腰岳産の黒曜石が約八〇〇㌔も南の沖縄本島の恩納村（仲泊遺跡）まで運ばれた、と縄文人の活発な交易を指摘している。

ところで、交易、言葉を換えると商売は、有利な方法が新たに出てくれば、新旧の商人は入れ変わる。これは古代でも現代でも同じことだ。だから、たとえ縄文人が手広く順調に交易していても、新たに入ってきた弥生人の交易の方が有利な方法であれば、弥生人に取って代わられることになる。だから、対馬に縄文人あるいは弥生人の浦主がいて交易をしていたとしても、世が変わり弥生時代になって、中国大陸と日本列島で手広く交易している弥生人の安曇族が、対馬に進出して、現代の商社の支社や支店のような機関を置いて、新手法で南北の国を相手に交易を始めれば、対馬の交易が浦主商人から弥生人の安曇族に変わることはあり得る。

安曇族の活動も古い。紀元前五世紀には中国大陸と交易をしていた。紀元前四～一世紀には、中国大陸の世相の乱れにともない国を捨てる亡命者を水田稲作農耕民として日本列島各地へ入植させていた。それに記録として、福岡市志賀島の安曇族は、西暦五七年に後漢の光武帝から金印を授かっている。これはそれ以前から中国大陸と交易していた根拠になる。これらのことについても拙著『安曇族と徐福』を参照していただきたい。

次に対馬が朝鮮半島と日本列島との間にあって、交易基地として盛んになる年代を推定してみる。朝鮮半島の南部が発展するのは、それほど早くない。井上秀雄の『古代朝鮮』によると、西暦四四年になって、朝鮮南部に国家形成が進展し、楽浪郡に朝貢するものも現れたそうだ。

朝鮮半島との交易を盛んにした商品は鉄である。そこで、鉄について調べてみる。中国大陸、朝鮮半島、日本列島の中で、鉄の使用の発祥地は中国大陸だ。その中国大陸では、春秋時代の終わりごろから秦の時代になって、農耕具などでの使用が始まっているが、武器に使用されるのは前漢に入ってからと見てそれほど間違いではない。前漢の武帝は、紀元前一一九年に塩、鉄、酒を専売にし、すべて政府が管理することとした。これら専売品の塩も鉄も利益につながったのだ。

朝鮮半島に鉄が本格的に伝わったのは、紀元前一〇八年に前漢の武帝が楽浪郡など四郡を置いた時だと言われている。朝鮮半島は、鉄鉱石資源が豊かだから、それを求める周辺各国との交易が盛んになる。西暦一～二世紀になると朝鮮半島でも鉄鉱石から鉄がつくられるようになる。だから、朝鮮半島との交易が盛んになるのは早くとも西暦一世紀以降となる。

日本列島では、紀元前一世紀に石斧が減少して、輸入品の鉄斧や鉄製工具が増えてきている。この年代の朝鮮半島では、まだ鉄製品が生産されていないので、これらの鉄製品は、中国大陸からの輸入による、今で言えば鉄製品はメイドインチャイナだ。当時、日本列島と中国大陸との間を行き来できる船と航海術を身につけていたのは海人で、その海人としては安曇族がもっとも有力だ。そうすると、朝鮮半島の交易は、既に、中国大陸と交易していた実績をもつ安曇族が、対馬経由で朝鮮半島と交易したと考えてもおかしくない。

鉄製品が高価であれば、これまでの塩や塩干魚介類に変わる産物でもって取引することになる。そうすると、当時日本列島で生産されていた交易品の中に水銀が入っていた可能性がある。その水銀は対馬では生産されていない。主な産地は大和の宇陀地方になる。この水銀を大和から運んだのは安曇族で、代々対馬に住む商人ではない。

朝鮮半島の鉄製品、あるいは、原料のスクラップや粗鉄などの入手に関係国が競った当時、それと交換できる交易品は商品価値が高いものでなくてはならなかったはずだ。日本列島からの有力交易品として水銀を挙げたことについて少し説明を加えておく必要があるだろう。

当時、日本列島で生産される交易品として、塩や塩乾品の水産物よりも商品価値が高いものとして水銀がある。水銀の価値については、「魏志倭人伝」の中で魏の使者の目にとまった倭の産物として真珠、青玉などとともに丹《に》が入っている。そして、倭王は魏に絹織物などと一緒に丹を上献している。要するに、丹は魏にとって価値のあるものだったのだ。

ところで、この丹とはどんなものかといえば、『広辞苑』では赤土の意とし、講談社の『大字典』では硫化水銀としている。また、「魏志倭人伝」の訳文でも、訳者によって、赤土とする人と水銀とする人、訳さずにそのまま丹としている人、といったように分かれる。

確かに、土の中にも第二章の住吉大社の項で記した埴土のように価値があるものもあるが、赤土が広く分布しているのに対し、水銀を採りだす辰砂《しんしゃ》の鉱脈は少ない。中国大陸では、『史記』の「貨殖列伝」の中に丹（水銀）の鉱山を見つけて財産家になり、秦の始皇帝に厚遇された女性の話が出ているように（注3）、商品価値の高い物だ。だから、魏の使者が目をつけ、倭国が献上している丹は、赤土でなく硫化水銀だと考える方が適切だろう。

以上述べた雑駁なことを基にすると、かなり割り引いて考えても、三世紀の「魏志倭人伝」以前から、日本列島に広く営業域を広げていた安曇族が、対馬にも来ていた可能性はある。次にワタツミの神とのつながりを考えてみることにする。

（注3）『史記』巻一二九「貨殖列伝」

而巴寡婦清，其先得丹穴，而擅其利數世，家亦不訾。清，寡婦也，能守其業，用財自衛，不見侵犯。秦皇帝以為貞婦而客之，為築女懐清台。夫裸鄙人牧長，清窮郷寡婦，禮抗萬乘，名顯天下，豈非以富邪

繰り返すが、「魏志倭人伝」には、対馬の人は南北の国との交易で米を得ている旨書いてある。要するに、対馬全体の経済を見た場合、生活は、食糧を得るための交易が組み込まれて成り立っていたのだ。対馬の産品で交易商品に成り得るのは、対馬から銀が採れたという報告が六七四（天武三）年だから、「魏志倭人伝」の時代には、鉱工業はまだ何もなかったとしていいだろう。そうすると、対馬の生産物は、先述のとおり塩と塩干魚介になるが、塩干魚介は、対馬の沿岸と言っても浜や磯に限られるから、量的にあまり期待できない。だから、塩が主要商品になる。

塩田工法などがない当時の塩つくりは、海水を塩釜に入れ煮詰めるだけだから、海に囲まれた対馬の浜辺では、釜と燃料さえあればどこでも誰でも生産できたはずだ。対馬は山が深く耕作地が少ないから、それだけ森林が身近なところにある。燃料の薪は手に入りやすい。海水を煮詰めるだけの製塩法時代の塩の生産では、日本列島の中のどこよりも有利な条件にあったと言える。作った塩をお米に交換してくれる交易業者がいれば、対馬の人は大助かりだ。

一方、塩を扱って中国大陸との交易や日本列島の内陸部との交易で発展してきた安曇族としては、塩の増産が望まれる。根拠地の志賀島の生産量だけではとても足りない。そこで、対馬で塩を生産してくれれば大助かりだ。塩の生産は、対馬の人と安曇族の双方にとってメリットが大きい。いわば、両者の商談がまとまる素地はあった。だから、どちらが働きかけたかは別として、両者が塩を介して結びついたと考えてもおかしくない。

また、対馬の地名が津の島から付いたとも言われるように、対馬は津（港）が島を取り巻いている。これらの各津で塩の生産をしていれば、安曇族としては島を一周しながら集荷できる。これは、他地域の塩の生産地に比べて塩の集荷で使う航海時間に無駄が少ない。これが、たとえば、日本海の沿岸の塩産地から集荷する場合だと、往路に集荷すれば復路はただの航海だけになる。その点、対馬の塩生産地の浦と浦の距離が短い、だから単純に考えて、集荷のための航海が大幅に短縮できる。さらに、寄港する港々にあらかじめ集荷してくれる責任者がいれば、より効率よく集めることができる。また、安曇族が定期的に、比較的大きな船で島を回って塩を集荷すれば、生産者は、それに合わせた生産計画、出荷計画、生活設計も建てられる。

これが縄文人には見られなかった新たな弥生人商法だ。こう考えると、対馬の浦主がそれぞれ南北の国へ出かけて交易をするよりも、対馬の個々人は、浦主が集荷して安曇族を通じて塩と米とを交換する方が有利になるはずだ。単純に対馬の流通を表現すると、塩は、生産した浦人から浦主へ、浦主から安曇族に渡る。半面、米や弥生の産物は、安曇族から浦主へ、浦主から浦人へ渡る。

ということで、「魏志倭人伝」に出てくる対馬の人が南北の国へお米を求めて交易をしている人は、対馬の個々人ではなく、各地の浦主でもなく、元々対馬に住んでいた縄文人の子孫でもなく、志賀島を根拠地に、中国大陸及び日本列島各地と手広く交易していた安曇族だったと言う考えも成り立つ。言い換えると、安曇族が対馬に進出して、本社を志賀島とすれば支社的な根拠地を浅海湾の仁位の和多都美神社の地に設置して交易をしていた。魏の役人はその安曇族の活躍を見て、対馬の人は南北の国へ交易に出かける、と報告した、と推理してみたがいかがだろうか。

繰り返すが、対馬は黒潮から分かれた対馬海流が東西を流れている。その影響は強い。それだけに、古来、対馬の縄文人は(注4)、朝鮮半島などから海を渡ってきた人もいたかもしれないが、その大多数が東南アジアの島々や中国大陸南部方面からカツオなど魚の群を追って来た人や運悪く小船で海流に流されて漂着した人が住み着いた人で占められていただろう。これも繰り返しになるが、その東南アジアには海幸彦山幸彦の話の源泉がある。この海幸彦山幸彦の話、すなわち浦島太郎の話の生まれは東南アジアと言っていいだろう。言い換えると黒潮系の伝説だ。黒潮に乗って日本列島までやって来た伝説だ。先に仁位の和多都美神社の項で述べたとおり、ワタツミの神はこの東南アジアを源泉とする伝説につながっている。

だから、東南アジア方面から対馬に移り住んだ縄文人が、ワタツミ系の神を崇める素地をもっていたことは考えられる。対馬の縄文人は、その大多数が黒潮及び対馬海流に関与する。これらを整理すると、東南アジア方面の人が、海幸彦山幸彦の伝説をもって、黒潮や対馬海流に乗って、船と航海術を駆使して、対馬にやって来て縄文人となり、ワタツミ系の神を崇拝していた、といった一連の流れになる。

と言うことで。対馬になぜワタツミ系の神社が多いかの理由は、この一連のつながりと関係がありそうだ。弥生時代（注5）になって対馬に農耕技術が入ってきたとしても、対馬の耕作地が狭ければ、マルサスが人口論で述べた食糧の等差級数的増加もあり得ないから、とても等比級数的に人口も増えない。すなわち、対馬には食糧制限があって、新たに弥生人（注6）が入植できる余地が少なかったはずだ。

（注4〜6）本書では、紀元前四七三年以前を縄文時代、以後を弥生時代とし、縄文時代に日本列島に住んでいた人を縄文人、弥生時代になって中国大陸や朝鮮半島から日本列島へ移動してきた人を弥生人と定義した。ただし、参考文献にある弥生時代はその著者に従った。

視点を変える。安曇族が祀る神は綿津見神であるが、どんな系譜の神なのだろうか。『古事記』を基にした簡単な系譜を画いて見た（図3－3）。これを見るとイザナギノミコトとイザナミノミコトから生まれた神々と、イザナギノミコトだけから生まれた神々の系統がある。これはどういうことだろうか。生物学的な表現をすれば、前者は雌雄一対から生まれた両性生殖で、後者は雄だけから生まれた単為生殖ということになる。神々に対して失礼ではあるが、ここはこの系譜を理解しやすいように、寛大にご容赦願って、両性生殖と単為生殖の言葉を使わせていただく。

まず、先述したが、火遠理命、豊玉毘売命、綿津見神が出て来る海幸彦山幸彦の話は、東南アジアから太平洋をめぐる広い地域に存在する神であり、また、イザナギノミコト、イザナミノミコトと同じような話はインドネシアなどの東南アジア、台湾、中国西南部など広く分布している。それに、イザナミノミコトが行った黄泉の国と沖縄に伝わる根の国のニライカナイが重なっている。だから、ここに掲げた神々の系譜は、一言で言えば、東南アジア系になる。おそらく縄文人によって日本列島へ伝わった神々だろう。

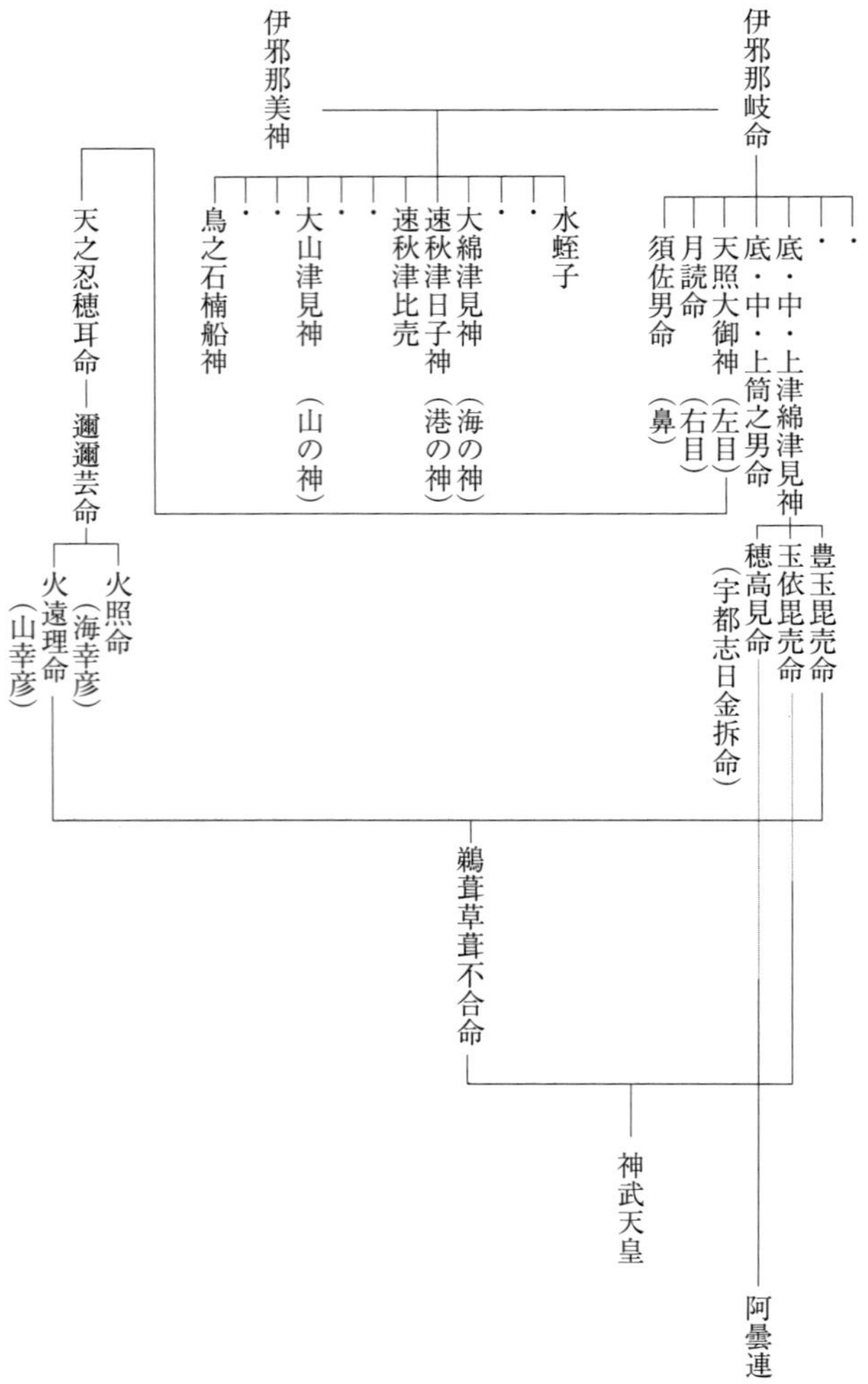
伊邪那岐命
伊邪那美神
底・中・上津綿津見神
底・中・上筒之男命
天照大御神（左目）
月読命（右目）
須佐男命（鼻）
水蛭子
大綿津見神（海の神）
速秋津日子神（港の神）
速秋津比売
大山津見神（山の神）
鳥之石楠船神
天之忍穂耳命
邇邇芸命
火照命（海幸彦）
火遠理命（山幸彦）
豊玉毘売命
玉依毘売命
穂高見命（宇都志日金拆命）
鵜葺草葺不合命
神武天皇
阿曇連

図３－３　綿津見神の系譜

さらに、イザナギノミコトの単為生殖で生まれた神の中で、左右の目が太陽と月になったという話は、ニュージーランドのマオリ族、クック諸島の中のハーヴェイ島、ポリネシアなど南太平洋にもあることを、松前健が『日本の神々』（一九七四年　中央公論社）で紹介している。おそらく南太平洋から東南アジア一帯に広く伝わる話だろう。そうすると、天照大御神と月読命も東南アジア系になる。

ただし、ここに示した系譜の中で、スサノオノミコトは、倉野憲司の『古事記現代訳文』の脚注に、須佐之男命は「勇猛迅速に荒れすさぶ男神の意。嵐の神」として、この天照大御神以下の三神に類似する項が中国の『五運暦年記』に「気成風雲、声成雷霆、左眼為日、右眼為月」という伝説があることを指摘している。『古事記』とは順番が違うが、呼気は風雲で、声は雷鳴だから須佐之男命に、左目は太陽だから天照大御神に、右目は月だから月読命に対応している。この『五運暦年記』を堀貞雄の「古代史・探訪館」（インターネット）から転載する（注7）。「初めに盤古が生まれ、死が近づくと、吐いた息は風雲、声は雷鳴、左目は太陽、右目は月、

（注7）『五運歴年記』
「首生盤古、垂死化身：氣成風雲、聲為雷霆、左眼為日、右眼為月、四肢五體為四極五岳、血液為江河、筋脈為地里、肌肉為田土、髮髭為星辰、皮毛化為草木、齒骨為金石、精髓為珠玉、汗流為雨澤。身之諸蟲、因風所感、化為黎氓（民）」。堀貞雄「古代史・探訪館」（インターネットより転載）

手足と胴体は四方の極地や五岳、血は河川、筋と血管は道、皮膚は農地、髪髭は星辰、産毛は草木、歯と骨は金属、精髄は珠玉、汗と涙は雨や露に化身した。身中の寄生虫は風によって各地に広まり、多くの民と化した」

記紀の神々と生まれてくるものは違うが、これは単為生殖の考えである。先に示した左目から太陽、右目から月が生まれる東南アジア系の神々は中国大陸にも伝わっているのだ。ところが『五運暦年記』の特徴は、東南アジア系の神々にないスサノオノミコトに対応する記述が加わっていることだ。このことから、系譜図3－3に示したイザナギノミコトの単為生殖で生まれた神々は中国大陸系だと考える。おそらく、弥生人が日本列島へ伝えたのだろう。

この中国大陸系の系譜の神々は、神武天皇につながっているだけに、大和朝廷の色を帯びた日本列島で生まれた形になっている（第一章の冒頭に『古事記』からの抜粋文を参照）。その中でイザナギノミコトが、黄泉の国から逃げ帰る途中に、着衣や櫛など身につけているものから生まれる神々を除くと、綿津見神三神、筒之男三神、天照大御神、月読命、須佐男命の神になる。この中で綿津見神三神と筒之男三神は、系譜に示した東南アジアから縄文人が伝えたとした系の両性生殖で生まれた大綿津見神と速秋津日子神と重複して出現している。

実は、この重複に関して、既に研究している人がいると思って文献を探したが見つけだすことが出来なかった。やむなく私なりの受け止め方、考え方を紹介する。

まず、この種の系譜は、動植物の分類で使う系統樹のように明確な系で分けられたものではないだろう。次に、動植物の分類の中でも、動物の特徴の動く機能と植物の特徴の葉緑素（体）の両方をもつ生物がいる。一例をあげると、学問の世界でも時代によって扱いも変り、あるときは動物（渦鞭毛虫《うずべんもうちゅう》）として、また、あるときは植物（渦鞭毛藻）として扱われてきた。海で赤潮を引き起こすプランクトン類の仲間にそれがいる。

　こんな生物の世界の話を出したのは、現在、書類でも人の部署でも分けようとすると、どちらに分けたらいいのか迷うことが出てくる。そんな場合、書類だとコピーと原書に分けて整理することもあるだろう。人だと兼務させることもあるだろう。綿津見神三神と大綿津見神や筒之男三神と速秋津日子神の場合も、記紀の編集で似たような問題が生じ、困った末に、神の名を変えたバージョンとして二つの系にそれぞれ所属させた。現時点では、この程度の考えしか浮かばないがどうだろうか。

　こうやって系譜を見ると、日本の神々は、広い範囲から日本列島へ持ち込まれた話をつないで出来あがったもので、ツツノオの神以外は、日本固有の話ではないことがわかる。それにしてもなぜこんな複雑な系譜が出来たのだろうか。そのヒントは『日本書紀』の中にある。

　天武天皇の十（六八一）年三月に、川島皇子、忍壁皇子、広瀬王、竹田王、桑田王、三野王、大錦下毛野君三千、小錦中忌部連首、小錦下阿曇連稲敷、難波連大形、大山中臣連大嶋、大山

下平群臣子首に詔して、『帝紀』および上古の諸事を記し校定させせられた。このメンバーの中に阿曇氏が入っている。

また、持統天皇の五（六九一）年八月に、一八の氏（大三輪、雀部、石上、藤原、石川、巨瀬、膳部、春日、上毛野、大伴、紀伊、平群、羽田、阿倍、佐伯、采女、穂積、阿曇）に詔して、宇治谷孟が訳文の脚注で、「先祖の事蹟をのべたものか」とする先祖の墓記を上進させた。ここにも阿曇氏が入っている。おそらく、各氏はそれぞれに伝わる信仰神を提出したのだろう。

これは、『古事記』（七一二年）、『日本書紀』（七二〇年）の発行前の記録だ。松前健（前掲）は、これを各氏族の氏文、纂記《つきぶみ》、家記、本系帳などの伝承記録が、朝廷の歴史編纂の基礎史料となったらしいことが察せられる、と言う。宇治谷の墓記としたものを松前は纂記としているが、いずれにしても、記紀の編集に際し広く資料を集めたから、阿曇氏が記紀の編集にかかわっていたことは確かである。『古事記』に「阿曇連は、その綿津見神の子、宇都志日金拆命《うつしひがなさくのみこと》の子孫なり」、『日本書紀』に「底・中・表津少童連らがお祀りする神である」と記載されているのはその裏づけとみてもいいだろう。そうすると、安曇族は、安曇族として独自のワタツミ体系をもっていたことになる。

ここで安曇族が、日本列島へ渡ってくる前に祀っていたはずの自分らの神にこだわらないで、なぜ南方系あるいはニライカナイ系のワタツミを祀るのかということに触れておく。安曇族は、中国春秋時代の呉の祖といわれる太伯の後裔であることを誇りにしている。その太伯は、周の太王（古公）の長男だったが、優れた王の資質を持っている末弟の季歴《きれき》に王位を譲ろうといわば都会の周を離れて、当時荊蛮と呼ばれていた野蛮な地に行き、その地の風俗に従って、髪を短く切り、文身をしてその地に人望を得て呉の基礎を築いたと言われている（『史記』）（注8）。言葉を換えると、呉の祖は郷に入ったら郷に従うという精神を持っていたのだ。安曇族は、この尊敬者の太伯の精神に従い、日本列島でも、ご当地の人々が祀っているワタツミを祀ったり、その地にある神を祀ったのではないだろうか。

ところで、阿曇連の出自は、『古事記』では宇都志日金拆命の子孫とあり、『新撰姓氏録』では豊玉彦と異なっているので、両神の系を別ける考えもある。宮地直一は『安曇族文化の信仰的象徴』で、長野県安曇郡（現安曇野市）の穂高神社は豊玉彦を、更級郡氷鉋村（現長野市稲里）の氷鉋（鉋）斗売神社は宇都志日金拆命を祀っていることなどを例に挙げて、一部学者の言うように、この両神の系を同じとして扱うには根拠が乏しく、二つの系があったと分けて理解した

（注8）『史記』巻三十一「呉太伯世家」
呉太伯　太伯弟仲雍　皆周太王之子　而王季歴之兄也　季歴賢　而有聖子昌　太王欲立季歴以及昌　於是太伯仲雍二人乃犇荊蠻　文身斷髮　示不可用　以避季歴　季歴果立　是爲王季　而昌爲文王　太伯之犇荊蠻　自號句呉　荊蠻義之　従而歸之千餘家　立爲呉太伯

い旨述べている。

この問題について少し視点を変えてみる。私自身も多々陥りやすいので注意しなければならないことがある。それは、ある事象を調べていると、データが限られた少ない場合でも何とか、そこから結論に導き出そうとする。たとえば、「魏志倭人伝」の里程や方向だけを素にした視点からの邪馬台国論争も、後漢から授受された金印の「漢委奴国王」の読みで、カンノワノナノコクオウと読むか、カンノイトコクオウと読むかの文字だけを視点にした論争もその類に入るかと思う。両者ともデータが少ないので推論が枝葉末節に及び、決め手がないので論争は平行線をたどるだけだ。

そういうときには、角度を変えた視点から眺めることを勧める。宮地が述べている阿曇連の祖先を『古事記』の宇都志日金拆命、『新撰姓氏録』の穂高見命の別系統に扱うか、同じ系統に扱うかの問題も視点を変えてみる。

先に述べた安曇族がもつ「郷に入ったら郷に従え」の精神は、弥生人として日本列島の先住民である縄文人を追い出したりする摩擦もなく融和的な接触につながり、縄文人の社会に受け入れられたことだろう。これは、その後、排他的にアイヌを追いやった人たちとは大きく違う。また、繰り返しになるが、ツツノオの神を祀る神社のほとんどが住吉神社の社号であるのに対し、ワタツミの神を祀る神社の社号はいろいろで統一されていない。ここにも安曇族が先住民と融和してきた一端を見る思いがする。

　行く先々に融和的に入っていった安曇族は、その地に祀ってある神を継承して自分たちの神と入れ替えることもなく祀った。宇都志日金拆命を祀る地であれば宇都志日金拆命を祀り、穂高見命を祀る地では穂高見命を祀ったのだ。だから、安曇族の祖神が『古事記』『新撰姓氏録』の異なる書でそれぞれ宇都志日金拆命と穂高見命となっていても系統が違うと分離させて見なくてもいいだろう。それに安曇連の祖神を『新撰姓氏録』には于都斯奈賀命《うつしなか》とあり、『古事記』には宇都志日金拆命《うつしひがなさく》とある。この二つの音が通じるという考えも採りいれて、本書では、安曇族の祖神は一つのワタツミ系統の神として扱う。

　ついでに、話は外来種植物になるが、記録がない時代に日本列島に入ってきた植物を史前帰化植物とも称されているが、当時の在来種植物と融和して、現在日本列島の生態系の一員になったと言っていい身近な植物は、下関の住吉神社で述べたクスノキや、現在、日本列島の季節を彩っている彼岸花などがある。一方、在来種植物の生育域を奪ったセイタカアワダチソウなどの外来植物もある。中国大陸から渡って来た安曇族は、外来植物でいえば、クスノキや彼岸花に当たり、日本史の中で縄文人と弥生人をつなぐ役を担った。

　現在、日本史の世界では、弥生人を一つにくくっているが、その内訳は、外来植物の世界と同じように、融和的な弥生人と排他的な弥生人がいるようだ。今後は、両者を分けて考えてみてはいかがだろうか。これは、弥生人と縄文人との関係を見る上で重要なことだと思う。

話を対馬の神にもどす。それとは別に考えてみると、対馬の浜や津に住み着いた縄文人は、安心安全を自分らの信じる神に祈りを捧げながらの生活をしていたはずだ。その祈りに付近の住民が集まる場所は、先述の沖縄の御嶽あるいは対馬の磐座のような形であったことも想像に難くない。その近くに、時期が来たら住民が出荷する生産物の塩を集荷し保管する場所ができ、その場を浦主が管理する。そこは、浦主と安曇族が取引する場であり、浦の市場であり、賑わいの場であり、その土地の人たちが崇める神を祀る場にもなる。おそらく、海幸彦や山幸彦の伝承をもつ東南アジア系のワタツミの神を祀ったであろう。時代経過と共に、社殿あるいは祠が建てられた。

また別の視点から見る。日本列島は海に囲まれているが海洋国ではない。それは、太平洋という大海に出ての活動がなされていないことからそう言える。太平洋へ乗り出せない理由は、太平洋沿岸を流れる黒潮の存在だ。黒潮を乗り越えて出かけると、その流れに運ばれるので、元の場所に戻れない。黒潮を乗り越える船体と航海術を持っていなかったからだ。日本が技術の頼りにしていた中国大陸や朝鮮半島では黒潮を乗り越える船体も航海術も必要なかった。ということで、日本の海上活動域は、黒潮の内側、太平洋の極沿岸域、瀬戸内海、東シナ海、日本海に限られた。

これと同じことが対馬にも言える。それは、島を対馬海流に洗われているから、この対馬海流を乗り越えて行くにはそれなりの船体と航海術が要る。船底が平らな小さな船では、岸を離れて対馬海流に流されると戻れなくなる。逆に言うと、船底が平らな小さな船だと、船体を浜辺など陸上へ引き上げるから、船を係留する静穏な水域、すなわち港は要らない。港がなければ停泊中の船の安心安全のためのツツノオの神が存在する必要もないわけだ。対馬は津が多いので津の島と言われるが、皮肉にも、津が多くてもその津を守る神をそれほど必要としなかったのだ。

対馬の船が沖合に出なかった傍証として、海に囲まれていながら、対馬の漁業の発展が遅れていたことが挙げられる。対馬の漁業を調べた民俗学者の宮本常一は、「対馬の漁業は対馬島民によってなされる原始的な漁業と、他地方から入り込んで行われる企業的な漁業からなりたっているが、その比重は後者の方がはるかに大きい。（中略）元来この地の百姓漁師は、海藻をとることを目的として出発したものと言っていい」（『宮本常一著作集二〇』）と言っている。その裏づけとも言えるように、時代は中世、近世とずっと下がるが、先に挙げた鐘ヶ崎の海人や五島列島の小値賀海士による潜水漁、和泉佐野からイワシ網漁や沖合延縄漁、長門から大敷網漁、壱岐から鯨組（捕鯨）、その他イカ釣り漁などが侵出している。

また、ワタツミ系の神社に比べ、ツツノオ系の神社が少ないことは、永留の『対馬の神々』（前掲）を見るとわかる。ワタツミ系の神社数は先にも挙げたが七七社、それに対して、ツツノオ系は八社に過ぎない。しかも、このツツノオ系の中で祭神に筒之男三神を祭っているのは厳原の住吉神社だけという。その他の住吉神社では、宗像の神や、神功皇后、豊玉姫、鵜茅葺不合尊などワタツミ系の神を祭っている神社もあるそうだ。これらのことに関して、永留は、対馬においては、ワタツミ系とツツノオ系の区別があいまいで、両神を混同している。この混同は対馬の特殊事情として、豊玉姫のイメージが神功皇后に投影していること、ワタツミ系は古い原初からの神であるが、スミヨシ（ツツノオ）系はそれほど古い神ではないが、朝廷の信任を得て有力な神になったことなどが背景にあることを挙げて、対馬の神社の祭神や社号が大和朝廷の影響を受けてきたことを示唆している。

ここで、これまでのことを総括すると、古来、対馬は、黒潮とそこから分かれた対馬海流で東南アジアとつながる南方系のワタツミ系の神を崇めて来た。対馬はワタツミの神を祀る島である。そこへ融和的に折衝する交易を目的とした安曇族が入る。商人の安曇族は、新しい道具や技術、それに知識を持ち込むが、その土地が代々心の拠所としてきた神々に対し、崇めることはあっても弾圧や排除はしない。いわば「お客様は神様です」として接してきた。また、太平洋戦争後、占領国のアメリカが天皇制を解体することなく継承させたこととも通じるようだ。

受け取り方によるが、安曇族は、「郷に入ったら郷に従え」で、対馬のワタツミの神を自分らの神としても崇め、さらに、安曇族を近距離に置いていた大和朝廷がそのワタツミの神を取り込んだ節がある。言い換えると、ワタツミの神は、下から上への方向で、対馬から安曇族へ、安曇族から大和朝廷へ伝わっている。一方、中央集権を進める大和朝廷は、船の進化に伴い日本列島で新たに生まれた港の神のツツノオと住吉神社をセットで、上から下へ、大和と朝鮮半島との経路を軸に広めてきた。

時代が進むと、対馬は、地理的に朝鮮半島と日本列島との間にあって、日本の窓口の役を担うことになり、交易、戦争、外交面で、安曇族や大和朝廷の影響を受けてきた。その大和朝廷の影響で、対馬にも表向きは住吉神社と号する神社も生まれたが、実質的には、本来、島民が代々祀るワタツミの神を大切にしてきた。それが対馬にワタツミ系の神社が多く、ツツノオ系の神社が少ない理由になっているのだろう。一言で言えば、対馬はワタツミの島なのだ。

ワタツミ系の神社は、対馬の隣にある壱岐にも多い。だが、対馬の和多都美神社や福岡の志賀海神社のように、社号や由緒からここがワタツミ神社だと言える神社はない。壱岐市石田郷にある海神社の祭神は豊玉彦命だが由緒が不明だし、同じ壱岐市郷ノ浦にある和多津美神社の祭神は、和多津美命、罔象女命、速秋津日命であるが、由緒に豊臣秀吉の朝鮮出兵に協力した話が出ていて、それ以前の記載がない。また、私が訪ねた箱崎八幡神社にも、豊玉毘古命、玉依姫命を祭神とする海裏宮（竜神）があるなど、ワタツミ系の神を祀った神社だが、社号に箱崎と付いているのは、福岡市にある日本三代八幡宮の一つの筥崎宮からの勧請によるそうだ。これらのことを考えるに、壱岐は対馬などに比べて、安曇族とのかかわりが薄く、遠い先祖から引きついだ海に関わるワタツミ系の神をそれぞれの地で静かに祀っているということではないだろうか。

第四章　大和朝廷の防衛策

安曇野の住吉神社

二〇〇九年十月、松本市にある犬飼山御嶽神社と安曇野市にある住吉神社を訪ねた。犬飼山御嶽神社を訪ねた理由は、第二章の福岡の住吉神社で述べたことと同じで、宮地直一（前掲）の「福岡と安曇野の住吉神社の近くに犬飼の地名がある。住吉神社と犬飼の関連はわからないが何かいわくがありそうだ」といった指摘による。それで、安曇野の住吉神社の周りで犬飼の地名を探したが、現在、松本市を含む安曇野の地にはない。宮地が指摘した当時の犬甘島《いぬかい》の地名もなくなっている。そんな中で、犬飼の名残を犬飼山御嶽神社に見出したのだ。

訪ねた犬飼山御嶽神社（写真4－1）について簡単に触れておく。松本市の住宅街を抜け、小高い丘の上にあった。大きな松本市城山介護老人保健施設に隣接して、ひっそりと建っている。どこか通りから小道でつながっているのかもしれないが、それが見当たらないので、介護老人保険施設の敷地を通って行った。拝殿の正面はすぐ急な崖で、滑落防止のためだろうチェーンが渡してあった。以前は急な石段であったのかもしれないが、現在、崩れたような崖になっている。この崖を下から上ってくることはできない。だから、正面から写真を撮ることもできなかった。下界を眺めようにも茂った樹木が視界をさえぎった。ということで、犬飼山御嶽神社

写4－1　犬飼山御嶽神社（松本市蟻ヶ崎）

から住吉神社にまつわる具体的なことは何も入手できなかった。

犬飼の地名は、福岡の住吉神社でも述べたように、住吉神社との関係でなく屯倉（三宅）との関係が絡んでいる。松本から安曇野にかけて地図上（図4－1）で屯倉の地を探してみると、屯倉や三宅はないが、犬飼山から北東へ五キロほど行くと稲倉《しなぐら》地区があった。稲倉は米倉や屯倉、三宅とほぼ同義語だから、信州でも犬飼と稲倉（屯倉）との関係はあるのかもしれない。

ただ、この松本から安曇野にかけての一帯に、屯倉が置かれたという明確な記録はない。その点について、小穴芳実が『豊科町の土地に刻まれた歴史』で次のように述べている。

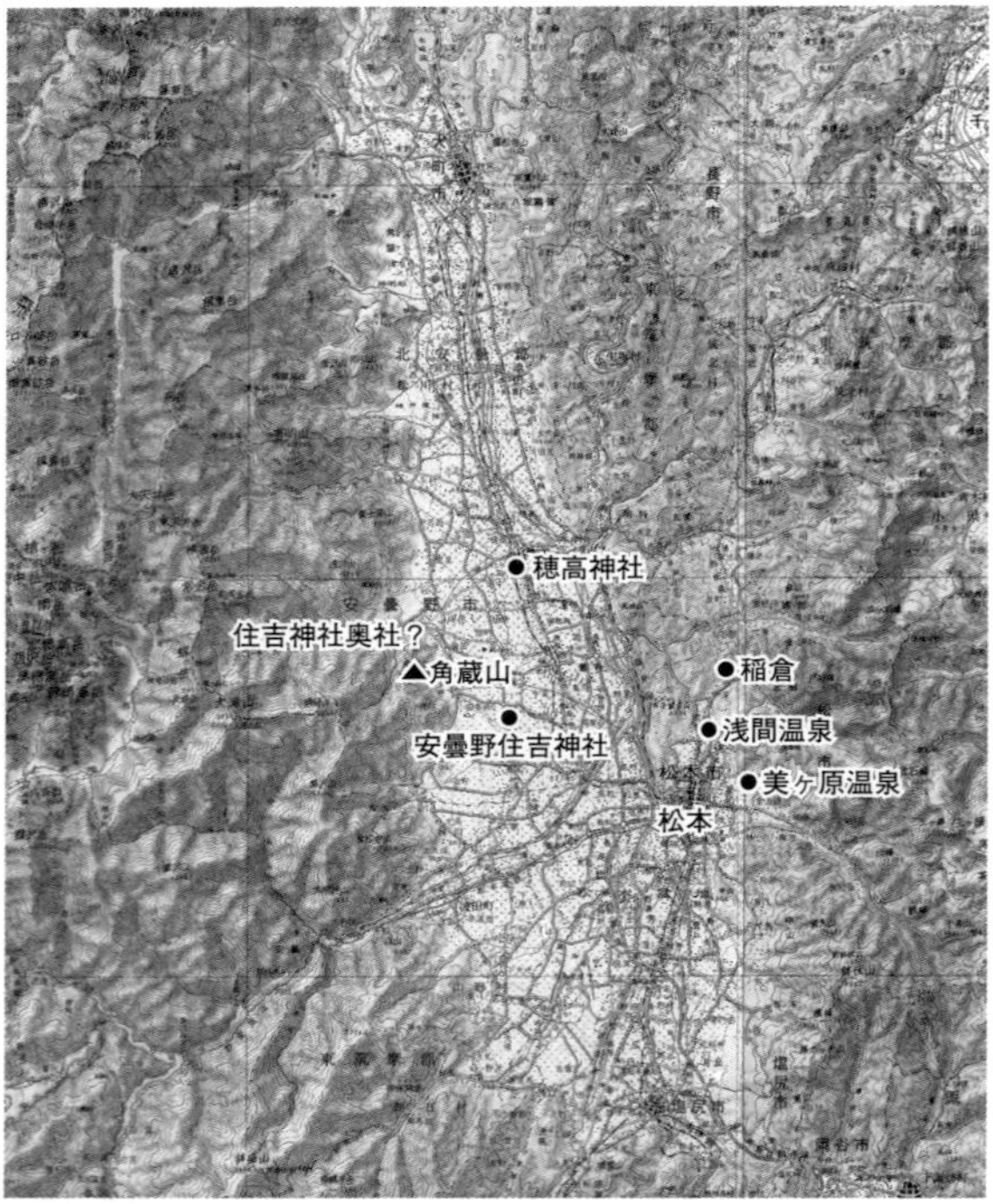

図４－１　松本平全図

東山道諸国の中で、『日本書紀』と『倭名類聚抄』に屯倉の存在が記されていないのは信濃国だけだ。だが、『倭名類聚抄』に、筑摩郡に辛犬（甘）郷（注1）があるので屯倉が設置されたことは必定だ。ということで、筑摩（ちくま、つかま）の地に屯倉が置かれたと推定している。筑摩郡の犬甘郷の存在は、一昔前まで現在の松本市に犬甘島という地名があったし、そこに隣接して、犬飼山の地名が現存し

（注1）辛犬（甘）郷、辛犬は唐犬とも書き、犬のこと。犬甘（いぬかい）は犬飼（犬養）と同じ。第二章でも述べたとおり、犬甘郷は屯倉の番犬を管理していた人がいた地。

ているから確かである。先の稲倉地区は犬甘郷に近いだけに、そこが屯倉だった可能性はある。もっとも、小穴芳実は現在の松本市役所から南南東方向一キロほどのところにある県《あがた》の地が屯倉があったところだと紹介している。

犬甘郷が出現した時代が推定できれば、犬甘郷に近い住吉神社周辺の地の開拓された時代を知る手がかりになる。お米をはじめ食糧が生産されていれば、生産者が住む集落があり、そこでは生産者が神を祀る。といった一連の史実につながる。でも、その犬甘郷が出現した時代を推定するには、犬甘郷があるから屯倉があったはずだ、その屯倉と稲倉は同じはずだ、あるいは松本市の県の地が屯倉かと、ここまで勝手な推定を重ねただけだ。これでは心もとない。もう少し裏づけが要る。そこで、犬甘郷にかかわる犬甘氏がいつの時代からこの松本から安曇野近辺に定住したのか文献に当たった。この犬甘氏定住の件に関して、桐原健は、『信濃』で、大略次のように説明している。

松本の安曇野寄りの地域にある浅間温泉付近に、五世紀後半あるいは五世紀末に造られた桜ヶ丘古墳がある。古墳からの出土品に日本全土に類似の少ない金銅天冠などがあることから大陸と結びつきが考えられる。一方、この地に辛犬甘氏が住んでいたことは、平安時代の歴史書の『三代実録』(九〇一年)からわかる(注2)。辛犬甘氏は、朝鮮の任那人を指して呼ぶ辛という文字がついているから帰化人(渡来人)に違いない。そうすると、大陸性の古墳出土品と帰化人の辛犬甘氏が結びつく。だから桜ヶ丘古墳の主は辛犬甘氏で、辛犬甘氏が住んでいたところが辛犬甘郷となる。

九三一～九三八年に編集された『倭名類聚抄』だけを拠りどころとするだけでは、犬甘氏がいつの年代頃から犬甘郷付近に定住したのかわからないが、この桐原の説明では、遅くとも五世紀末に犬甘氏が活動していたことになる。ここでは、これまで得た見解から、犬甘郷の開拓が、五世紀末以前に始まっていたとして、犬飼の地名と住吉神社が関連する課題から一旦離れる。

つづいて訪ねた安曇野の住吉神社は（写真4－2）、平地の中にあった。回りに樹木がほとんどなく、境内だけ樹木が茂って、外から社殿などの建造物が見えない別世界だった。鳥居をくぐると、林立する高いヒノキで光がさえぎられ、昼なお暗き参道があった。境内に掲げられている説明板には、安曇野開拓の祖神という但し書につづいて、御祭神は筒之男三神と神功皇后、

（注2）『日本三代実録』には、仁和元（八八五）年に、信濃国の筑摩郡で起きた辛犬甘秋子一家八人焼き殺し事件の顛末が記載されている。ここでは、その内容でなく、辛犬甘の名が出ていることだけを採り上げ原典の一部を付す。

五日己未。先是、信濃国筑摩郡人辛犬甘秋子、向太政官愁訴云。秋子家人八人、為坂名子縄麻呂・大原經佐等、所焼殺。……

写４－２　安曇野住吉神社（安曇野市三郷）

建御《たけみ》名《な》方命《かたのみこと》と記載されていた。

安曇野の住吉神社を一九七五年の空中写真（写真４－３　国土交通省撮影）でみると、安曇野に広がる田園風景の中に長方形に繁茂した木立に

写４－３　安曇野住吉神社空撮（1975 年）

包まれ、そこへ南西方向（左斜め下）から黒沢川の流路が真っ直ぐぶつかる形で迫っている（洪水時以外の普段は水無し川）。境内の面積について、小穴芳実は、『日本の神々 九』で、享保九（一七二四）年の『信府統記』に東西二町四八間、南北四町二四間で四万四三五二坪あったと紹介している。この数値を一間＝一・八メートル、一町＝六〇間としてメートル法に換算すると、東西三〇二メートル、南北四七五メートルになる。これは、現在の大阪の住吉大社の東西約三〇〇メートル、南北約三七〇メートルを上回る広さだ。現在の木立に囲まれている安曇野の住吉神社は、空中写真からおおよその距離を出すと、東西で約二一〇メートル、南北で約一〇〇メートルだ。だから、二八〇年ほど前の同社は、現在に比べて、東西で一・四倍　南北で四・七倍、面積比で六・八倍ほどの広さだったことになる。

　現在、安曇野で最も広い神社は穂高神社だが、地図上で測った概数だと、東西で約一七〇メートル、南北で約二四〇メートルだから、住吉神社はこれに次いでいる。両社は安曇野の南北を代表する神社である。ちなみに、福岡の住吉神社は、幅が狭い参道を入れて東西二四〇メートル、南北一七〇メートル、だから、私が回った住吉神社の中で、安曇野の住吉神社は、福岡の住吉神社を上回り、大阪の住吉大社に次ぐ二番目の広さだった。

安曇野住吉神社の創設年代

ところで、安曇野の住吉神社が、社殿などの建築物は別にして、海から遠く離れた安曇野の地に、海にかかわる筒之男三神を祀るようになったのはいつの時代だろうか。記録にはない。私は、これまで住吉神社を調べて安曇野の住吉神社が七世紀の後半に創設されたという結論に達しているが、その根拠は、本書の結びになるので後述するとして、こういう記録にないことは、一つの視点からとらえるのでなくて、別の違った視点から検証してみて、結果が同じところに到達すれば、史実の可能性がより強まる。そこで、これから住吉神社の創建が七世紀後半でも矛盾しないかどうかを検証する。まず、祭神の筒之男三神と神功皇后の次に掲げられている建御名方命を取り上げてみた。

建御名方命は、国づくりに関連する農耕神の大国主命の子で、狩猟の神であり、また軍神ともされ、諏訪大社の主祭神に納まっている。その建御名方命は、『古事記』に、天照大御神が自分の子どもの天忍穂耳命《あめのおしほみみのみこと》に豊葦原瑞穂の国を支配させようと、大国主神に働きかける場面で、大国主神の息子として出てくる。既に百も承知の読者が多いかと思うが、念のためにその経緯の概略を記すと次のとおり。

高天原に住む天照大御神は、下界の豊葦原瑞穂の国を支配しようとするが、下界の神々が素直に言うことを聞かないから、大国主神のところへ都合三回特使として神を派遣している。一回目に派遣した天菩比神《あめのほひのかみ》は、大国主神にへつらって役に立たなかった。二回目に派遣した天若日子《あめのわかひこ》は、大国主神の娘を娶り自分の国にしようと考えて、与えられた役割を果たしていない。三回目は、建御雷之男神《たけみかづちのおのかみ》と天鳥船神《あめのとりふねのかみ》を派遣した。この二神は大国主神と交渉し、大国主神から息子の対応次第だという答えを得た。天鳥船神は息子の事代主神から了解をとった。建御雷之男神は、もう一人の息子の建御名方命との交渉に臨んだが、力比べを挑まれる。建御雷之男神が勝つと、負けた建御名方命は信濃国の諏訪まで逃げ出して、命乞いをしてこの地以外のどこにも行かないと約束して許される。これで大国主神は天つ神に国を譲った。

『古事記』の話は以上だが、諏訪を出ないと約束したにもかかわらず、時代が進むと諏訪大社の勢力は、隣郡の住吉庄にも諏訪大社の造営に人夫を出させるなどの所役を課せるようになる。安曇野の住吉神社から諏訪大社までの距離は、最も近い春宮まで直線距離で二七キロ、上社になると三七キロ、諏訪湖の中心から三〇キロであるが、実際には両社の間に塩尻峠があり、ここを越えないと行き来できない。塩尻峠を越えての勢力の拡大は、建御名方命が建御雷之男神に諏訪から出ないとした約束が破られたことになる。

宮地（前掲）によれば、安曇野一帯は、安曇族が定住する穂高神社一社が統治するところであったにもかかわらず、「諏訪大社は早い時代から、七年ごとの建替えに、安曇郡と筑摩郡から三五〇人の人夫を徴してきたが、次第にその範囲を広めて犬飼（甘）郷、住吉庄以下広く郡全域の郷村に課役を負担させる慣習を戦国時代まで継続させた」という。これは、記録がある鎌倉時代以降の話で、それ以前はわからないが、いずれにしても、安曇野の住吉神社が諏訪大社の影響を受けていたことは史実である。

安曇野の住吉神社が建御名方命を祭神として祀る背景にはこのような諏訪大社の勢力拡大との関係があったのだろう。でも、祭神は筒之男三神が主祭神で、建御名方命は、その他の神の相伝神《あいでんじん》であるし、また、社号が住吉神社であることから考えると、安曇野の住吉神社は、諏訪大社の影響を受ける前から存在していたと考えてもいいだろう。

先に示した『古事記』に出てくる建御名方命は出雲族で、建御雷之男神は大和朝廷である。出雲族が諏訪の地まで移動した経路は問わないことにして、出雲族が諏訪の地から出ないと言って大和朝廷に命乞いしたという。この出雲族にとって屈辱的な表現は、いわば勝者の大和朝廷が編纂した『古事記』によるもので、裏返すと、大和朝廷が日本列島の覇者になるに当たって、出雲族に手を焼き、諏訪一帯から出ないという条件付で何とか和解したということである。だったら、『古事記』が編纂された時代、すなわち、少なくとも七世紀後半から八世紀はじめ頃までは、出雲族を出自とする諏訪族の勢力は約束どおり諏訪地域から出ていないと理解していいだろう。

そうすると、諏訪族の勢力が、安曇野へまで及び始めて諏訪大社の祭神建御名方命を安曇野の住吉神社でも祀ったのは、大和朝廷が『古事記』を編纂した後、すなわち、早くても八世紀はじめ以降になる。それに祭神の順番が建御名方命の前に筒之男三神が祀られていることと、社号が住吉神社ということを考え合わせると、早ければ八世紀はじめ以前には、筒之男三神を祀る安曇野の住吉神社は存在していたことになる。

また、宮地(前掲)が「安曇の氏人の止住して、一社の勢威の被覆するところであった」と言っているように、安曇族の勢力下にあった安曇野に諏訪族が侵出してきたことは、安曇族の勢力が衰えた現れでもある。安曇族の衰えは六六三年の白村江での戦いで壊滅的な多くの犠牲者を出したことによると考えていい。そうすると、安曇族の勢力は七世紀後半以降衰え、半面、諏訪族の勢力が相対的に強くなり、以降、じわりじわりと塩尻峠を越えて松本から安曇野の一帯へ及んできたと考えると、大筋でつじつまが合う。だから、祭神建御名方命に視点を置いて検証した結果から、安曇野に住吉神社が創設された年代を七世紀の後半としても矛盾しない。

住吉庄の開拓開始年代

諏訪族の勢力が安曇野の住吉庄へ人手と金（物）を出すよう要求して来たということは、その時代に住吉庄が開拓されていたことを物語る。では、その住吉庄の開拓が始まった時代はいつ頃だろうか。こちらの視点から安曇野の住吉神社の創設年代を検証する。この課題は、安曇野の住吉神社について、小穴芳実が前掲の『日本の神々　九』で指摘した事項を検証素材とする。そこで、小穴芳実の文から関係する指摘箇所を抜き出して箇条書きにした。

一、住吉庄は、平安時代後期に成立した庄園で、黒沢川の扇状地の末端にあり、そこは氾濫地帯でもあった

二、住吉神社は、その住吉庄の総社として、庄にある一八郷（注3）の庄民から崇敬され、黒沢川の氾濫による洪水から守る役割も果たしていたと思われる。

三、住吉神社が在る三郷村（現安曇野市）の西部地域は、古墳や平安時代の住居跡があり、また、土師器や須恵器などの出土品も多く、古墳時代以降から開発が進められてきた地域である。

四、住吉庄のもっとも古い記録としては、『吾妻鏡』の文治二（一一八六）年の条に「後院領住

吉庄」とある。住吉庄は西牧氏が在地領主として開発し、後院領（注4）（後白河法皇）に寄進した庄園である。西牧氏は、鎌倉時代に庄野堰（注5）、温堰を築いて原野の中央部も開拓した。

五、住吉神社という社号は、住吉大社から分祀したものではない。その理由は次のとおり。安曇郡では庄園の名は、矢原、大穴、仁科、千国など古来の地名を庄園名に付けるのが一般的だ。だから住吉庄も住吉という地名があってその住吉という地名を庄園名にしたのであろう。その住吉庄の地名から住吉神社の社号は付いた。

六、社伝によると、かつて住吉神社は烏川谷の出口にそびえる角蔵山（P170図4－1）の尾根

（注3）文明八（一四七六）年、下諏訪春秋両宮御造営帳による住吉庄所属一八郷村。大妻南方、大妻北方、横沢、長尾上方、二木、戸間、真々部、飯田、中曽弥、熊倉、角陰北方、角陰南方、氷室、及木、成合、寺所、杏《からもも》、中萱。『倭名類聚抄』に出てくる高家郷《たきべ》が住吉庄と西牧郷になった（小穴芳實『豊科町の土地に刻まれた歴史』一九九一年、豊科町教育委員会）。

（注4）御門の御領。後院に付属した荘園などの所領や調度品などの皇室の私有財産。後院とは、平安時代、天皇が私産として営んだ邸宅をいい、付属する荘園などの管理主体も後院と称した（『日本史広事典』山川出版社より）。

（注5）安曇野地域では、川の水をせき止めて用水路を伝って各地に水を引いているが、このせき止める堰と用水路を含めて、一語の堰と称している。

の住吉麓にあった。現在でも宵祭のため神官、氏子総代が登頂している。

以上が小穴芳実の指摘である。指摘一の住吉庄が平安時代に成立したこと、指摘二の黒沢川の氾濫と庄民からの崇敬の場はそのまま了解できる。指摘三で住吉神社がある住吉庄の開発は、古墳時代(三あるいは四~七世紀)以降から始まったとしているが、これでは年代の範囲が広すぎる。そこで、住吉神社の創設期を、もう少し時代を絞り込めないか、また、何を根拠に古墳時代以降と指摘したのか、という課題が生じた。そこで関連する文献を別途探すことにした。

探していると、インターネット上に発表された論文にたどり着いた。それは、「安曇誕生の系譜を探る会」の金井恂会長が発表している「三郷村・住吉庄開拓の歴史」だ。内容は、安曇野の住吉神社がある旧三郷村(現安曇野市)が発行した『三郷村誌Ⅱ』第二巻歴史編上に、「弥生時代中期に小さなムラ跡があったが、それ以降から平安時代前期までの数百年間は、住吉庄地域を含め三郷村地域に居住する人のいない空白の状態であった」という趣旨の記載がある(これを金井は「空白の四・五百年の期間」と表現)。これに対し、金井は、『三郷村誌Ⅱ』の疑問点や矛盾点を抽出して、他の文献を使って筋道を立てて検証して、「空白の四・五百年の期間」は存在せず、住吉庄の開拓開始は五世紀という結論を出している。

金井が使った主な文献は、信濃史学会が発行している『信濃』第四巻に掲載されている小穴喜一の「長尾堰・庄野堰の開鑿を中心とした住吉庄の開拓」と、一志茂樹の「住吉庄の成立過程」と題した論文だ。

この住吉庄の開発開始が五世紀とする金井説に、七世紀後半に安曇野の住吉神社は創建されたという結論に達している私としては、首肯できる。だが、七世紀後半に住吉神社が創設されたと推察してきた安曇野の旧三郷村地域に『三郷村誌』の記述どおり人が住んでいない「空白の四・五百年の期間」が本当にあったのであれば、振り出しに戻って検証しなければならない。

私は、何も安曇野の住吉神社がいつ出来たのかをメインテーマに調べを進めてきたわけではない。安曇族を調べていく中で安曇族が祀るワタツミに出会い、記紀でワタツミと同時に生まれたツツノオを通じて、ツツノオを祀る住吉神社も対象になり、住吉神社を調べていく中で安曇野の住吉神社に出会い、その安曇野の住吉神社が七世紀後半に創設されたという結論に達しただけなのだ。ということで、結論に達するまで安曇野の住吉神社地域の地誌に関する文献は見ていない。だから、安曇野の住吉神社に関する文献を泥縄式に当たることにした。遅ればせながら金井論文に登場する『三郷村誌』と『信濃』第四巻の「空白の四・五百年の期間」に関係する部分に眼を通した。

それらの文献の中身について述べる前に、安曇野の住吉神社がある地域について簡単に説明しておく。住吉神社の所在地は、二〇〇五年に隣接五町村が合併して長野県の安曇野市になる以前の三郷村（面積約四〇平方キロメートル）だ。その旧三郷村（以下三郷村と称す）の地形を大雑把に見ると、飛騨山脈（北アルプス）の中腹から流れ出る黒沢川と、その黒沢川がつくった扇状地が広がっている。ところが、黒沢川は、山麓から流れ出た水が砂礫層に浸透して途中から水が消える水無し川なのだ。だが、大雨が降ると浸透することなく、土砂交じりの濁流が三郷村を襲う。歴史をたどると洪水で地形地質も大きく変えられている。住吉神社は、その洪水の流れを緩めるために、氾濫時の黒沢川の流れが直撃する位置に森林とともに創設された。三郷村を守るための文字通り鎮守の杜なのだ。現在、三郷村は安曇野の中で屈指の穀倉地となっているが、これは、梓川の水を導水する堰と用水路をつくり、安定した水量が確保できて水田が広がる豊かな水田地帯となってからのことだ。

こんな予備知識をもって『三郷村誌』を読んだ。確かに金井の表現の「空白の四・五百年の期間」があったと指摘している。その根拠は、突き詰めると、考古学的知見として、人が住んでいた集落遺跡が発見されない時代は人が住んでいない、ということだけだ。もう少し詳しく言うと、老人ホームの建設工事で偶然見つかった黒沢川右岸遺跡で、二〇〇〇年ほど前の弥生時代の小さなムラが発見されたが、その後、九世紀後半から十世紀にかけての集落遺跡が発掘されるまでの間、三郷村から古墳の存在も確認できないし、集落を証明できる遺跡が見つかっていないから、その間は「空白の四・五百年の期間」だったという結論なのだ。先の老人ホームの建設工事がなければ、集落遺跡の発見もなく、その人が住んでいない年代は、もっと広がったのかもしれない。空白年代が生じた理由として、水の確保が出来ないことを挙げている。だが、これは、黒沢川の水は地下に浸透するので直接得られなくても、湧き水があったとする小穴喜一（前掲）の調査結果があるので決め手にはならない。

それに、金井が指摘しているとおり、「空白の四・五百年の期間」に関する『三郷村誌』の記述には矛盾点がある。それらについては、細かな金井の論文を参照していただくとして、小穴芳実の指摘三で、三郷村に古墳があると書いていることに対し、古墳はないとする『三郷村誌』との相違点は、どうも古墳の定義の違いにあるようだ。と言うのも『三郷村誌』に、三郷村では今のところ古墳と確定できるものはないとしながらも、三郷村の上長尾から小倉にかけて九基の古墳あるいは古墳の可能性のある土盛が出たが、その内訳で四基は石室がない、三基は土盛だけ確認できる、一基は石室が認められた、残る一基は詳細不明。これらはいずれも、この時代の古墳に共通する群集墳となっていない、ということを根拠に三郷村では古墳と明確にみとめられるものは現在まで確認できない、としているから、何も小穴芳実の見解が間違っているというわけではない。『三郷村誌』が言う古墳の群集墳はともかく、人が住んでいた形跡はあるのだ。

少し横道に入る。二〇一一年三月十一日の東日本大震災は地球物理学（地震学）でも予期していなかったとみえて、想定外の地震と津波が起きたとしている。このように、自然現象は、現在の学問では掌握しきれないところが多々ある。人が知り得る知識には限界があるのだ。もちろん考古学にも限界はある。人の居住も大きく見れば自然現象なのだ。そこで、『三郷村誌』に戻るが、集落遺跡が発掘されたら、そこに人が住んでいたと言えるが、遺跡が発掘されなくても人が住んでいなかったとは言えないのだ。

たとえば、仮に三郷村を一〇〇《メートル》四方のメッシュで区切り、その中から均等に一〇%遺跡探索の掘削調査を行った結果から得た資料では、四・五百年の間、人が住んでいた形跡は見つからなかったとして、他所の発掘調査結果に一〇%で全体像がつかめるという有効数値があれば、この有効数値を三郷村に当てはめて、人が住んでいなかったと考察できる。これなら客観的な表現になる。現実には予算だ、人だ、時間だ、といった諸問題があって、遺跡発掘は道路工事やビル建設工事などの偶然性に頼らざるを得ない。繰り返すと、こういう条件下で調査活動している考古学だけでは、集落が発掘されないから人が住んでいなかったとは言えないのだ。だが『三郷村誌』の場合は、考古学的知見でもって三郷村の過去を何とか説明しようとしたところに無理があり、考古学の限界を逸脱させ客観性を失わせている。考古学的知見とは、突き詰めれば、これまで得た資料及びそこから導き出された考察という意味になる。偶然性でもって集められる資料には限界があるのは当然のことだ。だから、知見は知見で間違いないが、そこから結論を導き出せない場合もある。

その点、小穴喜一（前掲）の論文は、客観的な見解だ。検土杖という地中に突き刺して一メートルまでの深さの土を採取できる道具を使って、梓川から三郷村への用水路の温堰、長尾堰（延長一〇キロ）、灌漑段別一二一〇町歩の二八三ヵ所の土（地質）を調べて、黒沢川扇状地の農耕に適した耕土の層をつかみ、それに土地の人から聞き取って補足し、堰（用水路）の開発以前から、旱魃があっても枯れない湧き水があった箇所を突き止めた。そして、この水を利用した水田があったことを考察している。ただ、その結論としては出土した土師器を基に、土師器時代から三郷村に人は住んでいたとしているが、その土師器時代は、一般的には、幅広く弥生時代から奈良・平安時代まで使われたといわれているので、水田があった年代を絞り込むことができない難点がある。現に、この土師器時代を金井は古墳時代の頃とし、『三郷村誌』では平安時代として扱っている。

　繰り返しになるが、どうしても考古学だけで結論を出したくても、人が住んでいた遺跡が発見されれば、確かに住んでいた証拠になるが、遺跡が見つからなければ人が住んでいなかったと疑えても断言はできないはずだ。だから、「空白の四・五百年の期間」について、遺跡発見は道路工事などの偶然性に頼るのではなく、対象地域全体、あるいは、有効面積を掘り起こして、それでも見つからなかったら、そこではじめて人は住んでいなかったという手順を踏まなければならない。一方、ある時代に人が住んでいたという証拠を示すには、花咲か爺さんのポチのここ掘れワンワンや、トロイ遺跡を指摘したシュリーマンのような必然性でもって遺跡の在り場所を指摘することである。かといって、全域発掘もポチの指摘も非現実的である。そこで、私は「空白の四・五百年の期間」に対して次のように考える。

「柳の下にドジョウはいない」と言う諺がある。これは、柳の下でドジョウが獲れたといって、また柳の下に行っても獲れないよ、旨みのある事は続くものではない、と戒めを込めた意味だろうが、実際には時間が経つと、どこからともなく別のドジョウが移り住む。自然界では、たとえば縄張りをもつアユを釣ると別のアユがその縄張りに入るし、アワビが好んで住む岩に行くと、毎日アワビが獲れるから、漁師は米びつと称して誰にもその場所を教えない。そもそも好漁場とは、いつも魚貝が集まる場所だ。これは何もアユやアワビに限ったことではない。現代の人も同じだ。電車の中で座席が空けば誰かが座る。

こう考えると、弥生時代に人が住んでいた実績のある集落が、たとえば新型インフルエンザなどで免疫を持たない集落が全滅したとしても、また、洪水で流されてしまったとしても、人が住める環境が揃っていれば、「災難は忘れた頃にやってくる」の寺田虎彦の格言ではないが、時間が経過すれば誰かが、どこからかやってきて住み付くと考えた方が自然だ。これを一言で言うと、水と食糧、それに必要道具があれば人は住み着く。だから、自然の法則に従うと、近隣に人が住み、湧き水があり水田耕作も可能な安曇野の三郷村に、四・五百年もの期間、人が住んでいなかったとは考えにくい。したがって、ここでは、『三郷村誌』の三郷村集落、空白の四・五百年説を排し、金井の五世紀に住吉庄の開発は始まったとする説を支持して先へ進む。

住吉庄の成立年代

もう一つ住吉庄の荘園が成立した年代という視点から眺めてみる。住吉庄の成立年代は、小穴芳実の指摘一では平安時代後期とし、指摘四で、記録では『吾妻鏡』（鎌倉時代一一八〇年～一二六六年の記録）が最古としている。少し余談になるが、この『吾妻鏡』について少し説明を加える。

『吾妻鏡』によると、源頼朝は、どうも信濃から年貢を取り損ねていたか、徴収した年貢を朝廷に渡さずに使いこんでいたのかもしれない。ともかく文治元（一一八五）年には、京都の朝廷に収めていないので、朝廷側から頼朝のところへ年貢未納リストが送られてきた。リストの中身は、下総、信濃、越後の庄や御厨が列記されている。その信濃の中の一つに住吉庄が入っている。この三ヶ国の中で、庄と御厨それに牧を加えた箇所数は、面積の広さの問題もあろうが信濃が断然多い。下総一四ヵ所、越後二四ヵ所に比べ、信濃八九ヵ所となっている。信濃の安曇郡の中では、住吉庄、矢原庄（穂高）、大穴庄（明科）、千国庄、仁科御厨（大町）、前見庄（池田）、猪鹿牧、多々利牧が挙げられている。

この未納を指摘されたリストに対し、頼朝は次のように回答している。前年（一一八五年）の関東の国々は朝敵（平氏）征伐に追われ（注6）、諸国の民は農業に十分勤めることができず戦ったので、昨年の未納物を免じ窮民に安堵させ、今年から収めることにしていただきたい、「頼朝恐々謹言」と結んでいる。この文面で見る限り、頼朝はかなり温情主義者である。ここでは、年貢の未納問題は別にして、この『吾妻鏡』から一一八五年に住吉庄が存在していたことは確かだが、これだけで住吉庄の成立年代を論じるには無理がある。

また、このリストの中で安曇郡は牧も入れて八ヵ所も載っている。このことは、『吾妻鏡』の時代には、既に安曇野はかなり開拓されていたことになる。言い換えると、平安時代（十一～十二世紀）の安曇野にかなり集約された労働力があったことを示している。

ところで、先述したとおり、安曇野の住吉神社の周辺は、北アルプスから発せられた砂礫質地帯で、水は透過し地下深く潜る。半面、出水時には洪水に見舞われる氾濫地でもある。だから、水田稲作をするには、湧き水があるところを利用するか、堰（用水路）をつくって遠くから

（注6）一一八五（文治元）年に、源氏は屋島につづいて長門の壇ノ浦で平氏を討ち、平氏一門が滅亡している。

導水しなければならない。半面、氾濫期の洪水から守る工事もしなければならない。現在の水田は、先人たちが水と戦った苦労の賜物なのだ。だから、安曇野の住吉神社の周辺に水田をつくるには、かなりまとまった労働力と耕具と土木技術が必要だったはずだ。古墳をつくった史実、庄が成立した史実は、それらをもっていたことの証でもある。でも、その労働力と耕具と土木技術をどうやって確保したのであろうか。労働力として考えられるのは、数百年前に開発されていた奈良井川水系、犀川水系などの上流域にある初期水田適地（拙著『安曇族と徐福』参照）の発展に伴い、下流域への進展と人口増などから生じた余剰労働力の投入、それと新規渡来人や他所からの移住入植が考えられる。

新規渡来人に関しては、桐原健の『信濃』の積石塚が参考になる。自然の礫をもって積み上げた古墳の積石塚は、千曲川流域では長野市の川中島古戦場近くの寺尾と筑北村の旧坂井村にあり、松本平（安曇野）では、現在の松本市の市街地周辺と大町市の木崎湖西にある。積石塚の大部分は七世紀中葉頃の築造で、その特徴から高句麗系とも百済系とも言われるが、築いたのは朝鮮半島の出自の氏族と結びつく古墳だと言う。

もう一つ、朝鮮半島からの渡来人が、日本列島の東国に定住した最初の記録がある。そこには、『日本書紀』に「天智五（六六六）年百済の男女二千人を東国に住まわせた。百済の人々に対して、僧俗を選ばず三年間、国費による食を賜った」とある。六六三年の白村江の戦いで日本と百済連合軍は唐と新羅の連合軍に大敗し、百済は滅亡した。その百済人が日本へ渡来して、各地に配備されたことは史実である。ただ、書紀にある東国の中に、安曇野が入っていたかどうか、東国とは東海道沿いか、東山道沿いかなども記載されていないから解らない。だが、次の条件にかなう安曇野に百済人が入植した可能性はある。

条件設定の前に、百済人の入植先や入植後の生活などを考えてみる。百済人を東国へ住まわせた六六六年より一三〇年ほど前の安閑天皇の時代に、米を貯蔵する屯倉が各地につくられている。少し横道にそれるが、日本列島は、水田稲作が始まって以来、昭和の高度経済成長まで、一貫して米の増産を勧めてきた。この天智天皇の時代は成長曲線で言えば、線が立ち上がった右肩上がりの時代になる。だから、大和朝廷としては、百済人に対し救済策と東国で水田開発に努めさせる二つ合わせた政策であったはずだ。水田開拓の仕事は、まず、未開拓の平野地に洪水を防ぐ土木工事と、水を引くための溜池や用水路などの潅漑づくりの土木工事である。百済人は、後述する水城や山城を築いたことでもわかるように、すぐれた土木技術をもっていた。以上のことを一言で言うと、大和朝廷は、東国の水田未開拓地に百済人の技術を投入して、米の増産を目指して移住させたのだろう。そう考えると百済人を入植させるには、事前に入植予定地での水田開拓の可能性などの環境を掌握しておかねばならない。また、百済人が東国へ向かった季節は、『日本書紀』に「この冬」とある。人が生活していくための衣食住の中で、衣は別として、食は大和朝廷が保証するとしても、住の問題がある。だから、受け入れ体制がしっかりしていないと百済人を冬の寒い土地で路頭に迷わすことになる。この点、安曇野には穂高神社を拠点とする安曇族がいる。それに、三郷村を含めた安曇野に開地の余地があることや、離れたところから水を引けば水田開発適地であることなど安曇野の受け入れ体制に関する情報は、大和朝廷は親密な安曇氏を通じてつかんでいたはずだ。これだけでも、安曇野へ六六五年に百済人が入植した可能性はあると考える。

また、入植した百済人に、鉄製鍬などの耕具を貸し出したり、開墾させたり、食糧を提供したり、と世話する管理者が必要である。この点に関しても、弥生人の入植を数百年にわたって面倒を見てきた穂高神社が実績をもっている。もう一つ、入植者に大和朝廷が供給する食糧は、できるだけ近くにあることが望ましい。これも、先述した犬甘氏の存在から推して屯倉が現松本市にあったはずであるから、この問題もクリアできる。さらに、安曇野に朝鮮半島系の積石塚があることも加えると、『日本書紀』にある東国へ向かった百済人の一部が安曇野に入植できる条件は揃っている。

ところで、堰(用水路)の造成工事に労働力を要することは解るが、必要労働者数や必要時間を具体的数値で示したものを見ない。そこで、住吉神社がある三郷村へ水を引くための堰と用水路造りに要する人数と日数を机上で大雑把に試算してみる。

工事は、標高約六五〇メートルの梓川の地からほぼ北北東へ向かって標高六〇〇メートルの三郷村（現市役所支所付近）まで、長さ一〇キロの用水路を造るものとする。幅二メートル、深さ一・五メートルほどの用水路を掘るのに、一〇人がかりで鉄製の鍬とモッコを使って、日に五メートル進むとすると、二、〇〇〇日を要す。年間労働日を二五〇日とすると八年間かかる。そこで一〇キロ工事を四分割して四組四〇人投じると、二年間で完成する。要は目的地に向かって水が流れればいいわけだ。途中小山などの高地もなく、平均勾配は二〇〇メートル進んで一メートル下がる地形だから、実際の工事現場では、掘る必要がない箇所もあるだろう。林間でも木を伐採せずそのまま流せばいい場所もあるだろう。仕事が出来ない雨の日もあるだろう。どうしても除かねばならない木や岩もあるだろう。だが、それらを相殺すれば、工期は二年間でいいだろう。それに自活するための水田開発、種蒔、収穫に一年費やすとして、その三年間を国費で養ってくれれば、後は自活できる。という計算になるがいかがだろうか。労働力としては、工事本部の技術指導者と四ヶ所の工事現場の監督合わせて一〇人、その他、賄い役や雑用役も含め、〆て一〇〇人もいれば安曇野の住吉神社がある三郷村の開発はできるという荒っぽい結果が出た。大雑把な試算ではあるが、東国へ二〇〇〇人向かった中の一部の人で労働力は間に合いそうだ。

この梓川から三郷村までの用水路の開発に関して『三郷村誌』には、二つの見解が出ている。一つは、あらかじめ用水路の必要性と有用性を承知して、必要労働力を引き出す政治力や経済力をもった為政者の存在が欠かせない。それらの条件を持っていたと考えられるのは、住吉庄の領主権をもっていた西牧氏の記録として、初見は一三二九年だから（『三郷村誌』）、堰（用水路）造成の本格的工事の開始は十三世紀という考え。もう一つは、西牧氏による本格的造成工事の前に、沢水や湧き水を集めて、砂礫層への伏流を防ぎながらの用水路造成である。その年代は明確に示されていないが、西牧氏が当地に入って来る前からいた在地領主と関連させて、古ければ七世紀中ごろからではないかという考えの二つだ。

『三郷村誌』の前段の見解は、政治力や経済力があれば本格的な用水路ができた、と受け止めることもできる。だから、時代は限定されていない。そうすると、大和朝廷という政治力と経済力が安曇野に入れば、用水路が出来た可能性があるということになる。後段の見解は、外からの力でなく、三郷村地域の力だけでも出来る。だから、西牧氏が出現する前にも、素朴な用水路が造成された可能性があることをほのめかしている。これも、地元の力に限定されているわけではないから、もし三郷村へ大和朝廷が百済人を入植させても用水路はできたということになる。

以上ややこしくなったが、ここでは、小穴芳実の指摘一で、現在の安曇野にあった住吉庄は平安時代後期に成立し、指摘四で、その住吉庄の開発は西牧氏によるとあることに対し、何も勢力をもった西牧氏の登場を待たずとも、七世紀後半には三郷村まで水を引く素朴な水路は出来た可能性があると理解しておく。

また、繰り返すが、小穴芳実の指摘五で、安曇野の住吉神社の社号は、大阪の住吉大社からの勧請ではないとしている。根拠は、そもそも三郷村の地に住吉の地名があり、その地名をとって住吉庄と庄名が付けられた。住吉神社は三郷村にあった住吉の地名を社号としたということだ。でも、なぜ筒之男三神を祀っているのだろうなど疑問が出てくるように、史実の記録など確たる根拠がないのだ。だから安曇野の住吉神社にまつわる住吉という地名に関していろいろな考えが出されている。先の小穴芳実の『日本の神々 九』にある考えと、一志（前掲）の論文で紹介されている諸説を整理すると次の六項目になる。それらに対して提示されている疑問や否定文を（ ）内で併記した。
一、大阪の住吉神社からの勧請ではなく、もともと三郷村の地にあった住吉の地名をとって社号とした。
（住吉の地名の起源が不明）
二、これは一の全く逆で、住吉庄の開発前に住吉神社があり、それに因んで住吉の地名を付け、その地名から住吉庄の庄名が付いた。
（住吉神社と号した起源が不明）
三、住吉庄は、そもそも大阪の住吉大社の神領として開かれた。

（根拠が示されていない。また、住吉大社の荘園や社領地には多数の住吉神社があるが、安曇野には三郷村の一社だけしかない）

四、住吉庄が出来た後に、大阪の住吉大社から勧請して住吉神社と号した。

（住吉庄の成立後という証拠がない）

五、烏川を治める位置に住吉平があり、そこに住吉神社の奥社がある。奥社から現在の地に里宮として導いた。

（住吉平の地名の起源が不明）

六、江戸時代まで、五大社明神の社号で祭神も筒之男三神ではなかった。

（伝承だけで証拠がない）

こうやって整理してみても、住吉の地名と関わりが薄い六以外は、住吉の地名が生まれた背景を混迷に引き込むだけで、わからないということがわかっただけで、何ら進展しない。このように考えが迷路に入ったら、いったん安曇野から離れて、別の観点から考える。

三郷村は安曇野にあり、安曇野は信濃にあり、信濃は日本列島の東国にあり、日本列島は海を介して朝鮮半島や中国大陸とつながっている。三郷村の住吉神社も外とどこかで結びついているはずだ。だから、一旦、三郷村から視点をはずし、広い視野から眺めると、別の答えが見つかるかもしれない。

ということで、安曇野の住吉神社から離れて他所の住吉神社について眺めてみる。私が訪ねた対馬の雞知、壱岐、福岡、下関、明石、神戸（本住吉神社）、河内長野、大阪（住吉大社）、安曇野の九ヶ所の住吉神社で、河内長野の住吉神社を除く八ヶ所に住吉神社の近くに、現在、住吉という地名がある。その他にも地図上で調べると、広島市、川崎市、いわき市の住吉神社の周辺にも住吉という地名がある。少しいわくがある対馬の雞知以外は筒之男三神を祭神としている。同じ住吉という文字を使い、神社名を同じ住吉神社と号し、しかも同じく筒之男三神を祀る、という共通点を有する住吉神社が、各地で独自に創建され、独自に発展して来たとは考えにくい。

また、田中卓は「住吉大社の創祀」（『住吉大社事典』）二〇〇九年、国書刊行会）で、『住吉大社神代記』の掲載内容に、大唐国に住吉大神社、新羅国に住吉荒魂を祀ったことが出ている記事を紹介している。田中は、唐の住吉については、遣唐使船が住吉大神を祀っていたからそれに関連しているのではないだろうか、新羅の住吉については、神功皇后が三韓征伐の際に祀ったと述べている。これらの真偽は別にしても、この『住吉大社神代記』から、住吉大社も大和朝廷も行く先々に住吉大神の名を付けて祀る意思が強かったことが読み取れる。この言わば住吉神社の布教精神は、日本列島内においても同じことで、先に示した大社を除く住吉神社八社も関連しているはずだ。

すなわち、住吉大社と大和朝廷が共同で、日本列島主要地に、その土地に既存する神社の社号を住吉神社へ改めることを勧めるか、新規に住吉神社の創建を勧めた。これは、親大和朝廷派と反大和朝廷派を識別するために、住吉神社の社号を使った地は大和朝廷に従ったと受け止めると理解できる。また、見方を変えると、これは犬など動物の世界に見られる縄張りを主張するマーキングに通じる。これらのことは安曇野の住吉神社も無関係ではないだろうから、本書の締めの項で詳述する。また、小穴芳実の安曇野の住吉神社は角蔵山の山麓にあったという説も、合わせて説明する。

住吉神社と津守氏

津守氏と同じように「守」という文字が入った職種で、『新撰姓氏録』に出てくる掃守連《かにもりむらじ》は宮中の清掃担当、宇治山守連は宇治の山を管理する役目、また、『日本書紀』に「宇治橋の橋守に命じて、大海人皇子の宮の舎人が、自分たちの食糧を運ぶことさえ禁じている」という記述があるように、橋にも橋守という管理者が置かれていた。これらに習えば、津守氏は津すなわち港を守る役目の人になる。

この津守氏について、山田（前掲）は、次のように述べている。まず、『新撰姓氏録考証』に、「津守の津は摂津国を云うなり。津守とは元摂津住吉の津を守る由の官名なるが、後に姓となりしなり」とあることを紹介して、古代、神を奉って大津の政を司っていたが、祭政分離の世になって、摂津職が置かれて、津（港）の政を行うようになり、津守氏が神を祭る専門の神官となったらしい。要するに、津守氏は、住吉の港の神を祭る専門職であったとうことだ。

物事には順番がある。津守職の誕生は、尖底船が造られるようになって、それを安全に停泊できる港が必要になり、その港を管理する津守という職種が生まれた。港を利用したのは海人だから、その海人の中から必要上津守職が出てきた。津守職誕生までには、こういった順番が考えられる。そうすると、津守職は、船のこと、海のこと、船及び乗組員が気がかりにしていることなどを承知していなければ務まらない。だから津守氏は海人仲間の中から出てきたと考えるのが自然だ。その傍証として、住吉大社の境内にある摂社の大海神社の宮司は、津守氏で綿津見神三神を祀っていることを挙げておく。なお、『新撰姓氏録』によると、津守宿禰は、始祖を尾張氏と同じ火明命《ほあかりのみこと》の系統に属し、その火明命の系統に海人の海部氏も入っている。これも津守氏が海人の出自の傍証になるだろう。

次に港を守る具体的な仕事を大雑把に考えてみる。船を係留する杭、水路の確保、船の修理場などの施設管理と、船及び乗組員の安心安全を神にお願いする二つの役に分けられる。河口は洪水のたびにその位置が動くし、河口付近の水路や水深もかわるので、そのつど必要な作業も出たはずだ。一方、船と人の安心安全をお願いする神として筒之男三神を迎え入れ、その筒之男三神を祀る社が必要となって、港から少し離れた神聖域に創建されたはずだ。この施設の管理と人と筒之男三神とをつなぐ宮司の役を持つ人は各港に必要だから、それぞれの港にいたはずだ。ここまでは自然発生的に進んで来たと考えていいだろう。そんな港の管理者兼宮司役の一人に津守氏がいた。その津守氏が、時代とともに、また、筒之男三神を祀る住吉神社とともに発展した。これらのことは、ほとんどの住吉神社が筒之男三神を祭神としている事実をさかのぼって考えれば推察できる。

それでは、津守氏がいつごろから、どこで、どんな役を勤めて来たのかを通観してみる。『日本書紀』では、神功皇后の項に、津守連の祖先の田裳《たも》見《み》宿《の》禰《すくね》が神功皇后に、「神が居りたいと思われる地を定めましょう」と提案して、荒魂を穴門《あなと》（下関）の山田邑に社を建てたとある。また、田中卓が、「住吉大社の創祀」で、『住吉大社神代記』にある住吉大神と神功皇后とのやりとりの記事を紹介している。その要旨は次のとおりである。

手搓足尼《たもみのすくね》が、自分の土地を住吉大神に寄進すると、大神は住吉国と名を改めて号を大社と定めた。そのとき、大神は神功皇后に二つのことを仰せられた。一つは「自分に代わって手搓足尼を神主にしろ」という人事、二つ目は、「手搓足尼の子孫が罪を犯せば、神功皇后が代わりに罪を受けよ。さもないと、世は乱れ、疫病は起こり悪しきことがつづく」という戒めである。

以上のことから次のことが考えられる。神功皇后の時代に、田裳祥見宿禰は土地を大和朝廷に寄進するなどして朝廷へ接近し人脈を太くして、神功皇后に具申できる関係まで進んでいた。そういう過程を経た結果、住吉大神という大和朝廷の人事で、田裳祥見宿禰は、港の管理者すなわち津を守る役に就き、津守姓で住吉大社の宮司となった。また、神功皇后が罪を受ける云々の戒めは、おそらく、神功皇后一代だけでなく大和朝廷の末代に及ぶという意味だろうから、手搓足尼の子孫云々と合わせると、津守氏の永代神主就任という意味だろう。実際、津守氏は、代々住吉大社の宮司を務めているし、壬申の乱をはじめ大和朝廷の内紛の際も、荒魂、和魂の戦力を掌握していたにもかかわらず、一二四六年からの南北朝時代まで表に出ることなく、先の戒めを守ってか、中立を保ってきた。ただ、南北朝の時代には、南朝の後村上天皇に住吉大社を行宮として使用されている。そういうこともあって、神功皇后以来、津守氏は大和朝廷の覇者に信頼が厚かったのだ。

その津守氏の系譜については、田中卓著作集一『神話と史実』で一部、推古天皇（五九三～六二八年）から光仁天皇（七七〇～七八一年）までを紹介している。細かいことを問わなければ、この系譜からも津守氏が歴代天皇に奉仕してきたことがわかる。また、津守氏の具体的な活動については、次に列記した『日本書紀』の天皇紀から垣間見ることが出来る。

・神功皇后の項、津守連の先祖の田裳見宿禰《たもみすくね》が、「荒魂を穴門（下関）の山田邑に祭りなさい」

という筒之男三神の教えを神功皇后に伝えている。ということは、この時点で既に、筒之男三神と人とを繋ぐ神主の役を実行していたことになる。

・欽明天皇（五四一年）、大和朝廷は、朝鮮半島にあった任那が新羅の勢力に押されて、その存亡が危ぶまれたとき、百済と協力して任那復興救援策を講じていた。津守連は天皇の詔をもって百済へ行き、その意を伝える外交に奔走している。

・皇極天皇（六四二年）、百済も高句麗も王位継承問題が出て国内で争いが起きていた。天皇は、百済と新羅と高麗と任那のそれぞれに遣を出している。津守連大海は高麗への遣いを勤めた。なお、この年、百済へ遣わされていた阿曇連比羅夫が帰国し、日本へ島流しになっていた百済の王子豊璋を自宅に住まわせている。

・斎明天皇（六五九年）、唐と新羅が連合して百済を攻めたという話も伝わってきた。その年、唐に遣わされた津守連吉祥は、唐が朝鮮半島を攻める前だからという理由で、長安に足止めされている。なお、前々年に、阿曇連頬垂が百済から帰国している。また、六六〇年には、新羅は唐の手を借りて、百済を挟み撃ちにして滅ぼしている。ここで百済は一旦滅亡（六六二年に再興）。

・天智天皇（六六一年）、前将軍に阿曇比羅夫連ほか、後将軍に安倍引田比羅夫臣ほかを百済救援に向かわせた。これらの隊とは別に、百済の守護のため津守を遣わしている。なお、翌六六二年、唐と新羅の連合軍が高麗を討ち、高麗は日本に救いを求めてきた。また、この年、日本は、阿曇比羅夫連らが軍船一七〇艘を率いて、新たに百済の王子豊璋に王位を継がせ、百済を再興させた。だが、六六三年には、日本と百済の連合軍が唐と新羅の連合軍と白村江で戦って破れ百済は完全に滅亡した。

・天武天皇（六八四年）、津守連、阿曇連など五〇氏は姓を賜り宿禰となった。

以上の記述からだけでも、津守氏が大和朝廷から信頼されていたことは理解できるが、その他にも津守氏と天皇との信頼関係は出ている。『日本書紀』の仁徳天皇十四（三二六）年に、大溝を掘って河内の石川の水を上鈴鹿など四ヵ所に引いて凶作のおそれを解消した開発の話が出ているが、この話は、『住吉大社神代記』では、住吉大神の神宣によると伝えられている（田中卓『住吉大社史上巻』一九六三年　住吉大社奉賛会）。この神託を聞き出したのは神主の津守宿禰である。また、田中（前掲）は、仁徳天皇の皇子に住吉仲皇子がおられるのも、仁徳天皇の御陵が住吉神領に存するのも住吉の神を崇敬せられたことと無関係ではないだろう、と述べている。これらのことからも大和朝廷と津守氏の信頼関係の深さを推し測ることが出来る。

これまで、神功皇后に関連する項で、筒之男三神から教えを受けて行動していたことや、仁徳天皇と住吉大神との親密な関係から、大和朝廷にとって筒之男三神を祀る住吉大社は、単なる信仰の対象ではなく、現代で言えば、大和朝廷の命運を左右する政治の方針を決める企画立案機構に近い存在だったと受け止めて大きな間違いではない。その住吉大社を仕切る神主の津守氏は、当初、港の管理からはじまったとしても、情報が集まる港の管理者として、国内外から広く情報を集め、航路の設定、港と港の連携、対外国との交渉、それに国防にまで及ぶようになったとしても、それは自然の成り行きだろう。

その住吉大社を現代の株式会社にたとえれば、大和朝廷が株式の一〇〇％を持っている会社で、住吉大社は本社、津守氏は、いかに株主のために利益を上げるかで苦心する有能な雇われ社長の姿になる。その点、先の『日本書紀』の津守氏関連の記事の中に出てくる阿曇氏も大和朝廷の信頼を得ているが、阿曇氏は、安曇族のトップで、安曇族関連会社の全株式を保有する創業家社長という違いがある。

また、すでに大和朝廷は、行く先々の主要地に筒之男三神を祀る住吉神社を創建またはその地の神社を住吉神社に改号させて来たと述べた。この改号について、田中卓が『神話と史実』で、「住吉大社と言えば津守氏というのが自明であると考えられているがそうではない。博多の住吉神社、長門の住吉神社は社家が津守氏という証拠はない。博多は佐伯氏、長門は穴門氏で津守氏とは別系統」と述べているように、津守氏と直接関係しない神社も住吉神社と号していること、先に述べた、現人神社から住吉神社に改号された可能性がある福岡の住吉神社のことなどから考えると、創建当初の社号が住吉神社でない神社が、後に住吉神社に社号を改めて号した可能性はある。

いずれにしても、記録に見る限り、住吉神社の推進役は住吉大社の宮司であり有能な外交官でもあった津守氏以外に考えられない。大和朝廷と朝鮮半島との交流コースにある主要港の神社を傘下に治め、社号を住吉神社と改めさせ、本来港の神だった筒之男三神に軍神の任務を担わせる（注7）なども津守氏の業績だと見て間違いない。

もっとも、津守氏一族は住吉大社の仕事の傍ら、サイドビジネスとして大和朝廷を支援する個人会社をもっていたようだ。その表れの一つに、先述の住吉大社内に大海神社を設立していることを指摘できる。また、港では当然、入出港料や停泊料などを取っていたであろうが、当時、現在の監査人の役割をもつ人がいたとは考えにくいだけに、勘ぐれば財を手にする機会はあったことだろう。その他でも、新川登亀男の『「海の民」—住吉と宗像の神—』に、摂津国住吉郡の津守郷、兎原郡の津守郷、豊前国大分郡の津守郷、肥後国託麻郡の津守郷、讃岐国大内郡の入野郷など津守氏に由来する地を確保していることが記されている。こうやって見ると、先の大和朝廷に土地を寄進して住吉大社の宮司の地位を得たように、津守氏は現在で言う不動産業務も得意としていたようだ。つづけて新川（前掲）の記述を紹介すると、津守氏は海人の生

（注7）『日本書紀』九巻の神功皇后に、「於是。従軍神表筒男。中筒男。底筒男。三神誨皇后曰。我荒魂令祭於穴門山田邑也。時穴門直之祖踐立。津守連之祖田裳見宿禰」とある。

業を離れ、遣渤海使や遣唐使船の舳先に乗って船の安全を祈る主神《かんづかさ》を勤め、さらに、陰陽や占術の職務もするようになり、陰陽家としても名高い存在であったそうだ。

海人の出身だとされる津守氏が、時代とともに仕事の内容を変えていくのは、見方によれば当然のことだろうが、同じ海人の安曇氏に比べて大きな違いの一つは、系列神社の社号である。前にも述べたが、阿曇氏すなわち安曇族がワタツミを祀る神社の社号は、福岡の志賀海神社、対馬の和多都美神社、安曇野の穂高神社、名古屋の綿神社、といったように統一されていない。これに対して、住吉神社は、神戸の本住吉神社や大阪の住吉大社の違いはあっても、そのほとんどが住吉神社に統一されている。

防衛策　防人・水城・山城

六六三年八月に、日本と百済の連合軍が白村江で唐と新羅の連合軍に大敗した。その後、唐や新羅が日本へ侵攻することを想定して、大和朝廷が備えた防衛策が、『日本書紀』の天智天皇の項にある。関係箇所を抽出して年次順に並べると次のとおりだ（図4－2及び4－3）。

・六六四年、対馬、壱岐、筑紫国などに防人と烽《すすみ》（烽火台）を置いた。また筑紫に大堤を築いて水を貯えた。これを水城《みずき》と名づけた。

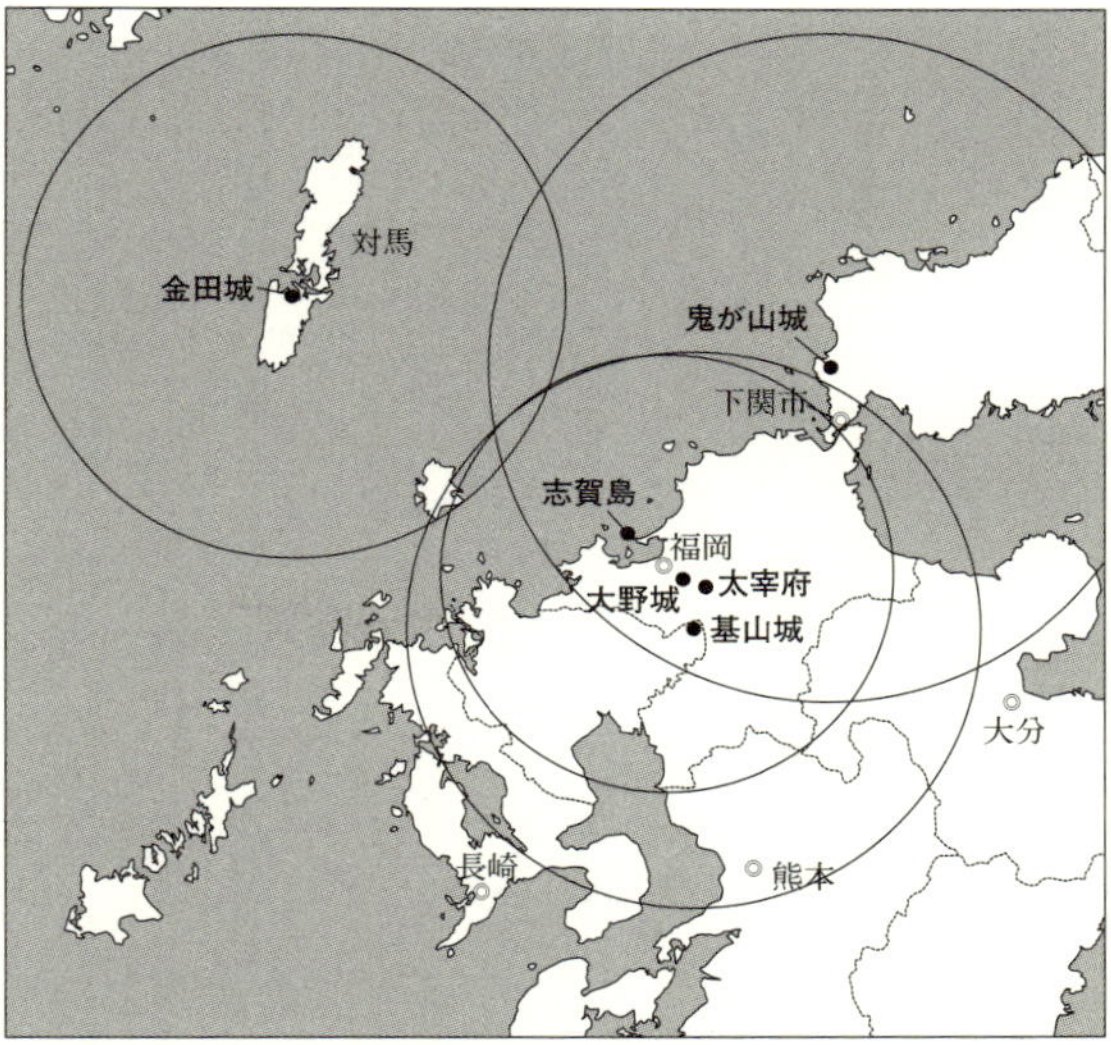

図４－２　山城（西）配置と視程（円弧内）

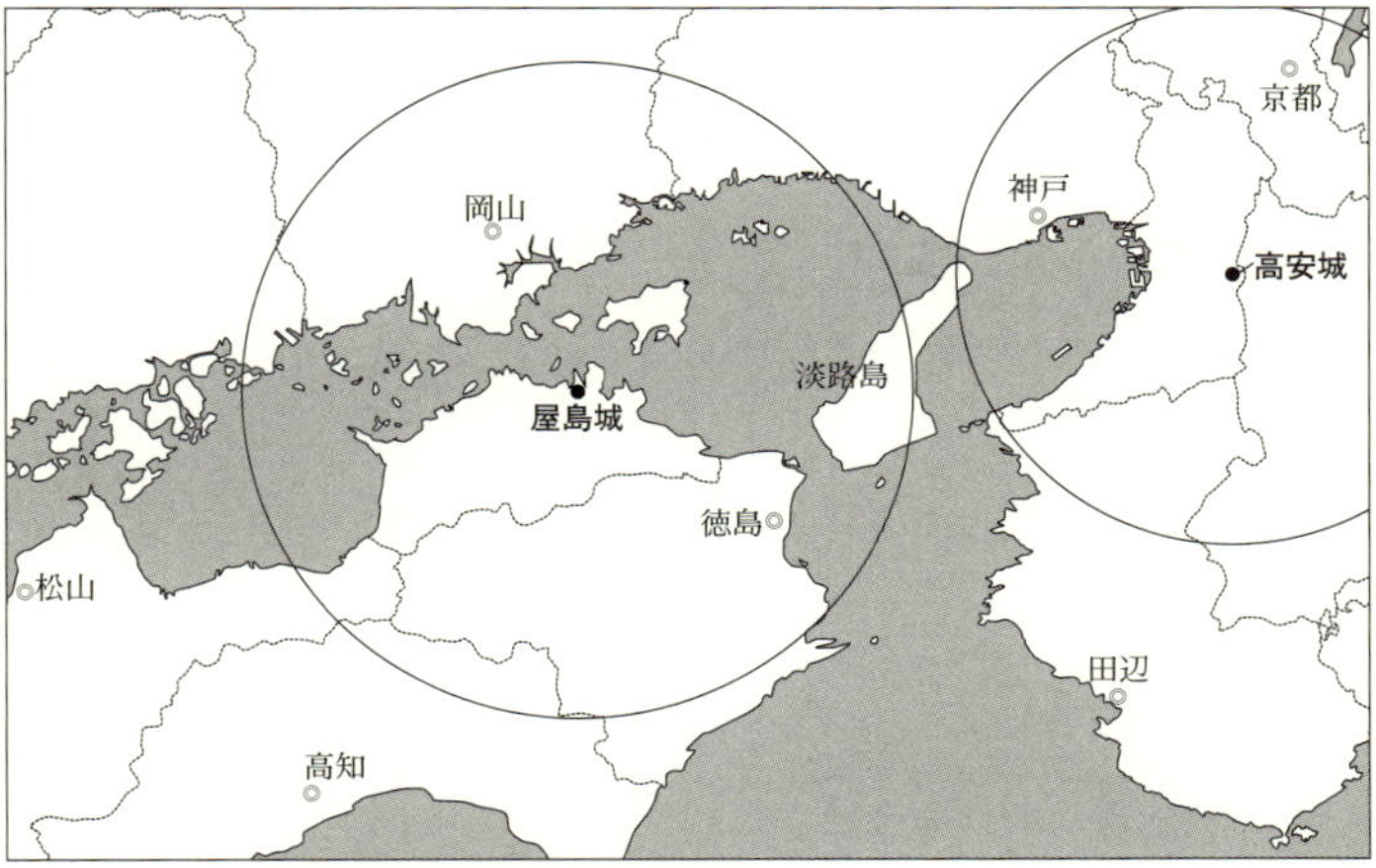

図４－３　山城（瀬戸内）配置と視程（円弧内）

・六六五年、達率答炑春初《とうほんしゅんそ》を遣わして、長門国に城を築かせた。達率憶礼福留《おくらいふくる》、達率四比福夫《しひふくぶ》を筑紫国に遣わして、大野と椽《き》に二つの城を築かせた。
・六六七年、「倭国高安城《たかやすのき》、讃岐国山田郡の屋島城《やしまのき》、対馬国の金田城《かなたのき》を築いた。
・六六九年、八月天智天皇は高安山に登って、城を築くことを相談された。しかしまだ人民の疲れていることを哀れんで、築造されなかった。冬、高安城を造って、畿内の田税をそこに集めた。
・六七〇年、高安城を造って穀《もみ》と塩とを蓄えた。また長門に一城、筑紫に二城を築いた。

これらの記述で、防人の配置と烽火台の設置が敗戦後一年ほどで出来たことは理解できるが、わかりにくい点がいくつかある。その一つは、幅七七メートル、高さ九メートル、長さ一・二キロの堤（土手）と、堀を備えた水城が、地形調査や設計段階も含めて、一年ほどの工期で出来たとは考えにくいのだ。しかも、水城を満水にしても、太宰府は水浸しにならない設計になっていることから考えると、太宰府設置当時からの設計かとも思わせられる。でも、わざわざ水城と名を付けたのだから、この六六四年に完成したことに間違いないだろう。そうすると、六六三年八月の白村江の戦いの前から、攻め込まれたときのことを想定して工事が進められていたか、少なくとも設計は出来ていたと理解していいだろう。

また、水城の詳しい構造はわからないが、この堤は御笠川を堰き止める形で築き、堤を挟

図４－４　太宰府水城

んで上（太宰府側）と下（福岡側）に堀があり、この上下の堀は堤の下に造られた水道でつながっているそうだ。ただ、この水城の具体的な使い方には諸説あるそうだが、当時あった技術と道具を使ったとして考えると、おそらく、上下の堀をつなぐ水道は上流（太宰府側）の水位を調節できる装置で、日ごろの平穏時には水田として耕作し、敵からの襲撃を察知すると、太宰府側の水位を上げて水田地帯を氾濫させ、敵の侵入を防ぐ設備だったのだろう（図４－４）。なお、この水位の調節装置の原理は、一昔前まで溜池などから水田に水を供給するときなどに使われていた。注意して見れば、おそらく、今でも、どこかで使われているはずだ。

もう一つわかりにくい点は、六六五年に

長門と筑紫に城を築いたとあって、六七〇年にも長門に一城、筑紫に二城築いたとある。また、六六七年に築いたとある高安城が、六六九年に築くことを相談して、同年に築いたとあるし、六七〇年にも築いたとある。これらをどう解釈したらいいのだろうか。

おそらく、部分々々の完成を、その都度、築いたと表したのかと思う。たとえば、烽火台を設置すれば城を築いたであり、石積も何期かに分け、一期が終われば城を築いたで、掘っ立て小屋が出来れば築いた、といった具合だ。いずれにしても、これらの謎を解くのが本書の目的でないから、わからないことはわからないまま先へ進める。

ただ、水城にしろ、山城にしろ、幸いなことに、これらの防衛施設を使って戦っていないのだから、その具体的な使用方法の記録はない。水城は、前述のとおり、人工洪水を起させると考えたが、山城はわからない。たとえば、新羅の大軍が日本へ侵攻し、まず対馬を襲ったとする。金田城に立てこもった防人が防戦したとしても、新羅としては、備蓄食糧が少ない対馬の金田城を落としたとしても得るものがない。目指すは大和だ。当時の戦争は、将棋と同じで、王将を落とさないと勝利ではない。対馬の防人を蹴散らすか、あるいは避けて、次の寄港地、壱岐・博多(太宰府)へ向かう。船積みの食糧は限られているから屯倉(食糧庫)がある那の津(福岡)で食糧を補給しなければ先へ進めない。人が少ない対馬・壱岐・下関には食糧も少ないから、兵力温存を考えると城を落とす必要はない。

視点を変えて戦いに行く船を見る。食糧補給を陸地に求めねばならない船は、攻めている自分たちが常に兵糧攻めに遭っている状態だ。たとえば、新羅が大和に攻め入ろうとすれば、どこかで食糧補給をしなければならない。人が少ない地では食糧備蓄も少ない。一軒々々襲っても、その間に要する消費量を差し引くと効率が悪い。だから、人が多く住み、屯倉という食糧倉庫を持つ地を襲って奪うことになる。それも秋の収穫期の後を狙う。黒沢明監督の映画「七人の侍」の野武士集団と同じだ。その点、太宰府はどうしても落として兵站地にしなければならない地だ。もし手持ちの食糧が尽きる前に落ちないとなれば、退却せざるを得ない。戦いには、常に食糧との葛藤という厳しさがある。

余談になるが、船と食糧の関係から、元寇一二七四年の文永の役を見てみる。元軍は、十月二十日（現在の十一月四日）に、三万人を乗せた船大小合わせて九〇〇隻を博多湾へ入れて上陸し、日本軍が抵抗する中一戦を交えて、一方的な勝利を治めたにもかかわらず、翌日一斉に引き上げている。なぜ引き上げたかについては、台風に襲われた神風説や日本を脅かすだけが所期の目的であったという説などがあるが、これを食糧面から見る。たとえば、元軍が一か月の水や食糧を積んでいたのであれば、元軍が朝鮮半島の合浦を十月三日に出て博多湾を引き上げた十月二十一日までで一九日、帰りに七日要するとしたら、都合二六日、博多での戦いで、日本軍の抵抗が予期したより強く、太宰府を落とすまでの戦いが長引けば食糧不足にもなりかねない。食糧の確保が出来ないと見きわめれば、引き返さざるを得ない。腹が減っては戦が出来ない。

こうした食糧の確保という観点から考えると、太宰府防衛での水城は理解できるが、太宰府の東北と南西の位置にある大野城と椽城に篭城して戦うという考えは理解できない。新羅は二つの山城を攻略する必要はないはずだ。大宰府を落として食糧を奪って大和へ向かへばいいはずだ。

ここで少し話を変える。『日本書紀』に出ている城を西から順に並べると、対馬、壱岐、筑紫（福岡）、長門（下関）、讃岐（香川）、高安（奈良）になる。この間に、伊予（愛媛）や吉備に『日本書紀』には記載されていない山城もある。これらの山城の中で私が登ったことがあるのは九州の椽（基山）だけだ。登ったといっても、山城調査で登ったのではない。私は小学生から高校生までの間、この椽の城がある基山に遠足で出かける福岡県小郡村（現小郡市）に住んでいた。だから、小学校四年生ごろから中学校までは毎年一回は遠足で登った山なのだ。だが、遺跡のことは全然知らなかった。高校生になると、夏はこの基山の山頂に蚊帳だけでキャンプした。

ある年、ちょうどその日は、福岡市の大濠公園の花火大会と、久留米市の水天宮で筑後川へ向かって打ち上げる花火大会の日だった。その基山の山頂から両方の花火が見えた。二つの花火を同時に見える基山山頂へ多くの人が山頂に集まってきたことを覚えている。

要するに、基山は博多湾と有明海から登って来る筑後川が見える位置にあるのだ。そこで各山城からの視程を地図に落としたのが、P207の図4－2と3である。この図で気づくことは、朝鮮半島から大和に至る航路の監視網として山城が配置されていることだ。しかし、山城での監視で敵の船隊を見つけたら、それをどうやって本部へ伝えるのだろうか。烽火や、半鐘、太鼓などの鳴り物で伝えることも出来よう。だが、これら山城からの監視域の大部分が、第二章の住吉神社の項で述べた、住吉神社からの監視域と重なる。そうすると、人里近い住吉神社の方が、敵船隊の数や進行方向などより具体的な情報が的確に伝えられるはずだ。

こうやって考えると、山城は、監視機能としても住吉神社より優れているとは思えない。篭城徹底抗戦も、前述のとおり、ほとんどの山城は敵から相手にしてもらえそうにない。そうなるとますます山城の存在価値がわからなくなる。何のために山城を築いたのか。この答えとして考えられるのは、無駄な公共事業の始まりである。すなわち、六六三年に百済が滅び、その百済の難民を日本が抱えこんだ。百済人は山城を築く技術をもっていた。その技術を使った救済事業である。結果的に日本に必要でない山城を築いた。と考えると、山城の疑問に納得できるがいかがだろうか。この考えの傍証として、先にも述べた「六六六年、百済の男女二千人を東国に住まわせ、三年間、国費による食を賜った」という『日本書紀』の記述を挙げておく。この百済救済公共事業は、白村江敗戦処理の一環だが、天智天皇朝の経済にかなりの負担になり、民の疲弊も多く不満のマグマも相当貯まったことだろう。天智天皇亡き後に起きた壬申の乱ともどこかでつながっているのかもしれない。

以上、新羅侵攻に備えた水城、山城を築いての防備策は、人と時間と経費がかかるが、そんな中で、防人は、自国から集合地の難波津までの経費は自分持ちだし、弓矢も命令で定めた量を揃えて持参させるし、さらに、壱岐などの配置先では、食糧も自分たちで生産する。それに日頃は見張りが主な用務で、実戦でも白刃を交えての戦よりも、弓矢で攻撃する戦が主だから、それほど軍事訓練も要しない。大和朝廷としては、水城、山城を築くことに比べて、低い人件費で済ませたから経費も時間もかからなかったはずだ。

この防人の出身について、滝川政次郎の『住吉大社事典―住吉大社と防人―』によると、万葉集の防人の歌の作者は、東海道の遠江、駿河、相模、上総、下総、常陸と、東山道（注8）の信濃、上野、武蔵、下野の一〇国の人だから、北陸道の諸国や東海道の尾張以西、それに東山

（注8）滝川によると、万葉集に甲斐から派遣された防人の歌はないそうだ。その理由として、甲斐の国の防人の歌が拙い歌ばかりだったからだろう、と述べているが、甲斐の防人の歌だけが拙いと言うのは信じられない。むしろ、どうやって防人の歌が保管されていたのかわからないが、保管方法に問題があって、そっくり紛失したと考えた方がよさそうだ。いずれにしても、ここでは甲斐の人も防人として派遣されていたこととして扱う。

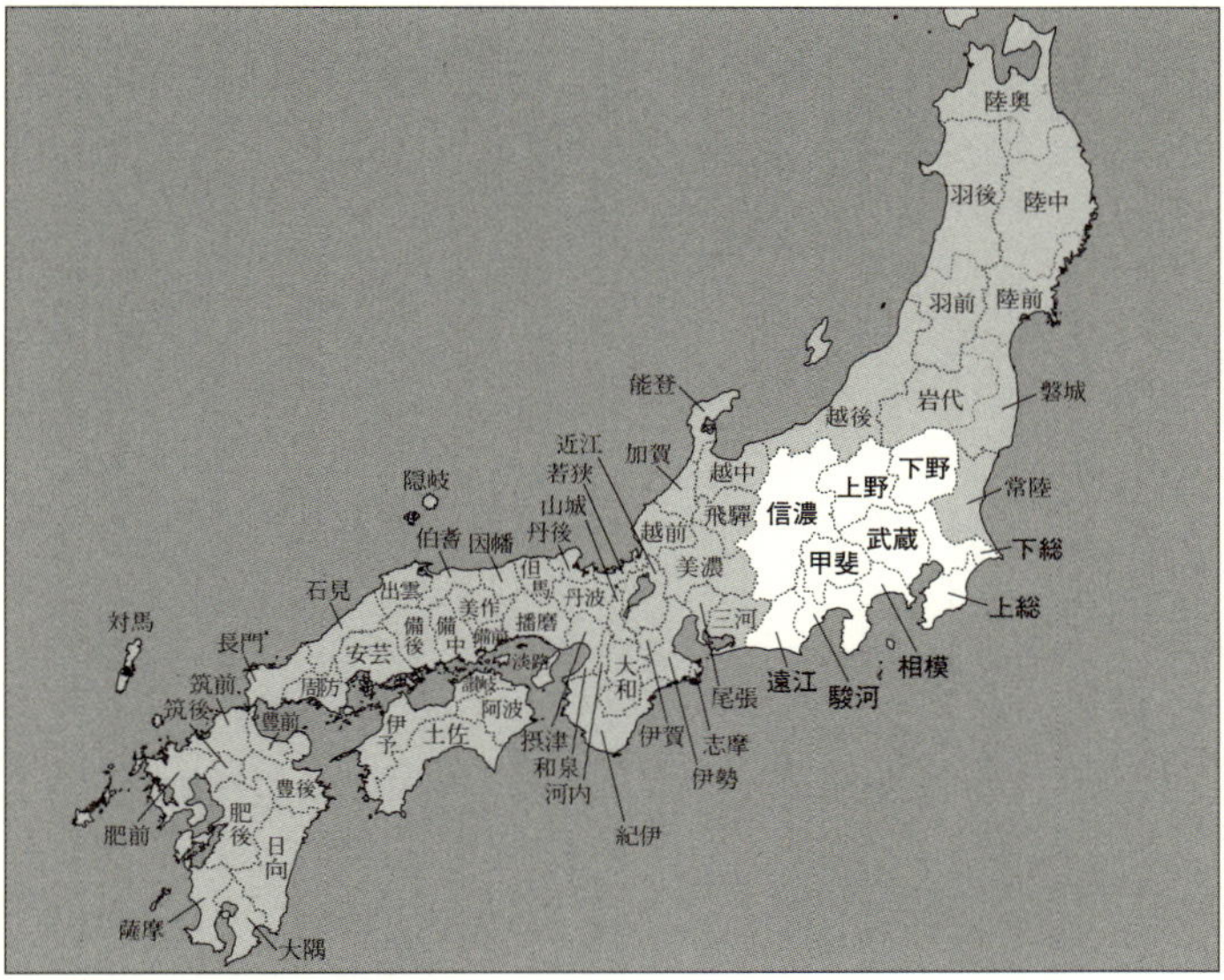

図４－５　防人出身地（白地）

道の美濃以西や陸奥の国々から防人は出ていないそうだ（図４－５）。

この防人の出自が東国に限られ、西国から出ていない理由については、東国の兵力を削いでおかないと日本列島内で、大和朝廷が危うくなるなど諸説あるが、諸説は諸説として、新羅船が日本列島の河川に寄港したり、そこから上陸したりすることを想定した場合、次のことが考えられる。

海から離れた内陸の国や朝鮮半島から離れている国は、新羅の侵攻対象地になりにくいが、西国や日本海に面した国の河川は、新羅船の入港、上陸地の対象になる。それらの諸国は、地元の人で上陸を阻止しなければならないので、防人に人手を出すわけにはいかない。そこで、入港、上陸の対象にならない内陸の国や遠隔地の人を対馬や壱岐のように人が少ない地に派遣して防人に当たらせた。

もう一つ、紀伊半島の突端にある潮岬は、岸を洗うように黒潮が接近して流れている。この黒潮の流れを乗り切って熊野灘へ向かうにはかなりの危険が伴う。逆に、熊野灘から潮岬を回って瀬戸内海へ向かうには、三〜五ノットの黒潮の流れより早い船速を要す。また、遠州灘も難所だ(注9)。どんな難所かを表している船頭の徳蔵の話が、『日本星名辞典』(前掲)に次の要旨で出ている。

「夜間、船で遠州灘を通るとき、(陸の目標物は何も見えないはずなのに)魔がさして山が見えることがある(幻覚症状)。そんなときは何が出ても、俺はネノホシサン(北極星)を目立てに走る」という。遠州灘は、沖を通れば陸地の目標物がなく方向を見失い、岸近くを通れば、遠州灘沖冷水塊と称される大きな渦があって、黒潮の流れと反対の西へ向かう流れが船の進行を妨げる。したがって、潮岬と熊野灘、それに遠州灘の三つの難所を越えて東国へ上陸することは至難である。だから、遠江以東は侵攻されない安全地と読んだのだ。

(注9)『大字典』(講談社)に「我国にては、水の難所の義としてナダと訓み、波荒き海路、又、洋の義とす」とある。そもそも灘の字は、航路の難所だからサンズイと難からなる。内海の灘は潮汐流によるが、外海の灘は、海流、風によるだけに船の遭難と結びつきやすい。

信濃に都づくり計画

『日本書紀』（宇治谷孟訳）巻二九下の飛鳥浄御原宮を都とする天武天皇の項で、都づくりに関する話が出てくる箇所を拾い出して次に並べた。主語は全て天武天皇。

・六七六年、「新木《にいき》（大和郡山市新木）に都を造ろうと計画されたので、予定地の田畑は耕作されず荒廃した。しかし都は造られなかった」とある。

・六八二年三月、都をつくる考えで、小紫《こしょう》の三野王《みののおおきみ》らを新城《にいき》（現奈良県大和郡山市新木）に遣わして地形を視察させている（注10）。

この新城は地名でなく新しい城ということで平城宮か平安宮のことだという説もある。それはともかく大和郡山市新木に都はつくられていない。

・六八三年十二月、「都城や宮室は一ヶ所だけということはなく、必ず二・三ヶ所あるべきである。それ故まず難波に都を造ろうと思う」と述べている（注11）。

後、難波宮だけはつくられた。

（注10）命小紫三野王、及宮内官大夫等、遣于新城令見其地形、仍將都矣。

（注11）凡都城宮室非一處、必造兩參、故先欲都難波。

・六八四年一月、浄広肆《じょうこうし》の広瀬王をはじめ陰陽師《おんようし》や巧匠《たくみ》などいろいろな職種の人を加えた視察団を畿内に遣わして、都づくりに適した場所の視察と占をさせている（注12）。

その後、畿内では、先述の平城宮と平安宮が造られているが、天武天皇の都づくり構想との関連は不明。

・また、同じ六八四年の同じ日に、別途、「三野王《みののおおきみ》、小錦下釆女臣筑羅らを信濃に遣わして、地形を視察させている。この地に都を造ろうとされるのであろうか」とある（注13）。

・それから三か月ほど経った同じ六八四年四月、「三野王らが信濃国の図面をたてまつった」とある。

・六八五年の十月、「軽部朝臣足瀬、高田首新家、荒田尾連麻呂を信濃に遣わし、行宮《あんぐう》（または、仮宮）つくりを命じられた。「おそらく束間《つかま》（筑摩）温湯（浅間温泉か美ヶ原温泉）においでになろうとしたのであろうか」とある。

これらの記述から、信濃が都づくりの候補地にあがっていたことは確かだ。つづいて、どんな図面が提出されたのかは別として、信濃に都をつくる計画が具体的に進められていたことは史実だ。天武天皇としては、二・三ヶ所の都づくり構想の中で、一つは難波に決定、他に近畿

（注12）遣淨廣肆廣瀬王、小錦中大伴連安麻呂及判官、録事、陰陽師、工匠等於畿内、令視占應都之地。
（注13）遣三野王。小錦下悉女臣筑羅等於信濃令看地形。将都是地歟。

で物色中、もう一つ信濃の三ヶ所でほぼ固まったことになる。

ここで注目しておきたいのは、三野王の場合は、新城も信濃も土地を見に行ったのではなく、地形を見に行った、ということだ。念を押すと地相でもなく地形の下見だ。信濃の国は広いから、現代でも五つの盆地（長野・上田・佐久・松本・伊那）、あるいは、四つの平（長野・佐久・松本・伊那）の地域に分けて扱われることが多い。だから、現地視察を命じた天武天皇だって、信濃の地形を隅々まで調べさせて比較検討するというわけではないだろう。また、三野王だって、三月ほどの期間に、足と目を使って、川を渡り、小高いところから見渡しながら五盆地の地形を調べるわけにはいかないだろう。だから、天武天皇は、あらかじめ掴んでいた情報を基にどこかに目星をつけて、そこの適否を確認させた、と受け止めた方が素直だ。以下、そういうことも含めて、結果的になぜ都がつくられなかったのかという理由や、信濃国の都づくりの候補地が具体的にどこだったのかという場所などを検証する。

まず、結果として信濃に都はつくられなかった理由を検証すると、第一に考えられるのは、六八八年に、天武天皇が亡くなられたことだ。でも、信濃に都づくりの図面は六八四年四月に出されている。その後、四年弱の間、何も関連する記述が出てこないから、本気で信濃の都づくりを考えていたのかどうか疑問視する向きもあろう。だが、実は、信濃の都づくり計画の地形調査結果図面が出された約六か月後の十月十四日に（現暦の十一月二十九日）、南海トラフ沿いの巨大地震と思われるマグニチュード八・二五の大地震が起きている（理科年表）。これが信濃の都づくりのブレーキになったことは考えられる。その地震と津波による被害状況は『日本書紀』に出ている。

四国伊予の道後温泉が埋もれて湯が出なくなり、土佐では田畑約一〇〇〇町歩が埋まって（陥没？）海になり、高潮が押し寄せて舟がたくさん流出したとある。また、伊豆島の西と北の二面が三〇〇丈あまり広がって、もう一つの島になったなどの記述もある。さらに、この天地異変に関連してか、翌六八五年三月に、信濃国に灰が降って草木がみな枯れたという浅間山が噴火した記録と、同年四月に、紀伊国の牟婁温泉（湯崎温泉）が埋もれて湯が出なくなったという記録も綴られている。

信濃の都づくりの図面ができて計画が本格的に進められていたのであろう時期に、日本列島では半年間ほど天地異変の凶事が続いて起きたのだ。おそらく、天武朝は、被災地の救済や災害復興に追われ、神に祈られたことだろう。この地震、津波、火山爆発という天地異変の凶事が新たな都づくりのブレーキになったことは否めない。これを信濃の都づくりが大幅に遅れ、そのために天武天皇の存命中に出来なかったと考えていいだろう。

信濃の都づくりは、天武天皇の構想だけに、天武天皇の寿命やそれまでの健康状態と深く関係している。天武天皇の健康状態を『日本書紀』から追うと、六八五年八月には、天武天皇御自身が病気を患われた。だが、先述のように、同六八五年の十月になると、天武天皇は、信濃に行宮造りを命じられた。おそらく束間（筑摩）温湯（浅間温泉か美ヶ原温泉）においでになろうとしたのであろうか、とあるが、これは、単に療養や保養のための温泉行きではないだろう。湯治だったら、もっと近場でいいはずだ。これは信濃の都づくりと無関係ではない。天武天皇は、三野王が提出した信濃の都づくりの図面を見て、取りやめたのではなく、また、一連の天地異変で取りやめたのでもなく、つくる方向で検討されていたのだ。この行宮造りは、地殻異変が落ち着くのを待って、信濃の都づくりの現地、あるいは、既に一部関連工事に着工していたのであれば、工事現場を自分の眼でも確かめたいという積極的な動きの表れと受け止めていい。そうすると、信濃の都づくりの候補地は、浅間温泉や美ヶ原温泉に近い松本盆地（平）、すなわち、現在の松本市と安曇野市一帯になる。

もっとも、信濃の都づくりは日本書紀に特定の場所が出ていないから、たとえば、上田市の科野大宮の『由緒略記』に、天武天皇十三年の都造り候補地としてこの地方を調査された旨の記述があるように、信濃の各地から都づくりの候補地が出てきてもおかしくない。ただ、その場合、根拠の有無とその客観性で判断すればいいことだ。ここで松本盆地を信濃の都づくりの候補地とした根拠は束間の温泉と行宮造りだが、後ほど、安曇野の住吉神社との関連も示す。

では、その束間の行宮へ天武天皇が行幸されたか否かを見るために、繰り返しになるが、『日

表４－１　天武天皇の健康状態推移

年　月	天武天皇
684年1月	地形図作成命令
〃　4月	地形図完成
〃　10月～685年4月	天地異変
〃　8月	病気
〃　10月	行宮建造命令
686年5月	重病
〃　9月	崩御

本書紀』から天武天皇の健康状態を拾い出して、その経過を表４－１に整理してみた。そうすると、六八五年の十月に行宮造りの命令を出されたときの天武天皇の健康状態は、回復されていたか回復されたとしても間もない時期にあたる。いずれにしても、健康がそれほどすぐれていたとは考えにくい。大和から松本市の浅間温泉、あるいは、美ヶ原温泉まで、現在の道路地図で大雑把に調べてみても、四〇〇キロほどある。当時はまだ木曽路が開通していないから、神坂峠をはじめ峠が多い東山道を通って信濃に向かうわけだが、たとえ一時間に五キロの速度の馬に乗ったとしても八〇時間は要する行程だ。だから、睡眠や休憩時間を考えて、一日一五時間進んだとすれば、六日、馬の足がもっと早いとしても、ざっとみて四～五日ほどかかる道のりである。行宮造りの工期がどのくらいかかったかはわからないが、六八五年十月に行宮造りの指示を受けて十一月か年内に完成したとしても、現在の暦では一月か二月だ。現在の一月や二月と言えば、信濃は冬真っ盛りだ。一九九八年の冬季長野オリンピックは二月七日～二十二日に行われている。このことを考え合わせると、現在の一月、二月は健康もすぐれない天武天皇が行幸される季節には不適である。だから、冬季の信州行幸は避けただろう。もし翌六八六年の春になって

行幸されたのであれば、何らかの記録が『日本書紀』にあってもよさそうだが、それもない。そうすれば、六八六年五月（現暦七月）に重病に罹られ、その年九月（現暦十一月）に崩御された天武天皇の健康状態の推移からこの行宮へ行幸された可能性は小さい。

実際、浅間温泉か美ヶ原温泉に行幸されたか否かはともかくとして、『日本書紀』で注目されるのは、天武天皇が、信濃に行宮造りの命令を下す前に信濃へ行かれた記載もない。にもかかわらず、信濃に執着されている。何故だろうか。以下、その謎解きを試みる。

新羅の侵攻を想定

天武天皇が信濃に都づくりを構想された理由や目的は具体的に何も示されていない。だから、当否は別にして、後世の人が、東国支配の地盤固めだ、大和の副都だなどと、勝手にいろいろ考える要素が残っている。だが、「燕雀《えんじゃく》いずくんぞ鴻鵠《こうこく》の志を知らずや」の格言どおり、現代の一般市民の私ごときが、いわゆる下司の勘繰りでもって、一三〇〇年以上前の天皇の考えを推し量ろうとしてもそれは無理からぬことだろう。

それにもかかわらず、安曇野の住吉神社の存在意義などをあれこれ勘繰っていたら、思わぬところにヒントがあった。それは、いわば、勘繰りの大家といってもいい推理小説作家の松本清張と、現実の存在を優先して勘繰る実存哲学の梅原猛との対談の中に出ていた（『松本清張の日本史探訪』）。この対談で、二人は壬申の乱を話題に、レベルの高い勘繰りを披露する。その中で、梅原猛が、日本は唐や新羅による侵攻の脅威に、膨大な費用をかけて防備を固め、その一方で、天智天皇が都を大和から近江（大津市）へ遷したのは、いざというときに、船で脱出するのに便利なためだ、と述べている。この天智天皇が脱出を考えているという大津への遷都、これは次の私の勘繰りと共通する。

現代の政財界でもそうだが、一度権力を手にした人は、その権力を失うことに一般市民には想定できないほどの恐れや執着心をもつようだ。その現われの一つとして、大和朝廷が防人を配置したり、水城や山城を築いたりで国民に大きな負担を強いていることが挙げられる。権力と無縁な一般市民にしてみれば、たとえ、唐や新羅に侵略されても、支配者が交代するだけで、大きな負担という点では、そう変わりないわけだから、恐怖心はそれほどなかったはずだ。これは、現代の企業でも同じだ。勤務先の会社が他社に買収されれば、役員など幹部は不要だから放出されるが、従業員は要るから、多少待遇が変わっても首になることはない。

だが、企業で言えば経営者の大和朝廷としては、あらゆる手立てを考えて、侵攻に備えたのだろう。唐にしろ、新羅にしろ、海を渡って来るわけだから、記録として明記されていなくても、港の防備も怠っていないはずだ。以下、神功皇后以来大和朝廷が採ってきた唐や新羅など外国からの侵攻を想定しての防衛策を並べてみる。その前に、これまで述べてきたことと重複するが、これから述べることは、ワタツミの神とツツノオの神と関係深いので両神の相違点だけを整理しておく。

まず、船の航海や漁労に関する海の神として、ワタツミの神を祀る安曇族は、先住民の縄文人が信仰していた磯良、豊玉彦、豊玉姫、玉依姫、穂高見命など伝統の神々を対馬の和多都美神社、福岡の志賀海神社、門司（関門）の和布刈《めかり》神社、安曇野の穂高神社などと社号を統一することなく祀っている。これは、安曇族の出自とされる中国春秋時代の呉国の祖と伝えられる太伯が、漢民族の周から、当時荊蛮《けいばん》の地といわれた江南に赴いたとき、その地の風習に従って、髪を短くし、文身を入れたという、いわば、「郷に入ったら郷に従え」の教えを継承しているのかもしれない。ともかく、安曇族が関与するワタツミ系の神社は、祭神にしろ、社号にしろ、奔放に対処している。

一方、同じ海の神とされているツツノオの神の場合はどうだろうか。まず、ワタツミの神に比べると、誕生からの歴史が浅い。鉄が普及して、船を浜辺などに引き上げると転倒する船底が尖った船型になり、安全に係留できる港が必要となって、新しく生まれた港すなわち津の神だ。おそらく、各地の港々に港を守る神が、それぞれ生まれたであろうが、大和朝廷は、港（津）を守る役職を住吉大社の神主に津守氏を任じて、大和と朝鮮半島を結ぶ対馬、壱岐、福岡、下関、大阪の経路の港が祭る神社を住吉神社に、祭神を筒之男三神に統一させた。かくして、ツツノオの神を祀り、住吉神社と号する神社は、大和朝廷の支配下に治められた。そのツツノオの神は、後、軍神や航海の神などへ発展している。

以上のことを頭において、神功皇后から天武天皇までに日本が採った防衛策を眺めると、次の三期に分けることができる。

第一次防衛策（神功皇后時代）

各港にワタツミの神とツツノオの神で守る神社を配置にした。対馬の浅海湾では和多都美神社と雞知の住吉神社が、壱岐では谷江川に入る船をワタツミ系の箱崎八幡宮と幡鉾川上流の住吉神社が、福岡ではワタツミの総本社の志賀海神社と住吉神社が、関門海峡では下関の住吉神社と門司の和布刈神社が、大阪湾では神戸のワタツミ系の海神社と住吉大社が、それぞれ出入港する船の安心安全を左右の両側から挟む形で見守る体制をとっている。同時に、明石の住吉神社、神戸の本住吉神社、河内長野の住吉神社などから入港船を監視する体制も整えた。

また、創建に神功皇后が関与する住吉神社が多い。これは、先述の津守氏の工作で、主要港が独自に創建していた港を守る神社を住吉神社に改号させたり、新たに住吉神社を創建させたりして、大和朝廷の支配下に治めて行ったからだ。この時点で、ツツノオの神は、神功皇后の

写４－４　筥崎宮にある「敵国降伏」の掲額（福岡市東区）

三韓征伐の話のように、単に津を守るだけでなく、戦いに勝利する軍神と航海の無事を願う神の性格も帯びている（注14）。

ただし、この時代は、それほど外国からの侵略を想定していないだけに、神社で左右にいる狛犬と同じように、ワタツミの神とツツノオの神が港や航路の左右を挟んで航海や係留の安心安全を願った体制を整えたのであって、防衛というよりも日本の振興策と考えた

（注14）神の加護で国を守るという考えは、現在、福岡市にある筥崎宮に亀山上皇が書いたと言われる「敵国降伏」という額が掲げられていることからも読み取れる（写真４・４）。『日本史年表』（一九九三年、岩波書店）に、「一二八一年、亀山上皇、熊野へ参詣し、蒙古降伏を祈る。東寺、石清水八幡宮などで、異国降伏の祈願盛んに行われる」とある。

方がよさそうな面がある。

第二次防衛策（天智天皇時代）

六六三年の白村江での敗戦後、実戦を体験していない天智天皇は、唐や新羅からの侵攻を想定して、おそらく百済系の人からの進言を基に、先述のとおり水城や山城を築いた本格的防衛策をとった。これらの山城は、先の住吉神社の監視網をさらに広げた。ただし、国を守る神は、主要港の敵国船の出入港船に、ワタツミの神とツツノオの神が左右から睨みを利かし、神の力で守るという考えは第一次を継承している。

第三次防衛策（天武天皇時代）

新羅や唐の侵攻が大和の都まで及んだ場合を想定して、何があっても、大和朝廷だけは何としてでも守る。国が滅びるということは、将棋で言えば、王将が取られたことと同じだ。だから、王将だけは取られないような必勝の布陣をとる。王将さえ失わなければ再興もあり得る。なんとか逃げて天皇（王将）の血統だけは守る。

この七世紀の大和朝廷がとった考えと相通ずる考えが、一二五〇年ほど後にも出されている。それは、太平洋戦争の終戦間近の一九四四（昭和十九）年に、連合軍が上陸して本土決戦と

写４−５　終戦直前の大本営予定地跡（長野市松代）

なった場合、東京では防衛できないと考えて、長野市松代に大本営を移そうという計画である。実際　松代の建設工事は進んで四分の三ほど出来上がったところで終戦となり、大本営として使われることはなかった。その松代が選定された理由として、海から遠いことがあげられている。（写真４−５）

この山深き奥地を攻撃する場合の難しさや戒めが孫子の兵法（浅野裕一『孫子』）にある。「攻撃目的地が、奥深い土地では、補給が極めて困難なため、軍事行動が長引くにつれて戦力は先細りし、いずれは大敗を招く」（九変篇）。また、「行軍の途中に渋滞する難所をひかえた進路では、進撃する側の兵力を細切れに分断し、戦場への兵力の逐次投入を余儀なくさせる。極めて不利な地形」（地形篇）、といったことが述べられている。

天武天皇が孫子の兵法に通じていたかどうかは別にして、これらのことは、防人の項でも述べたように、海から遠い信濃が、新羅などから攻め込まれ難い地と考えられていたから、孫子の教えがなくても大和朝廷は承知していたことになる。それでも追い込まれた場合を想定し、最後の決戦の場にふさわしい都づくりの候補地として信濃を選んだ。これが天武天皇の構想だと勘繰るがいかがだろうか。以下この勘繰りに基づき、さらに勘繰りを進める。

安曇野に幻の都

先述のとおり、天武天皇は都を二～三ヶ所つくると仰せられたが、それはどんな考えから出てきたのかわからない。ただ、天智天皇と違って、天武天皇は壬申の乱という実戦を経て天皇の座に着いただけに、その体験を基にすれば、繁栄とその逆の窮地に陥ることを考えるだろう。言い換えると、理想と現実、あるいは、平和と戦争の両面を考えるということだ。天智天皇に死期が近づいたとき、身に迫る危険を察知して吉野へ逃れるほど用心深い天武天皇なら、この両面作戦をとったとしてもおかしくない。すなわち、天武天皇の構想は、唐の長安を模した繁栄のシンボル的な都と、もう一つ、新羅に攻め込まれたときに戦闘できる二種類の都づくりである。

これを繁栄型の都と戦闘型の都と名づけて、天武天皇がこだわった地形にそって都を見る。難波宮は平坦地にあり、飛鳥浄御原宮は、大和盆地にあって山に囲まれているけれど、都だけを見ると北が開いて、南を高取山系に塞がれ、東西は比較的小さな飛鳥川と高取川に挟まれているだけだ。これでは自然の地形を防御に利用した都ではない。また、別途、三野王が視察した新木や新城の地を大和郡山市だとすれば、東に佐保川、西に富雄川、南に大和川と三方向川に囲まれ、現在、金魚の養殖池があるなど水が多い場所ではあるが、北が開放されている。だから、戦いのとき背にするものがない地形だ。これらの都はいずれも繁栄型の都で戦闘には不向きだ。

その点、大津京は、前面に琵琶湖が広がり、背後を比叡山系の山で塞ぎ、南北は琵琶湖が迫って幅狭く、外部と遮断され確かに攻めにくそうだが、それだけに、人の結集や食糧補給に難点がある。だから、この地を決戦の場とするわけにはいかない。それに、いざというとき、琵琶湖を使って逃げ出すとしても、逃げ出す先を決めておかなければならない。現に壬申の乱では活用できなかったなど、戦闘型の都としては不十分である。実際の戦いが始まったら、地形を利用して戦う。そういうこともあって、天武天皇は、水軍の安曇氏や津守氏でなく、美濃の山岳地につながる三野王に信濃の地形を見てくるように命じたのだろう。

記紀を読む限り、天皇自身が信濃に行かれた形跡はない。では、なぜ、何を根拠に信濃を都造りの候補地として現地視察を命じたのだろうか。一つは、すでに述べたとおり海から遠く離れていることだ。その他に二つ目として考えられることは、東国は壬申の乱のとき、いち早く天武天皇に味方して勝利に導いた信頼関係がある。その点、西には、まだ、大友皇子に加担した連中が、機会があればと、天武天皇の隙を狙っている可能性が残っている。仮に新羅が攻めてきたら、この連中は、新羅に加担することさえ考えられる。だから、危険な西を避け、安全な東を選んだのだ。

三つ目として考えられることは、先に述述べたように、広い信濃の中で特定の地区を想定して三野王に地形の確認を命じた。それには、何か信濃に関する情報をもっていたはずだ。大和朝廷は阿曇氏との付き合いが長い。天武天皇も阿曇連稲敷を記紀編集委員に任命している。だから、信濃の中でも、阿曇氏の関係深い安曇野の情報は、阿曇氏を通じてつかんでいたと考えてもおかしくない。一方、信濃視察の命令を受けた三野王も、阿曇氏と同じ記紀の編集委員の仲でもあり、安曇野に関する情報は、何らかの形でもらっていただろう。ということで、信濃の地形視察は背景に阿曇氏との接点が感じられる。

ところで、三野王が作成した信濃の都づくりの図面が、具体的に、信濃のどこを描いたものかはわからない。だが、先に述べた信濃の束間を行宮造りの所在地とすれば、現在の松本市にある浅間温泉か美ヶ原温泉の地ということになるから、都づくりの現地は、この付近に違いな

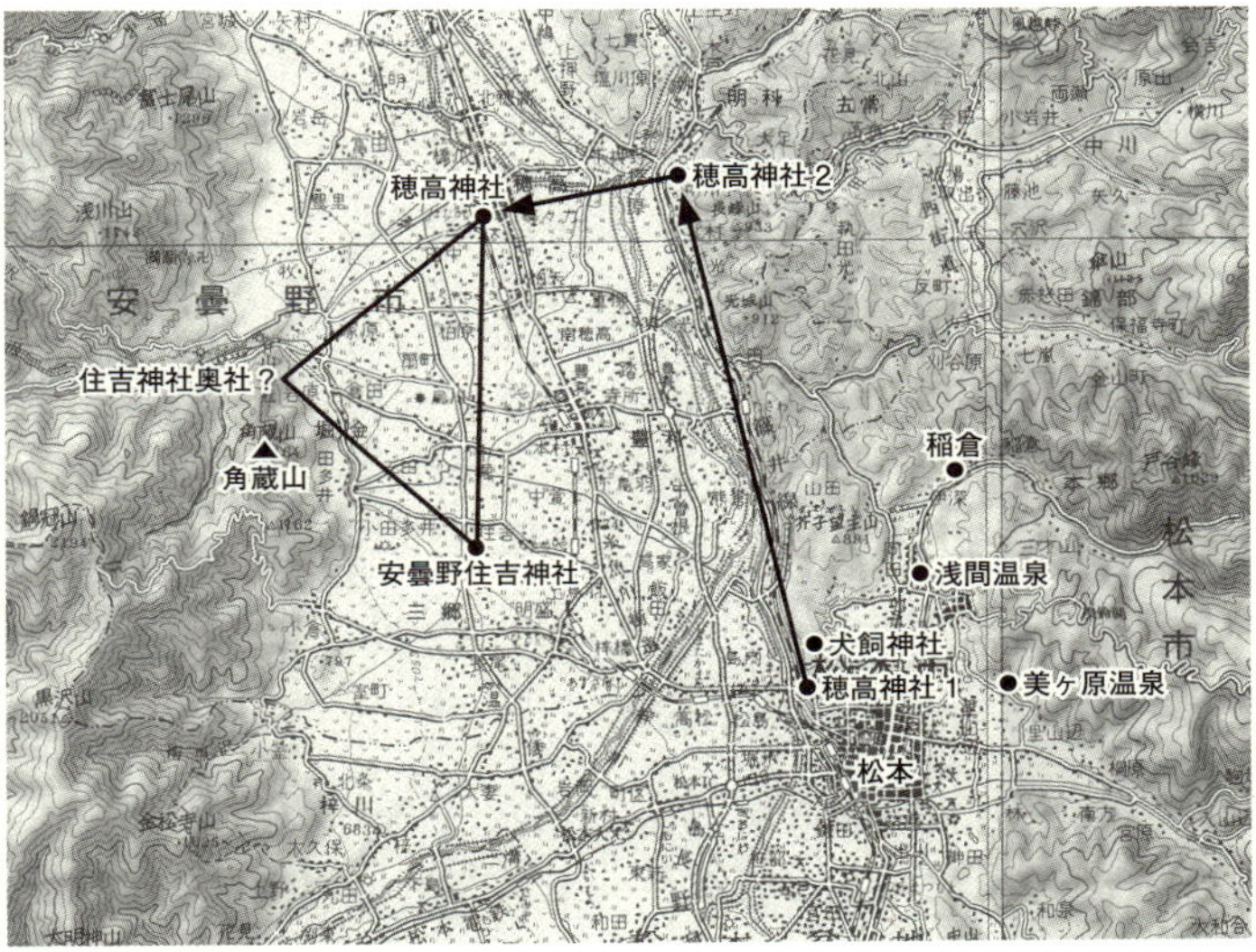

図４－６　安曇野の二等辺三角形

い。また、温泉地に隣接する小高いところへ登って、安曇野の全体が見渡せることを考えれば、三野王の図面に安曇野の地が描かれていた可能性はある。

その安曇野の住吉神社とその奥社、それに穂高神社の位置を落とし、それらを結んだ図４－６を見ていただきたい。奥社については、先に小穴芳実が指摘六で、「住吉神社の社伝によると、かつて住吉神社は烏川谷の出口にそびえる角蔵山の尾根の住吉麓に在った。現在も神事に神官と氏子総代が登頂している」と述べ、この地を、一志（前掲）は、住吉神社の奥社と呼び、岩原山の住吉平（または宮の平）にあると指摘している。これらのことから、住吉神社と奥社が結びついていることは確かだ。

その奥社の位置と、現在の穂高神社と住吉神社がある位置の三点を結ぶと、奥社を頂点に、穂高神社（その間約六キロ）と住吉神社（その間約六キロ）を結ぶ南北の線を底辺（その間八キロ弱）にした二等辺三角形ができる。奥社から安曇野全体を見渡すと、左（北）のワタツミの神の穂高神社と右（南）のツツノオの神の住吉神社が、ともに東へ向かってしっかりと宮殿を守っている形になっている。将棋の駒の配置に見立てると、奥社が王将、穂高神社が角行、住吉神社が飛車に当たる（注15）。この二等辺三角形は、単なる偶然とも思えない。それに、一志（前掲）によると、住吉神社の奥社の位置は、烏川を治める穂高神社の聖域だそうだから、何も住吉神社だけとのつながりの地ではない。

この二等辺三角形の一点に当たる穂高神社については、既に、各所で触れてきたし、その名は知れ渡っているので、多くの読者が承知されているかと思うが、念のため、ごく簡単に説明しておく。現在、安曇野市にあって穂高見神、綿津見神、瓊瓊杵神を祀るワタツミ系の神社。弥生時代の初めから、現在の松本市と安曇野市の地に入り、信濃川水系の水路を使って、技術、情報、人材などを持ち込み開発に尽くした安曇族の活動の中心的な機関でもあった（拙著前掲）。実際、信濃の地形を見るために派遣された三野王は、信濃をどのように見て候補地の図面を

（注15）私は奥社の踏査はやっていない。インターネットなどの情報によると、実際、地形や樹木が遮り、奥社から下の安曇野は見えないそうだ。

作成したのであろうか。海がない信濃の都づくりの構想が、戦闘型の都づくりである場合、まず、神功皇后時代の第一次防衛策から継承しているワタツミの神とツツノオの神が左右から挟んで見守る基本姿勢を採る。だから、信濃の都にも、ワタツミの神とツツノオの神を祀る神社は欠かせない。それに加えて、第二次防衛策の水城や山城のように、現実的な安心安全のために地形を重視した。先の二等辺三角形で見ると、西の飛騨山脈（北アルプス）を背にできる住吉神社の奥社の位置に宮殿を築けば、文字通り完璧だから、背後から攻撃されることはない。眼下に広がる安曇野には、自然の外濠として、東の前面には犀川があり、北の左サイドに穂高川（烏川）、高瀬川が、南の右サイドには梓川、奈良井川がある。これらの河川を使って人や食糧などの物資を運び込むこともできる。

この二等辺三角形が偶然出来たものでないとすれば、これらの三点のどこかを動かしたことになる。角蔵山の山麓に宮殿を置くとすれば、山の高低があるから、東西には動かしにくいが、山麓に沿って南北に位置を移すことは出来る。次に住吉神社の位置を見ると、ここは、先述のとおり地元の人々が水害の難を逃れるために、黒沢川が氾濫したときの水流を鎮める位置にある。これは動かせない。住吉神社は固定された点である。そうすると、残る穂高神社を動かして、宮殿の位置を南北にスライドさせれば二等辺三角形が描ける。では、本当に、その穂高神社は動かしたのだろうか。その穂高神社の位置について、宮地（前掲）が、次の要旨で述べている。

穂高神社の社号になっている穂高岳について二通りの解釈ができる。一つは、本来、乗鞍岳、常念岳、槍ガ岳などと続く連山を総称して穂高と呼んでいたものが、いつしか最高峰の穂高岳だけに絞られてきたとする考え。もう一つは、当初から、単独で最高峰の穂高岳を信仰の対象としたとする考え。

前者に立てば、現在地の周辺は、山を背負うでもなく、水を臨むでもない、社地としては平凡な地であるが、山霊と水霊に合わせもった形勝の地だけに、当初から現在地の近くにあったことになる。また、後者に立てば、穂高岳の容貌は、松本や諏訪方面からは見えるけれど安曇野からは前面に立ち並ぶ山々に妨げられて見えない。先住民が穂高岳の容貌が見える地に祀り場をつくり、そこを安曇族が踏襲したことも考えられる。それに、考古学的研究成果を加えると、平野部の松本市の犬養や八太付近から、安曇野にかけての地辺りに穂高見之命を祀っていたのであろう。それが、時代とともに信仰が深くなり、人々の便宜もあって人里近い現在の浄地に祀るようになったのだろう。その他、穂高神社が、現在地より西の山麓にあったという説を唱える人もいるが、これらには根拠がない。諸説が出てくる根源を考えると、諸国にある古社の多くが旧鎮座地や発祥地をもっていることや、穂高神社が低地にあって平凡だから少しでも西の高い位置に元社があったとしたい努力が手伝っているのだろう。

以上の宮地の考えは、穂高神社が、必ずしも最初から現在地にあったのではなく、遷座して現在に至っている可能性も認めている。そうすると、先の二等辺三角形の三点の中で、大きく動かせたのは穂高神社という考えが成り立つ。言い換えると、住吉神社の位置を現在地に固定して、宮殿の位置（住吉神社の奥社）を少し南北に動かしながら、穂高神社の位置を決めると二等辺三角形ができるわけだ。これで、二等辺三角形が偶然できた可能性は小さく、必然的に造られた可能性が大きいことがわかった。

この二等辺三角形が、この三野王の図面からできたものとして、さらに推理を進める。まず、穂高神社を遷座し、住吉神社は地元の人たちが祀っていた水の神を筒之男三神に改めて住吉神社に改号したことになる。穂高神社の遷座は阿曇氏が決めたであろうが、地元の神を住吉神社に改めるには、この点で実績をもつ津守氏の工作があったことだろう。境内や社殿などの建造物は、先に述べた軍神による「敵国降伏」の考えに通じる威厳を示せるものを造ることになる。この建造には、地元負担もあっただろうが、大和朝廷が威信を掛けて多額の資金を出したことだろう。それが今日、安曇野の南北に雄姿を誇る穂高神社と住吉神社の原型ではないだろうか。

両社の建造工事は、三野王が図面を出した六八四年からとりかかり、財政負担が大きい宮殿建造は、建造現場を角蔵山の山麓と定めたものの天変地異が治まって、大和朝廷の財政に元気が戻ってきてからとりかかる予定で先送りした。現在、住吉神社の信者の間では、奥宮の住吉平の地名を宮の平らの別称でも呼ばれていることから、宮殿との結びつきが考えられる。

安曇野の角蔵山の麓に宮殿を築き、ワタツミの神とツノオの神を配置する推理結果、すなわち、新羅の侵攻に対する防衛策として安曇野に都をつくる天武天皇構想を根拠に、安曇野の住吉神社は七世紀後半に出来たという結論に至った。これは、先に示した建御名方命に視点を置いて検証した結果、安曇野の住吉神社の祭神筒之男三神が祀られたのは七世紀後半以降と推論できた。また、住吉庄地の開発開始が五世紀と推論され、堰（用水路）の造成が七世紀中ごろと推論されたことと矛盾しない。したがって、本書では、これら角度の違った視点からの推論が集まった七世紀後半を安曇野に住吉神社が創建されたものと考える。

なお、この際、穂高神社の遷座についても考えてみる。桐原健は、『信濃』第五四巻第十二号で、穂高神社の遷座にかかわると考えられる事項を二つ指摘をしている。一つは、長野県の旧東筑摩郡明科町は（二〇〇五年町村合併で安曇野市）、犀川右岸にあって、農具川、高瀬川、穂高川、万水川などが合流する結節点に当たる。ここは、七世紀後半から八世紀前半の遺構、遺物が出土し、政治の中心であったことをうかがわせる。もう一つは、水郷地には、班田民のほかに川の民が編成されていたと考えるべきだと仮定して、川の民は安曇氏の部民とする体制をとっていた、と述べている。

また、安曇郡という郡名は、桐原の言う政治の中心地に安曇族が関わっていたから付いたのだろう。穂高神社の役割について、拙著『安曇族と徐福』で、船の交通路は水路だから、犀川と高瀬川の合流地に根拠地を構え、地域全体を治める統治者として、税の徴収、新製品や新技術の導入、情報の収集及び発信、人々に安心安全させる祭礼などの機能を持っていた、と述べた。穂高神社は安曇族の活動拠点機関である。これを桐原の論に照合させると、穂高神社が現在地に遷座をする前は、政治経済の中心地の明科にあったと考えてもおかしくない。その明科から現在地に遷座されて、先の二等辺三角形ができた。さらに、宮地の論に照合させると、明科の前は、穂高連山の常念岳など思わず手を合わせて拝みたくなるような容姿が見える地が有力な候補地に挙げられるので、農耕具が未発達時代の初期水田適地に近くて、しかも、奈良井川、田川、薄川、女鳥羽川が合流する地点に穂高神社はあった可能性がある。具体的には、現在の松本市宮淵から城山公園に掛けての地域付近が有力だろう（写真4－6及び4－7）。このように宮地、桐原の論に従うと、穂高神社は、現松本市街近くから旧明科へ遷り、その後、七世紀の天武朝のとき現在地に遷ったという筋が通った納得のいく遷座歴が推定できるがいかがだろうか（図4－7）。

以上の経過で、私は、天武天皇の信濃の都づくりの地は、安曇野と推定した。ところで、事前にこの信濃の都づくりに関する文献に当たっていない私が知らないだけで、信濃の都づくりの地に関する答えが既に出ているのかもしれない。そこで調べてみると、宮澤和穂が『信濃の古代史』（二〇〇三年、国書刊行会）に書いていた。

写４－６　松本駅から見た常念岳

写４－７　梓川と奈良井川の合流地（松本市島内）

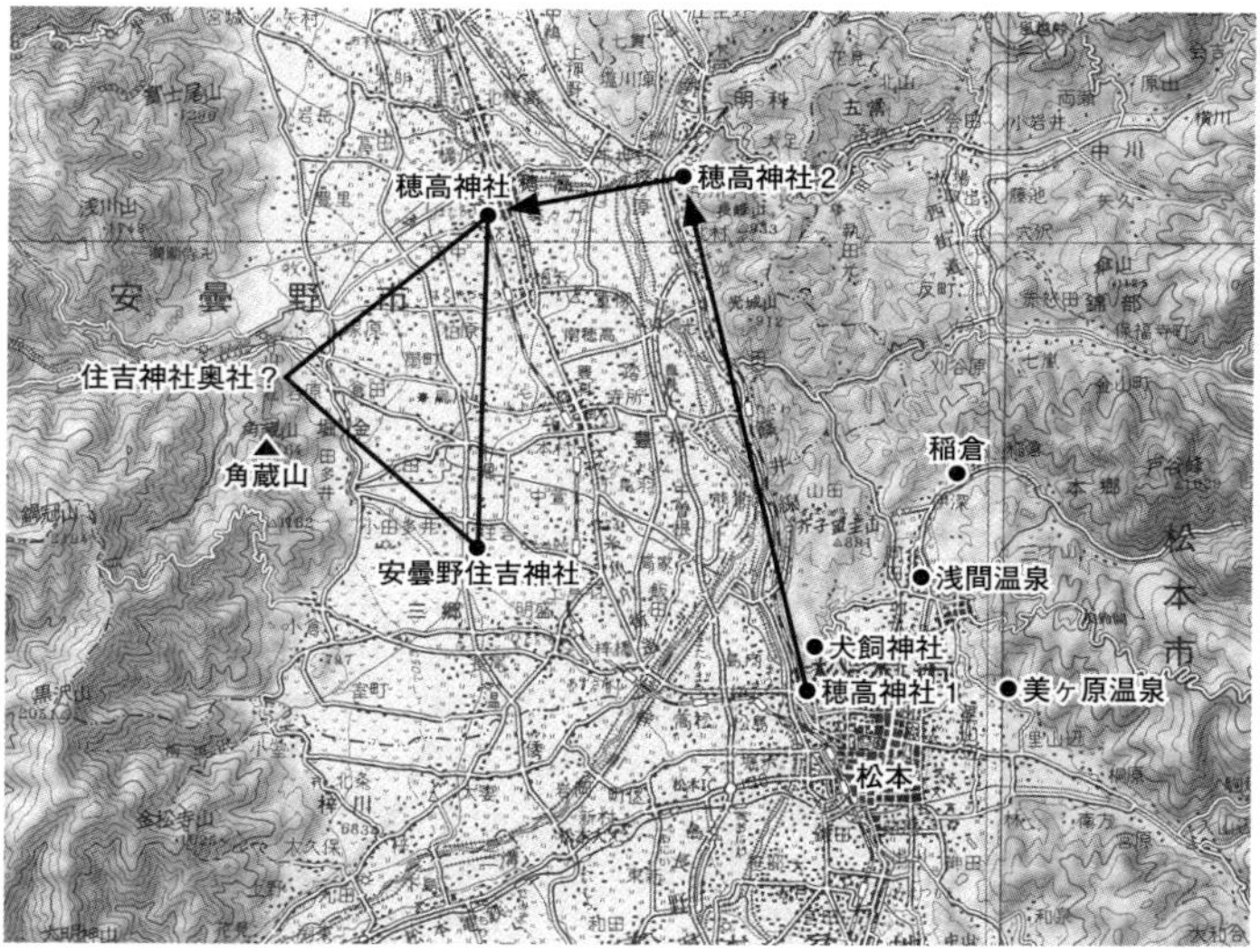

図４-７　穂高神社の遷座歴

宮澤は、信濃の都づくりの場所は松本平と書いているが、それ以上具体的な位置は書いていない。それだけでなく私と宮澤の信濃の都づくりに対する考え方は全然違っていた。その相違点を簡単に書くと、宮澤が、浄御原や難波、あるいは、後の平城京と同じ機能を持った副都、すなわち、私なりの表現だと繁栄型の都づくりとしているのに対し、私は、これらの都と違った戦闘型の都づくりとした。また、宮澤が、五行思考や道教的思想に基づき東方や国土の中央への憧れとしているのに対し、私は、現実対応で、戦いに有利な地形、完璧な防御体制を基にした侵攻させない都づくりとした。

本書は、これらの違いの是非を問うわけ

ではない。冒頭に述べたように、私は、自分なりに住吉神社を追いかけていたら、信濃の都づくりが安曇野の地になったというだけだ。これは歴史の楽しみ方の謎解きと空想の事例でもある。何しろ遊び心で安曇族を追いかけているだけに、今後、安曇野の都をどうするという具体的な考えはない。でも、機会があったら、別の視点から史実を調べることにする。安曇野の住吉神社を追いかけていたら、最後に、穂高神社の遷座までわかってきた。どうやら安曇族の謎の一つが解けたようだ。そんな思いがする。

第五章　余　波

『万葉集』荒雄が遭難した対馬航路

第一章の筒之男の解釈で、田中卓説の検証のため、対馬海流の流れと船の航海を調べている過程で、筒之男に関係なく、これまで明確に示されていなかった古代の航路と寄港地に関する二つの知見が出てきた。その一つは、ここで述べる『万葉集』にある志賀島の海人の荒雄が対馬へ防人の食料を届ける航路（図5－1）が、近道の壱岐を経由しないで、わざわざ遠回りして五島の三井楽から対馬に向かう航路を選択した理由。もう一つは、次の「魏志倭人伝」の項で述べる知見。

『万葉集』巻第十六に、「筑前国志賀白水郎歌十首」の連作がある。この白水郎歌について、久松潜一『万葉秀歌五』の解説を基に簡単に説明すると、神亀年中（七二四～七二九年）に、太宰府から筑前国宗像郡の船頭で百姓宗形部津麿に対馬に駐在する防人への食料を運ぶ命令が下った。だが、津麿は、自分は歳を取っているから代替わりしてくれないかと、この任務を志賀村（福岡市東区志賀島）の船頭の荒雄に頼んだ。荒雄は、同じ船仲間じゃないか、と言って快く引き受けて、五島列島の三井楽から対馬に向かう途中で遭難した。その荒雄たちの遭難を悲しむ妻子らが詠んだか、あるいは妻子に代わってその気持ちを山上憶良が詠んだか、といわれる歌が、

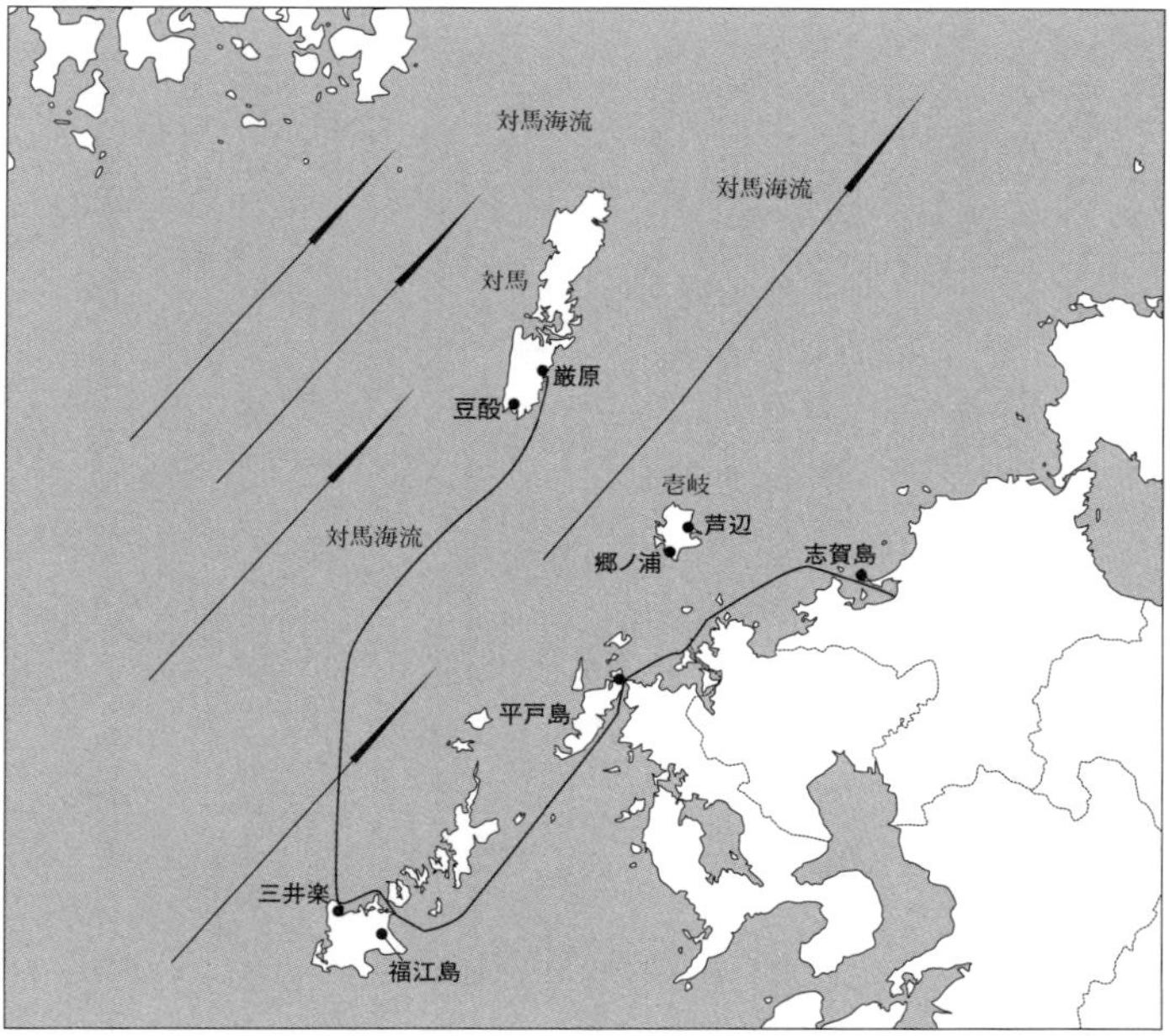

図５－１　博多から五島の三井楽経由で対馬へ食料を輸送する航路（→印は対馬海流を示す）

この白水郎歌十首である。

この『万葉集』にある白水郎歌について、なぜ荒雄は、対馬へ向かうのに壱岐を経由しないで、わざわざ遠回りの五島列島の三井楽から対馬に向かったのか、七七二年には壱岐経由で対馬へ運んでいたのに（注1）、と、私は何人かの人から質問を受けたことがある。

それは荒雄の時代の船とそれから四十余年後の船とでは船の構造が変わり船速も違っただろうし、荒雄が三井楽から出航したのは対馬海流の流れと船速を考慮したからだろう、と答えてきたが、それだけではどうも納得いただけなかったようだ。今回、筒之男に関する田中説の検証で対馬海流と船速の関係を調べた。そのとき得た知見を基に筒之男とは関係ないが、荒雄が、近道の壱岐経由でなくて、遠回りの三井楽経由で対馬へ向かった理由を説明する。

荒雄がどんな船を使ったのか記録はない。船に関する記録としては、白水郎歌に出てくる次の二首があるだけだ。一首は、「沖行くや　赤ら小船につとやらば　けだし人見て　ひらき見

(注1)『続日本紀』、光仁天皇の宝亀（七七二）年十二月十三日に、壱岐から対馬へ食料を輸送するとき遭難した記事がある。

「壱岐嶋の掾《じょう》・従六位上の上村主墨縄らは年間の食糧を対馬嶋に輸送する時、にわかに逆風に遇って船は難破し人々は溺れ死にました。それで搭載していた米穀も波間に漂失してしまいました。謹んで天平宝字四（七六〇）年の格《きやく》（注1の1）を調べますと、漂失した物資は部領使（輸送責任者）の公廨《くがい》稲（注1の2）で補填することになっています。ところが墨縄らは『運漕の時期は常例に違っていません。ただ風波の災いは人の力ではどうにもならないものです。船が壊れ人が没したことは不正のなき明証として十分です』と申し立てております。

太宰府が彼らの申すところを検討しますと、まことに黙止できないものがあります。これから、虚実を詳しく検討し、徴収か免除かを評議して定めたいと思います」。これを許可した。

(注1の1) 律令の不備を改め補うため、臨時に出された官符を集めた書物（『岩波国語辞典』）。

(注1の2) 官稲の一・これを出挙して、利稲を官司の用途と官人の俸給に充てた。

表５－１　実験航海用古代船復元主要目

船　名	海　王	野性号	はやなみ
長さ×幅×深さ（m）	11.9 × 2.05 × 098	16.5 × 2.20 × 不詳	12.0 × 1.92 × 3.0（高さ）
定員（人）	30	30	不詳
推進方法	櫂式 18 本	艪式 8 本、櫂式 14 本	櫂式 8 本
航　路	熊本県宇土～大阪（1006km）	釜山～博多（349.3km）	大阪～釜山（約 700km）
竣　工	2004 年	1975 年	1986 年

むかも」、この歌に久松は、「（荒雄は官船の）赤い小船に乗って行ったので、赤く塗った船を見ると（遭難した荒雄たちのことを）思い出すのであろう」と、鑑賞文に記している。もう一首は、「大船に　小船引きそへ　かづくとも　志賀の荒雄に　かづきあはめやも」で、歌意は「大船に小船をそえて水にくぐって探しても志賀の荒雄に逢えようか。もう逢えないだろう」と久松が書いている。ここに小船が二度出てくるが、前首の赤い小船と、後首の小船では、同じ小船と言っても、その大きさはどうも違うようだ。前の赤い小船は、荒雄たちが乗って行った船だから、小船と言っても対馬海峡を渡る小船で、これは遣唐使船あるいはそれに準ずるような大船に対する小船であり、後の小船は、潜って探すときに大船に添えて使う船だから、現在で言えば、二～三人ぐらい乗れる手漕ぎボートを一回り大きくしたぐらいの船が思い浮かぶ。

　ということで、志賀の白水郎の歌から、荒雄たちが遭難した船は、大船でないが、対馬海峡を渡れる赤く塗った官の船に、食料を積んで出かけたことだけはわかった。そうすると、次に、その船の船速がどのくらい出たのか、という記録にない課題を考えてみる。参考になる資料として、読売新聞西部本社と大王のひつぎ実験航海実行委員会が編集した『大王のひつぎ海をゆく—謎に挑んだ古代船』（二〇〇六年、海鳥社）の中に、古代船の実験に使った船の主要目がある（表5－1）。ただ、これらの実験船と荒雄の船との大きな違いは、その用途だ。実験船は渡海の航海することだけが目的であって、荒雄の船のように荷物を運搬することを目的にしていない。

荒雄の船は小船ということだが、大船や小船という表現は相対的なものだから、小船の実際の大きさはわからないが、仮に先に記したように、大船を遣唐使船に準ずる大きさの長さの船だとすれば、実験船の長さ一二《メートル》～一五《メートル》ほどの船は小船に該当するだろう。幅は、実験船が漕ぎ手と漕ぎ手の間を体がぶつからない二《メートル》ほどしかとっていないのに対し、荒雄の船は運搬船だから、荷を置く空間を取る必要がある。だから、船の幅は、実験船より少なくとも一・五《メートル》～二・〇《メートル》ほど広くとった四《メートル》近かったのではないだろうか。深さは、実験船のようにオールで漕いだのか、櫂を使ったのか、艪を使ったのかはわからないが、実験船が板一枚の船底に足を置いてオールを漕ぐ高ささえあればいいのに対し、運搬船は船底に荷を積む空間をとるから喫水線が実験船より深い一・二～一・五《メートル》ぐらいかと想定する。したがって、荒雄の船は、実験船と長さはほぼ同じとしても、船体の横断面積が実験船の三倍近い、ずんぐりした船型で、三〇《トン》足らずの船が考えられる。大雑把に見て、一〇《トン》積みトラック二台分の荷物が運べる船かと思う。防人に必要な食料や年間輸送回数はわからないが、回数が少なくなればそれだけ大きな船が必要になる。そうなると、漕ぎ手を増やすか帆が大きくなるだろうが、積荷優先の運搬船はどうしてもずんぐり型で船体が水中深く入るから、速度は遅くなる。

船型からしても舵の利きが悪いのに、速度が出ないとより一層舵の利きは悪くなる。壱岐から対馬へ向かうには、対馬海流を左舷に受けるコースを走るので、船の舳先は右に回りやすく思い通りに走りにくい。ゴルフボールでいえば、スライスの弧を画くことになる。だから、あらかじめ左（西）よりにコースを設定するので、その分余計に時間がかかる。地図上では近距離であっても、荷を満載して壱岐から対馬へ向かうには不向きである。

船の幅と長さの関係は、一般的な船型では、幅一に対して長さ五～四だが、実験船は、航海が目的だから、「野性号」の一対八は特別にしても、「海王」も「はやなみ」も一対六でかなりスリムな船型になっている。船は舳先で水を押し分けて波を造りながら進むので、同じ推進力であれば、船体の幅も深さも小さい方が水の抵抗が少ない分速度が速くなる。その点、長さ一二メートル、幅四メートル近いと想定した荒雄たちの船は一対三～四のずんぐり型だから、実験船よりかなり速度は遅くなる。船体の想定はこれまでとして、荒雄の船が、なぜ壱岐経由でなく遠回りの五島列島の三井楽経由の航路を使ったのかという謎解きにかかる。

大雑把に見て、荒雄の船は、スリムな実験船の中で最も速度が出る「海王」の半分の速度、すなわち二ノットより速いことはなかったと考えていいだろう。そこで、荒雄の船が二ノットの速度しか出なかったと仮定して、第一章の田中説のところと同じ方法で計算すると壱岐の郷ノ浦湾口から対馬の豆酘まで一七時間四二分、厳原でも一五時間四二分かかることになる。秋の収穫期の後の輸送だと、早くても十月以降になるだろう。十月一日ごろの日の出から日の入りまでは約一二時間しかない。これでは、とても明るいうちに出て明るいうちに入ることはできない。月明かりなどで何とか岩陰が見える薄明かりに出港したとしても、対馬の手前でとっぷり日が暮れて港の入り口も見えないだろう。港入り口付近に点在する岩礁などの危険物体が見えなければ、船は危なくて入港できない。もし明るいうちに着かない場合は、対馬から遠ざかって日本海へ流されて、山陰地方のどこかにたどり着くことになる。そのリスクを考えると、二ノットの速度が出る船で、壱岐から対馬に渡るのはむずかしいという計算結果になる。船型や帆の改良により三ノットの速度が出れば、豆酘まで一〇時間三四分、厳原まで九時間五八分で到着できる計算だから、壱岐から対馬へ渡海できる。

そこで、当時の安全コースとして、博多湾から対馬に向かう防人への食料運搬では、志賀島から二〇七㌔も離れた三井楽まで対馬海流の影響を受けない岸よりを航行して、三井楽から対馬海流の流れに乗って対馬へ向かう遠回りのコースが採られたのだ。久松は、三井楽まで遠回りした理由として、当時、筑前筑後、肥前肥後、豊前豊後などの国から食料を対馬に送ったので、この荒雄が運んだときは肥前の米を送ったのだろうとしているが、それはないだろう。どこの米であっても、壱岐と対馬間を渡れなければ、対馬海流の上流から対馬へ向かわざるを得ないのだ。

また、対馬海流の上流といっても何も五島列島で一番遠い福江島にある三井楽まで行かなくても、同じ五島列島なら少しでも対馬に近い宇久島や小値賀島あたりから対馬へ向かってもいいだろうに、と考える人もいるだろうが、当時は、今のような海図も地図もないし、島の港の状況やまわりの海流などの情報もないところでは、リスクが大きくて寄港できなかっただろう。一言で言えば、行ったことがない港へは行けないのだ。

それに、五島列島の利用については、遣唐使船がとった航路の選定経過をみてもわかる。遣唐使船が五島列島の宇久島を利用しはじめたのは、荒雄の遭難より三〇年以上後の第十四次（七六一年）からで、第一次（六三〇年）から第六次（六六七年）までは、博多から壱岐・対馬を経由して朝鮮半島の西側を走る北路をとり、第七次（六六九年）から第十次（七三三年）までは、博多を出ると南に下がって沖縄などの南西諸島から唐へ向かっている。だから、宇久島などの港は、寄港に適していなかったのか、知られていなかったのか、ともかく、荒雄が遭難した七二四～七二九年のころまで、遣唐使船も宇久島などを利用していないのだ。荒雄たちにとって、安曇族が中国大陸へ向かうとき、対馬海流を横断する前の寄港地として利用していたはずの三井楽がもっとも安心できるし、港を出ると、すぐ対馬海流に乗れる使いやすい港だったのだろう。

志賀島から三井楽までの二〇七キロは、一日一〇時間走ったとして、おそらく五～六日かかっただろうが、三井楽から厳原までの一七八キロは、一・五ノットの対馬海流に乗ってさえいれば、船を漕がなくても、六四時間、漕いで一ノット速く走れば三九時間、二ノット速く走れば二七時間で着く計算になる。それに、おそらく追い手の南寄りの風を使うだろうから、たとえば、朝の夜明け六時に三井楽を出港して、風を利用したり、漕いだりしながら夜を徹して走れば、次の日の明るいうちに厳原に入ることが出来るはずだ。

以上が、博多湾から対馬へ向かうのに、壱岐経由の近い航路をとらずに、五島列島でも最も遠い福江島の三井楽経由という遠回りした理由であるが、ただ、久松の解説でわからない点が他にもある。それは、「美禰良久（三井楽）より船を発し直ちに対馬を射して海を渡る。そのとき忽ち天暗冥く暴風に雨を交へ竟に順風無し。海の中に沈没しぬ」と言う箇所だ。

三井楽経由は、妻子にそう言い遺していたか、あるいは、太宰府も承知していただろうから、三井楽に寄港したかどうかの確認は、対馬に着く予定を過ぎても着かなければ、後から三井楽で土地の人に聞くなど調べればわかるが、暴風雨の中では、陸から遭難現場が見えるはずがないし、どんな船頭でも暴風雨の中で出港するはずがないから、暴風に遭って船が沈没したと言う遭難現場の状況はわからないはずだ。そうすると、これも、後から三井楽で出港した日を聞いて、当日の天気を振り返っての記述だろう。だから、「順風なし、海中に沈没しぬ」の現場描写は想像でしかないはずだ。

ただ、現代感覚で考えると、荒雄の船の遭難にはかなり大掛かりに捜索したことは考えてもいい。というのは、荒雄の船が目撃者もいない海上で遭難したのであれば、電話はもちろんない時代だから、そのことは、対馬から食料が着かない旨の催促の連絡が入ったか、荒雄らが博多へ戻る予定の日を過ぎても帰ってこないので、調べ始めたのだろう。太宰府の役人としては、船の遭難と、食料と船の持逃げの二つの線で捜査する必要がでたことも考えられる。

調べの中では、太宰府が命令した宗形部津麿に、なぜ志賀島の荒雄と代わったのかと、詮議も厳しく行ったことだろう。津麿が荒雄に頼んだ経緯が、記録として残っていることは、その辺を物語っていると見ることも出来る。また、官船をなぜ赤く塗っていたのかということはわからないが、官船が盗まれたとき探しやすいことは確かであるだけに、盗難や持ち逃げ防止策、裏返すと、当時、持ち逃げも多かったのかもしれない。それに、三井楽からだと荒雄たちがその気になれば、食料も船もあるので、朝鮮半島へでも、中国大陸の山東半島へでも逃亡できるから、役人の中には、その点を疑った捜査員もいただろう。

また、歌の解釈によっては、「荒雄らは　妻子の産業をば思わずろ　年の八年を待てど来まさず」の歌をはじめ、白水郎歌一〇首とも、志賀の妻子は荒雄たちが生きているのを知っていて、その帰りを密かに待っているのでは、と疑った歌とも受け止めることもできそうだ。いずれにしても、持ち逃げ捜査班としては、八年以上も妻子の行動から目が離せなかったことだろう。その裏返しがこの白水郎歌十首だとすると、これは、荒雄たちの遭難を信じたくない妻子が詠んだものでない。山上憶良が詠んだのであれば、妻子が悲しむ気持ちを汲む優しい人情派の山上憶良という姿が、筑前守として、荒雄たちの逃亡を疑った厳しい役人の山上憶良に一変する。だが、『万葉集』の「筑前国志賀白水郎歌十首」では、役目を果たせなかった荒雄たちに対して非難のヒの字もない。それがかえって不気味に思える。

ところで、荒雄の船が暴風雨のなかで順風なく沈没したのであれば、荒雄は天気が読めない船頭になる。そこで、荒雄の名誉のためにも、遭難当時の状況を推測して、荒雄の天候の読みを診断する。

まず、事故当日暴風雨に出会った気象状況を考えてみる。もし季節はずれの台風の影響でもあれば、これは、三井楽の波打ち際に打ち寄せる波やうねりを見ていれば誰でもわかるので出港するはずがない。だから、台風に襲われたのではない。また、東シナ海に発生した低気圧でもあれば、五島諸島周辺は大時化か、その前兆があるはずだからこれも考えられない。その他、もし北風や西風が吹いていれば出港を見合わせるはずだから、北風や西風が吹いていたわけでもない。ここまでは、普通の船頭であれば誰でもやることだ。そうすると、おそらく、三井楽から対馬へ向かって船を出す日の海は、追い手の南寄りの風が吹いていたか、風のない穏やかな気象だったはずだ。

穏やかだった海上が大時化《おおしけ》に急変する気象として、日本海に入った低気圧が急激に発達する爆弾低気圧(注2)がある。この爆弾低気圧が発生するのは、秋の終わりごろから冬期が多く、ときには、秒速二〇米《メートル》以上の台風並みに発達することもある。その爆弾低気圧が日本海で発達すると、九州方面では強烈な南系の突風になる。日本海の爆弾低気圧を三井楽で、五感だけでとらえることはむずかしい。長年の経験から凪が何日続いた後に時化が来るという勘が頼りになる。だが、気象観測技術が発達した現代でも、その予報はむずかしい。ましてや、若い荒雄にとって、気象庁はもちろん、天気図も、天気予報もないから、この爆弾低気圧の発達度合いを知る術がなかったのだ。

荒雄たちの対馬への食料輸送が、その年獲れたお米を運んだのであれば、秋も終わり近くであろうが、宗形部津麿に交代してくれと要望を受けての出港で、その分遅れたとしても、現在の十月末から十一月はじめ頃かと考える。そうすると、まだ日本海に爆弾低気圧が発生するには早い時期だ。だから出港後、もし日本海に爆弾低気圧が発生して発達したのであれば荒雄にとって予測できない天気だったことになる。でも、実際に遭難している。

(注2) 爆弾低気圧の定義。中心気圧が二四時間で、$24 \times \sin(\phi)/\sin(60^\circ)$ hPa 以上下がる低気圧。

船は風と波が同じ方向からの大時化のとき、向かい風で向かい波にもっとも強く、次いで横風横波、もっとも弱いのは追い風追い波である。後ろから向かってくる波風は避けようがない。三井楽から対馬に向かう場合、南風が順風だ。おそらく、順風だった南風が急に強くなり、やがて波は南からの大きな追い波となって襲って来たのだろう。そう考えると、荒雄は対馬へ向かう順風の南風をとらえて出港したのであって、「順風なし」とは考えにくい。

ついでにもう一つ、『万葉集』の白水郎歌に関して、本来、宗形部津麿の仕事であったが、それを荒雄に頼んだ経緯で、ややもすると、老獪な津麿と義侠心の強い荒雄との関係に受け止められるかもしれないが、荒雄が三井楽から対馬へ航海する技術習得の経緯を考えると、それはない。というのは、白村江の戦いに出動した志賀島の海人がほぼ全滅したのであれば、志賀島に五島列島や壱岐・対馬などの玄界灘を航海する技術を身につけていた人はいなくなったことになる。指導者がいない志賀島の荒雄を船頭にまで育ててくれたのは誰だったのかを考えるとわかる。

遭難したとき荒雄は若かったと言うのだから、六〇年以上前の白村江の戦いの時にはまだ生まれていない。遭難時の荒雄の年齢を三十歳とし、父親が二十五歳のときに生まれた子どもだとすると、白村江の戦時、荒雄の父親は十歳前後だったことになり、白村江に参戦していない。社会保障制度などない白村江の戦後、志賀島の海人は、残された女性と荒雄の父親のような子どもたちだけで、何とか生き延びなければならなかった。自分たちだけで玄界灘を自由に走り回れる航海術は身に着かなかっただろう。荒雄の父親も荒雄に外海を走り回る航海術を教える知識を持っていなかっただろう。

荒雄が立派に育って玄界灘を走り回れる船頭になるまでには、志賀島の隣の同じ海人の宗像族の協力があったはずだ。でなければ、一旦途絶えた航海術は、一代や二代で復帰出来るものではない。そう考えると、荒雄が宗像族のお世話になりながら腕を上げていった背景が浮かんでくる。年老いたという宗形津麿が五十歳だったとすれば、仮定の上だが、荒雄と二〇歳ほどの年齢差になる。おそらく、津麿は小さいときから荒雄をわが子のように指導をして、志賀島の安曇族復興の期待の星にまで育ててきたように思えてくる。その期待の星が消えた落胆は、志賀島にとって大きく、また、対馬への食料輸送に、太宰府勤務で何らかの形で関与していた筑前国守の山上憶良も心を痛めたのであろう。その表れが、「筑前国志賀白水郎歌十首」で、津麿と荒雄は師弟関係だっただけに、津麿も人一倍心を痛めたことだろうが、その気持ちを読んだ津麿の歌がないのは残念だ。このように『万葉集』を読むのはいかがだろうか。

追記　福田良輔は『志賀白水郎十首の歌謡性』（九州大学国語国文学会　一九五六年）で、「荒雄が対馬へ向かうのに五島列島の三井楽から船出したことは不自然で、当時の三井楽が大陸航路の出港地である事実から憶測して、都人が誤りを記したもの」としている。これは、それこそ福田の憶測である。でも、なぜ荒雄が近距離の壱岐経由でなく遠回りして五島の三井楽から出港したのかという疑問をもつ人に、私が対馬海流の影響だと説明しても納得いただけないのもこんな憶測が関係しているのかもしれない。それなりの権威者が誤りと言えば、それを信じる人も出てくる。だから、たとえ自分の考えに受け入れられない記述であっても、明確な根拠を示すことなく誤記として扱うことは識者なら慎むべきである。

「魏志倭人伝」訳文への疑問

この項は、拙著『安曇族と徐福』の電子書籍:iPad版に「魏志倭人伝　解釈と訳文の間違いを正す」というタイトルで付録として載せたが、このたび、かなり補筆改訂したのを機に本書に載せる。

歴史に関わる研究者の中には、朝鮮半島→対馬→壱岐→北部九州の間は、飛び石伝いのように渡ると表現をする人もいるように、簡単に渡れるという感覚をもっている人が結構いる。朝鮮半島と対馬との間の海峡には対馬海流が流れているので、風力と人力の推進力に頼った未熟な船での渡海は困難だという認識が一般的に薄いのだろう。

こんなことを思いながら朝鮮半島から北部九州へ渡海した「魏志倭人伝」の日本語訳文を読むと、対馬に至るまでの渡海航路は、帯方郡を出発した船が、朝鮮半島西側海域の沿岸を寄港しながら南下して、対馬海峡に入る辺りから東へ方向を変えて、現在の釜山近くの狗邪韓国（金海）に入港し、そこから対馬へ渡ると書いてある。文章だけでは実感が伴わないが、上垣外憲一『倭人と韓人』でその航路の図をみたとき、何で朝鮮半島の西岸の沖を通るのでなく、危険が多い岸沿いをとおるのだろうかと疑問に思った。

これを契機に、あらためて原文も含め「魏志倭人伝」を読んでみた。現代語訳文は、石原道博（一九五一年岩波文庫）と「読売ぶっくれっと一〇（武光誠）」の中にある水野祐の訳文（注3）、それに、小南一郎（ちくま学芸文庫）の訳文、もう一つ藤間生大（岩波新書一九七〇年）『埋もれた金印二版』も参考にした。

石原と水野の訳文は対照的で、石原が理解できない言葉は訳さないでそのまま読み下しているのに対し、水野は、自分なりに咀嚼《そしゃく》して訳している。たとえば、「従郡至倭循海岸水行歴韓國乍南乍東」を石原は「郡（帯方郡）から倭にゆくには、海岸にしたがって水行し、韓国（馬韓）をへて、あるいは南へあるいは東へ」と訳し、水野は「郡（帯方郡治所）から倭に至るには朝鮮半

（注3）水野の読み下し文を武光が現代語文に訳し、それを水野が監修した訳文。本書では水野の訳文として扱う。

島沿いの沿岸航法で韓国を経てしばらく南に行き、しばらく東に行き」と訳している。石原の訳では、海岸にしたがったと言っても、海を行ったのか、陸を行ったのか、わからない。それが、水野の訳では、沿岸航法という表現で海を行ったことを明言している。なお、この箇所は、小南も「海岸にそって船で進み」、藤間も「海岸に沿って船で行き」と海を通ったと訳している。

水野、小南、藤間の訳文の方が親切だが、帯方郡から狗邪韓国に至る航路には前述のように危険が大きいと思えるだけに疑問が生じる。だが、これらの訳文の中で、どうして朝鮮半島の西岸を通ったのかなど細かく解説しているのは水野の『評釈魏志倭人伝』だけで、（以下、水野の評釈と略す）その他の書にはそれがない。そこで以下、水野の評釈を基に「魏志倭人伝」の現代語訳文の船を使った箇所に焦点を絞って検証する。

まず、魏から倭へ派遣される使者の魏使が、朝鮮半島にある帯方郡から洛東江口の狗邪韓国（現在の釜山に近い金海）に至る経路について、水野の評釈では細かく次のとおり記述している。

「漢江を下って（ソウル（注4）付近の帯方）郡治所を去り、塩河に入り仁川湾を南下し、南陽湾を横断し、泰安半島を迂回し安眠島に沿い、錦江河口郡（群）山に達し、茁浦を経て、木浦に至り、右水営と珍島の間の狭い水道を抜け、海南半島の先端をまわり、莞島に沿って東に航

（注4）帯方郡の治所がどこにあったのかはわかっていない。次の四説ある。一、黄海北道の沙里院、二、黄海南道安岳郡、三、京畿道のソウル、四、京畿道広州。水野はソウル説を採っている。

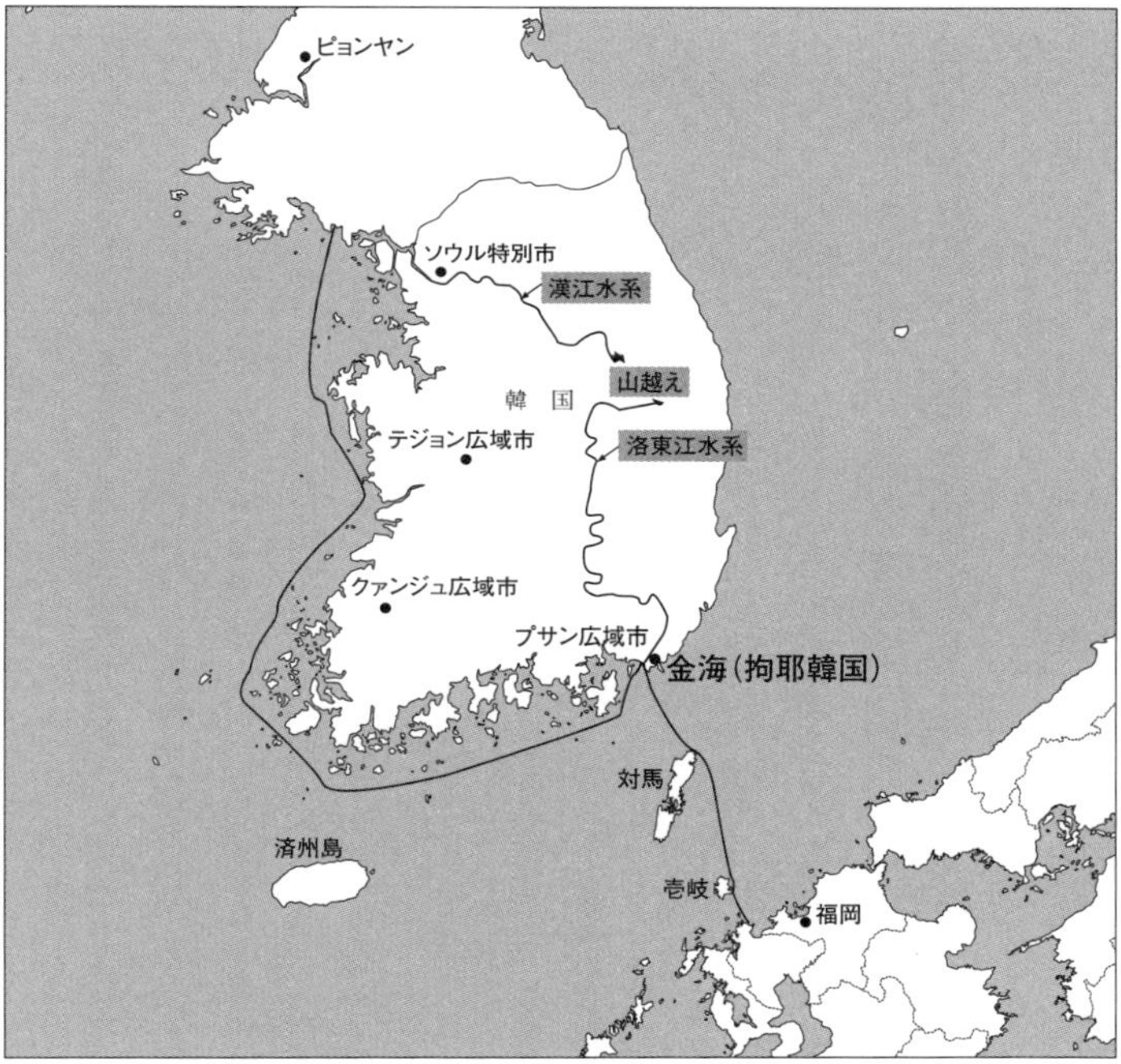

図５－２　これまでの諸説による「魏志倭人伝」の航海コース

し、宝城湾高興半島沖を通過し、順天湾を横断し、麗水に達し、さらに南海島の北をまわり露梁津・三千浦を通り、蛇梁島間を通り、固城半島沖を統営に達し、巨済島の西を抜けて鎮海湾を通り、洛東江口の狗邪韓国の地に到達するものである」。

これを図で示すと略図５－２に示したより陸寄りになる。この航路は、上垣外の図なども準じており、これが一般的に解釈されている「魏志倭人伝」の魏の使者が通った航路のようだ。でも、「魏志倭人伝」には、こんな細かな航路まで記録されていない。原文は、「従郡至倭循海岸水行歴韓國乍南乍東到其北岸狗邪韓国七千餘里」のわずか二八文字だけである。水野などは何を根拠にこのような航路をとったとするのだろうか。

この航路を海図などでみると、朝鮮半島西側の沿岸海域には無数の島や礁があるし、潮の干満の差が一〇メートルほどにもなる（仁川七・三～一〇メートル、群山五・三メートル、木浦三・一メートル）。大きな潮汐流の影響を受けるが、水野の評釈には、「帆と舵を操って自由に比較的楽な航海」と書いてある。私は実際に現場を船で走行していないが、鳴門の渦潮や関門海峡の潮流などを思い起こし、また、風の向きと流れの向きが逆方向になることも考えると、船は楽に走れなかったのではないかと思う。その上、島や礁が多いので、目視できない夜間は怖くてとても走れそうにない。そうすると、毎日夜間は、どこかの河川に入って寄港するか、川がない島では島影に停泊しなければならない。夜明けを待って出港することになるが、引き潮だとそれに乗れるだろうが、逆に上げ潮だと航路に出るのに難儀する。また、船頭は、その日の干満時刻はもちろん、潮流の方向や干潮時に座礁しないように澪《みお》筋も知っておかねばならない。地形の山や岬それに島などは比較的覚えやすいが、行く先々でその地の人でなければわからない澪筋や潮流を覚えることはむずかしい。定期船ではないだろうから、船頭がどのくらいの経験をもっていたかも気になるところだ。

とにかく航海日数がかさむと、低気圧による時化《しけ》に遭遇する回数が多くなる。それだけ危険率が高くなる。ただでさえ陸上動物の人にとって、海は陸に比べると命にかかわる危険が多い。まず、この危険性がある朝鮮半島西海域の岸沿いを通る航路の選定に疑問を感じた。これを疑問一とする。その他にも、訳文を読むと疑問が出てきた。

まず、原文の漢字の意味を調べてみた。「循海岸水行」の文字を講談社の『大字典』で引く。循は、したがう(行きしたがうこと)、めぐる、とある。循を使った熟語を引く。循河は河に沿って行くこと、循海は海に沿いて行くこと、循陸は陸地に沿って行くこと、とある。次に海岸を引くと、海ぎしとあり、海岸線は海と陸の堺、熟語の海岸砲は海岸要塞に備ふ、とあり、この場合の海岸は陸上になる。また、岸はみぎわ、なぎさ、がけ、水ぎわの義とある。さらに、水行を引くと、水のながれること、水上を渡ること、とあった。

漢字を『大字典』で調べた限りでは、曖昧ながらも「循海岸水行」を、海岸に沿って船で海を渡ると訳しても、海岸に沿って陸を行き、ある地点から水を渡ると訳すこともできそうだ。そうすると、必ずしも水野らが船で海岸に沿って行ったとする訳だけではないのかもしれない。そこで船で海を走ったことを疑問二とする。それに、倭に向かう魏使の使命や「魏志倭人伝」の目的については、後ほど詳述するが、この二八文字だけで表した帯方郡から狗邪韓国に至る経路は、そこを通った魏使の使命や目的に照らし、また、帰路では触れてないところから判断すると、「魏志倭人伝」としては、それほど重要事項でないか、あるいは、当時の関係者ならだれでもわかる定型の一般的なコースを表しているのかもしれない。さらに訳文を読むと疑問はつづく。それらを箇条書きにすると、次のとおりになる。

疑問三、海を走って来たのであれば、なぜ韓国（馬韓）を経てと言うのだろうか。

疑問四、対馬を目指しているのであれば、なぜ直接対馬に行かないで、わざわざ狗邪韓国（金海）に寄港して、対馬海流に逆らって対馬に向かう航路を採ったのだろうか。

疑問五、帯方郡からみると南岸に当たる狗邪韓国なのに、なぜ北岸に達したと書いているのだろうか。

疑問六、狗邪韓国まで来るのに、何日も海を走ってきたのであれば、なぜ対馬へ向かうときに始めて海を渡ると書いてあるのだろうか。

疑問七、海を渡るときは、度一海あるいは度海と書いてあるのに、なぜ「投馬国水行二十日」「邪馬台国女王所都水行十日」と水行という言葉を使って、渡海の言葉を使っていないのだろうか。

ここで、参考のために、狗邪韓国から末慮国までの航海に関するところだけの訳文を次に抜粋しておく。

「……郡から倭に至るには朝鮮半島沿いの沿岸航法で韓国を経てしばらく南に行き、しばらく東に行き、倭の北岸の狗邪韓国に着く。七千里である。初めて渡洋航海をして千余里。対馬国に至る。……また南に海を渡ること千余里。瀚海という。一大国（壱岐）に至る。……また海を渡ること千余里。末盧国（唐津市周辺）に至る。……」（水野の訳文）

こうやって疑問を並べてみると、その根源は石原があえて訳していない水行の解釈にあるようだ。水野の評釈では、水行を沿岸航行としている。この沿岸航行は、水野の評釈で、地文航海法、地乗り航法、地文航法と称しているが、みな同じことで、要するに、山や岬などの地形を頼りに自分の船の位置を知り、行き先の方向を決めて船を走らせる航海方法はいずれも地文航法なのだ。これに対して、陸地が見えない大海原を航海するとき、太陽や星を使って船の位置を出したり方向を決めたりする天文航法がある。水野の評釈では、行き先の陸地が見えない航海を渡洋航海、渡海航法、あるいは天文航法と称しているが、後述するように、「魏志倭人伝」ではいずれも陸地を頼りに船の位置を確認しているのだから地文航法の範疇に入る。

つまり、「魏志倭人伝」で水野が天文航法だから「渡海」という言葉を使ってあると指摘する次の三箇所、狗邪韓国から対馬に向かうとき、対馬から壱岐へ向かうとき、壱岐から末盧へ向かうときのいずれも地文航法なのだ。だが、この三箇所では「水行」という言葉を使っていない。これを水野の評釈では、「金海（狗邪韓国）から対馬への航路は『水行』ではなく『渡海』であり……」と書いて、水野は、地文航法を使っての航海を「水行」、天文航法を使っての航海を「渡海」と「魏志倭人伝」では区別している、と指摘している。だが、先に水野が別扱いした天文航法も地文航法だから、この指摘は当たらない。

実際、狗邪韓国から末盧までの航路では、常にどこかの陸地は見えている。ただ、狗邪韓国から対馬は、距離と視程の関係から見えないときが多いだろう。だが、狗邪韓国を出て、対馬へ向かえば、船の後方に狗邪韓国が見えている間に対馬が見えて来る。対馬から壱岐も同じことだ。壱岐から末盧は最初から見えている。だから、狗邪韓国から末盧までは太陽を見て走る天文航法ではなく地文航法で走れる。そうすると、水野のように「水行」と「渡海」を地文航法と天文航法で区分することは適切でない。「渡海」は、陸地が見えるか見えないかに関係なく文字通り海を渡ることだ。だったら、「水行」は海の航行ととらえない方がよいのかもしれない。

そこで、この「水行」という言葉について調べてみた。まず、古代中国における「水行」の使われ方だ。『三国志』六五巻（『魏書』三〇巻、『蜀書』一五巻、『呉書』二〇巻）の中で「水行」が出ているのは、『三国志魏書』第三〇巻「烏丸鮮卑東夷伝」の中の倭伝、すなわち、この「魏志倭人伝」の帯方郡から狗邪韓国に至る間の「循海岸水行」と、「投馬国水行二十日」、「邪馬台国女王之所都水行十日」の三箇所だけで、その他には全然出てこない。ついでに「陸行」も調べたが、これも「魏志倭人伝」の二箇所だけで、他の巻には全然出ていない。

また、『史記』（司馬遷ＢＣ九一年頃）の一三〇巻の中では、「夏本紀第二」の中に二箇所「陸行乗車、水行乗船、泥行乗橇、山行乗䡟」と、「河渠書第七」の中に一箇所「陸行載車、水行載舟、泥行蹈毳、山行即橋」と「水行」と「陸行」が並行して使われている。その他、中国の歴史書に当たってみると、『史書』の「越絶書」の中に、孔子と越王の句踐との対話があって、越王が「越人は山だって水行する。船を車とし、櫂を馬とし、疾風のごとく行く」（夫越性脆而愚水行而山處以船為車以楫為馬往若飄風）と言った南船北馬を説明しているような話が出ている。

ということで「水行」はごくまれにしか使われない言葉らしい。使われてもよさそうにと思える『史記』の張騫が滇国へ現地調査に出かけた記録の「大宛列伝」にも、唐蒙が夜郎国に出かけた記録の「西南夷列伝」にも、「水行」「陸行」という言葉は出てこない。また、春秋時代（BC七二二~四八一年）の『春秋左氏伝』に、船を使っての戦に長けていた呉が、BC五一〇年ごろ、孫武と伍子胥《ごししよ》の作戦で楚の首都の郢まで、船を使って一〇〇〇キロほど攻め上ったり、BC四八五年に、呉の水軍は山東半島にあった斉の国を海岸沿いに進んで攻めたりしたことが出ているが、「水行」という言葉は使われていない。

もう一つ、中国では、三国時代の魏に代って西晋が興り二八〇年に中国を統一したが、三一六年には、その西晋が滅びて江南に移り東晋となる。西晋の後の華北では統制が乱れるが、四三九年に北魏が統一する。そのときから五八九年に隋が南北を統一するまでの間を南北朝時代と呼ぶ。この南北朝時代の北朝について書かれた中国正史の『北史』の中に、「陸行」は一箇所出ているが、「水行」は出てこない。その「陸行」の使い方は、「乗船泝難河西上、至太〇河、沉船於水、南出陸行、渡洛孤水」（船に乗って泝難河を西上、太◯河に至り、水中に船を沈めて、南に出て陸行、洛孤水を渡り……）である（注5）。ここで考えさせられるのは、「船に乗って泝難河を西上」及び「洛孤水を渡り」という表現のところで、「水行」という言葉を使ってもよさそうに思えるが使っていない点である。

こうやってみると、「魏志倭人伝」に使われている「水行」「陸行」という言葉が、いかに数少ない特殊な言葉であるかがわかる。「水行」の解釈によって、邪馬台国の位置が大きく違ってくるから、邪馬台国がどこにあったのかという難問を解く鍵になる言葉でもある。そこで、こんな稀な言葉を使ってある「魏志倭人伝」の背景を探ってみる。

（注5）堀貞雄の古代史・探訪館 http://members3.jcom.home.ne.jp/horisadao/

冊封対象地調査

「魏志倭人伝」は、日本列島を見聞した記録であるが、その内容は、間接見聞と直接見聞で構成されている。間接見聞は、過去の年代を問わず入手した日本列島に関する情報を盛り込み、直接見聞は、書き出しの次にある「従郡至倭循海岸水行……」から「……其餘旁國遠絶不可得詳」まで全文の約五分の一で、この部分は、実際に現地を踏んで調査したときの調査報告の形で、いわば紀行文になっている。この現地調査は、一定の限られた期間内に行なわれているので、その年代を絞り込むことができる。

その絞込みの前に、まず、「魏志倭人伝」にある現地調査の目的は何であったのかを考えてみる。中国正史は、武光誠(前掲)も述べているように、異民族の地理志の編纂にも力を入れている。このことは、「魏志倭人伝」が出ている『三国志魏書』「烏丸鮮卑東夷伝第三十」を読むと理解できる。そこには、現代の内蒙古・中国吉林省・北朝鮮・韓国・日本にあった国の位置・歴史・気候風土・風俗・産物・人口(戸数)・言語・住居・気質・食生活・服装・武器などの記載がある。それらを大きく分けると、武力調査と経済力調査に二分される。武力は、当時の中国が、周辺諸国の外夷からの侵略に備え、また、その逆に外夷への勢力拡大や利用する機会を測り知るためであり、経済力は、より広く周辺諸国の産物を入手するための交易に必要な情報を得ることを目的にしていたものと読み取れる。

「魏志倭人伝」は、主に日本列島の経済力について調べた結果が書いてある。では、「魏志倭人伝」で調べた情報を何に使ったのだろうか。邪馬台国の卑弥呼が「親魏倭王」の金印を授かったという結果から判断すると、冊封《さくほう》国の選定があげられる。冊封関係が結ばれると、その証として印綬を授ける。つまり、冊封は金印授受とほぼ同義になる。冊封は、中国が外夷に対してとった外交政策なのだ。大谷光男は、『日本古代史研究と金印』で、前漢時代に金印を授かった国は、遠方の国が朝貢した場合、漢帝国に帰属した場合、軍事面で功労があった場合、大軍

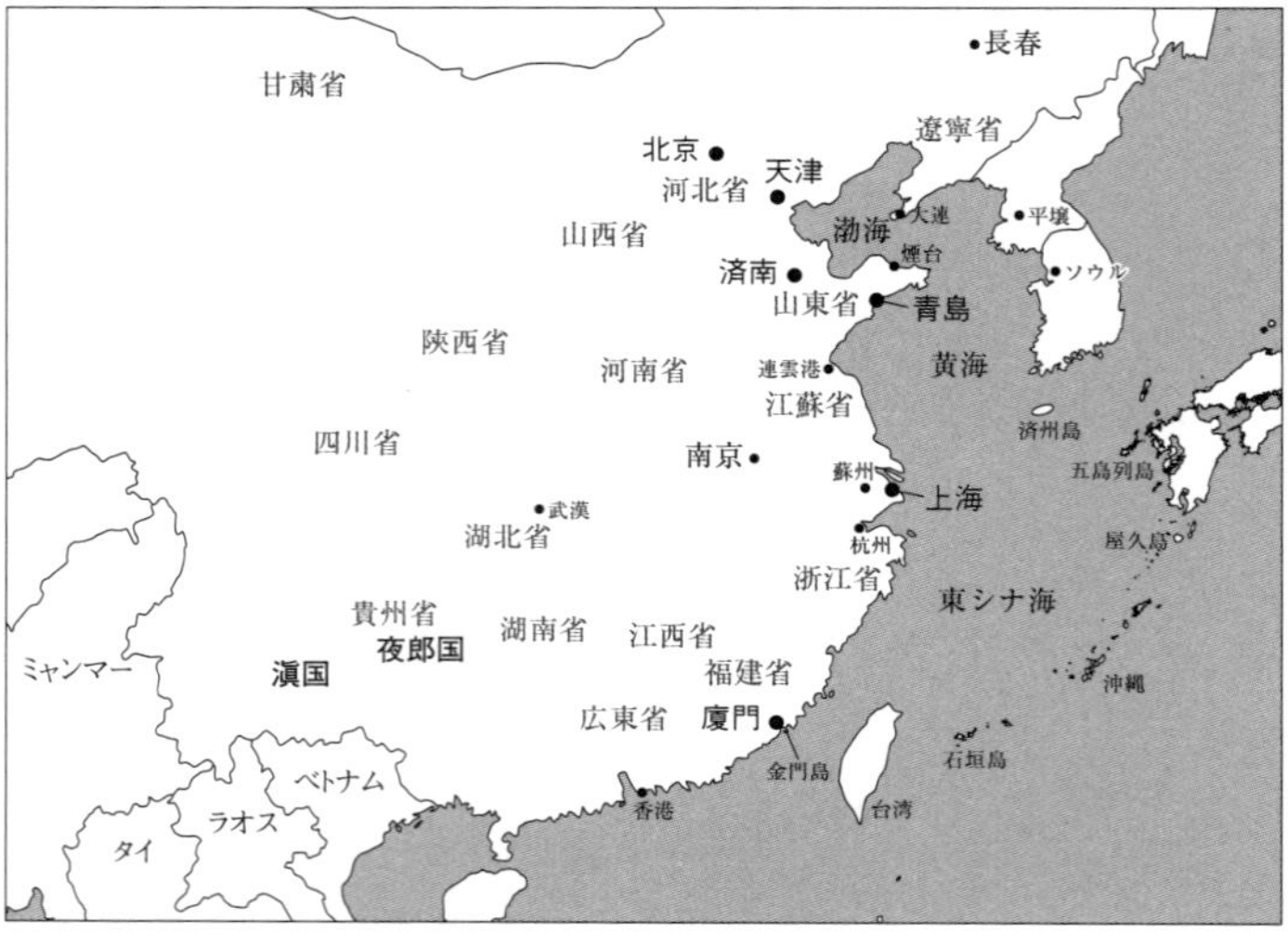

図５－３　前漢から冊封を受けた滇国と夜郎国

を率いて降伏した場合の四つの条件に該当するとしている。でも、これだけではなさそうだ。それは『史記』を読むと理解できる。

前漢の武帝は、BC一〇九年に、図5－3に示す滇国《てんこく》（現在の中国雲南省）と夜郎国《やろうこく》（現在の中国貴州省）に金印を授けて冊封したが、冊封する前に下調べをしている。先にも触れたが、滇国には、BC一二二年に張騫を派遣して事前調査を行い（『史記』「大宛列伝」）、夜郎国には、BC一三五年に唐蒙を派遣して事前に調査した（『史記』「西南夷列伝」）。その調査結果から、対身毒《しんどく》（インド）の産物を持ち込む滇国と、対南越（ベトナム）の産物を扱っている夜郎国を冊封対象国に絞り、両国に金印を授けたのだ。反面、同地方の他の国々はことごとく亡ぼしている。すなわち、漢は、滇国も夜郎国も武力で亡ぼすことができるにもかかわらず、そうしないで、事前調査を基に、インド産物の仕入は滇国に、ベトナム産物の仕入は夜郎国に担当させるのが得策と判断したのだ。これからわかるように冊封は、ある地方に諸国あっても一国だけでよいと限定した一国主義をとっている。

それにしても、なぜ漢は直接インドやベトナムと取引しなかったのだろうかという疑問が出てくる。この疑問を解くヒントは、ウイリアム・H・マクニール（William H.McNeill）が『疫病と世界史（Plagues and Peoples）』（佐々木昭夫訳　中公文庫）で述べているところにある。

寒冷低湿の黄河流域を中心とする漢民族が、高温多湿の華南へ進出するには、その地の風土病とも言えるマラリア、テング熱、住血吸虫などの寄生虫による病気に対する抵抗力（免疫）がなく、これらの疫病が妨げになった。華南よりさらに高温多湿のインドでは、天然痘をはじめとするより多くの疫病が妨げていた。

マクニールの述べている主旨は以上だが、世界の中心を意識する誇り高い漢民族は、世界の産物を入手したい。だから、疫病を回避して高温多湿のインドやベトナムの産物を入手する方法として、代理店的な役割の国を使って入手した。これが大谷の書にない冊封制の一つである。なぜ漢はインドやベトナムと直接取引をしないのだろうか、と疑問に思う向きもあろう。直接取引だと、たとえば強烈なインフルエンザや天然痘などの疫病を漢に持ち込むことになるが、その点、間接取引だとフィルターを通すことになるので、被害を事前に防ぐことができる、など利点がある。

日本列島の場合、卑弥呼より一八〇年ほど前の五七年に、奴国が後漢の光武帝から金印を授かって冊封関係を結んでいるが、奴国の場合は事前調査をしていない。これはどういうことかと言うと、塩や鉄を専売制とした前漢の武帝時代（BC一一九年）は重農抑商政策を執った。これに対し、後漢の光武帝（AD三七年）は、挙兵の当初から商業資本と結び、政権の基礎に、官僚・地主勢力のほか、商業資本の勢力を加えた（常石茂『新十八史略三』）。つまり、前漢時代には、倭の奴国との交易は表から消え、いわゆる密交易商人との取引になっていたが、後漢時代に入り、その密交易商人の財力が重用され、彼らが表に出て活動できるようになると、奴国の情報は、既に後漢の商人を通じて光武帝側に届いていたから事前調査の必要がなかったのだ。

一方、三国時代になると魏と呉の間には、朝鮮半島や日本列島との外交でも争いがあった。呉が遼東郡と国交を開くと、魏は遼東郡を攻撃した。遼東郡は、二三三年に、呉の使者を斬って魏への忠誠を示している（井上秀雄『古代朝鮮』）。「魏志倭人伝」にはこのような背景がある。

倭に関してみると、三国時代に呉を敵国としていた魏は、春秋時代の呉人の子孫の安曇族が興した奴国との冊封関係を避けた（この安曇族については後ほど説明する）。避けた理由は、奴国が三国時代の呉を支援していたという考えをもっている人もいるが、その真否は別としても、『魏略』（陳寿と同世代の魚豢編纂）を基に書いた「魏志倭人伝」にもかかわらず、『魏略』に書いてある「奴国の使者が、後漢の光武帝に、春秋時代の呉の建国者である太伯の後裔」と述べた部分を「魏志倭人伝」に載せていないことからもわかる。この太伯の後裔ということは、『晋書』（五七八～六四八年房玄齢編纂）にも、『梁書』（六三七年没姚思廉編纂）にも書いてある。「魏志倭人伝」は、故意に太伯の後裔を載せなかったのだ。何故かといえば、魏が、春秋時代の呉と同じ江南地方に根拠地を置く三国時代の呉と奴国とのつながりをこころよく思っていなかったから記したくなかった、と受け止めていいだろう。

でも、魏としては、倭のどこかの国と冊封を結び、呉を側面から揺さぶりたかった。冊封の対象国としては、倭の中で経済力が大きく、広範囲からいろんな産物を入手できる見込みのある国を選定とする。具体的な選定基準は、経済力の大きさを示す人口、すなわち戸数である。だから魏は戸数の掌握を現地調査の重要項目に入れている。これらの戸数の大よそは、事前に伊都国に常駐していた一大率などからの聞き込みでつかみ、「魏志倭人伝」にある万戸以上の国、すなわち、奴国、投馬国、邪馬台国の経済力が大きいということはわかっていたのだろう。

先の理由で、魏としては、奴国を、冊封の対象から外し、残る投馬国と邪馬台国のどちらかに絞るための現地踏査を行ったと考えても大きな間違いはない。そのことは、「魏志倭人伝」に、邪馬台国まで調べた調査団が、卑弥呼の勢力圏全部を調査しないで、二一カ国は遠いから調査しないで切り上げたと書いていることからもわかる。

以上のことに加えて、冊封は国の選定を事前調査で得た現地情報を基に判断する。実際、卑弥呼が「親魏倭王」の金印紫綬を授かったことを考え合わせると、「魏志倭人伝」の魏使の使命と目的は、魏が倭のどこか一国と冊封関係を結ぶための事前調査だったことになる。この魏使の使命と目的を念頭に置いて「魏志倭人伝」に出てくる「水行」を読み解くべきである。

魏使が派遣された年代は、まず、帯方郡が存在していた二〇五年頃～三一四年に絞られる。次に、魏の時代の二二〇～二六四年に絞り込まれる。さらに、卑弥呼の使者は、二三八年に帯方郡経由で洛陽に行って金印を仮に授かり、二四〇年に、魏は使者を倭国へ派遣して、正式に詔書と金印紫綬を授けているから、冊封はそれ以前に調査した日本列島の情報を基に判断したはずだ。だから、現地調査は二二一～二三七年（三世紀前半）の一七年の間に実施したことになる。

有明海北部地域と鉱工業生産

ここで「水行」の背景にある当時の日本列島について触れる。これまで述べてきたことも含めて、三世紀前半の日本列島の経済状況をみると、水田稲作は、日本列島の日本海側のほぼ全域に広まっていたと考えて間違いない。その根拠として、青森県田舎館村の垂柳・高樋遺跡から、少なく見積もっても一世紀以前に、温帯ジャポニカの遺伝子をもつお米を生産した水田跡が発掘されていることがあげられる。水稲の温帯ジャポニカは、長江流域周辺が原産地とされ、弥生時代に日本列島に入ってきて、それ以前にあった陸稲の熱帯ジャポニカとの交配で寒冷地にも強い品種が生まれた（佐藤洋一郎『DNAが語る稲作文明』）。これで北の方でも水田稲作が可能になっている。本来、温帯ジャポニカにしろ、熱帯ジャポニカにしろ、稲作は南の暖かい地域の方が環境として適している。だから、北の青森県で水田稲作が栽培されていたことは、それ以南では、既に水田稲作が広まっていたものと考えていいだろう。

一方、鉄器の使用も、一世紀頃から輸入が盛んになり、二世紀になると、スクラップを素材にした日本列島独自の方形鍬や鋤などの鉄製品が生産されているから（松井和幸『日本古代の鉄文化』）、三世紀前半には、これらの工耕具を使って、灌漑設備を整えた平地での水田稲作も行なわれていたはずである。だから、邪馬台国が魏から冊封を受けた三世紀前半は、日本列島で米づくりが盛んになっていた年代といえる。

ここで考えておかなければならないのは、水田稲作技術にしろ、鉄器の輸入にしろ、鉄製品の生産技術にしろ、どういう人が関与していたのか、どんな方法で輸送されていたのか、また、いつから鉄生産の技術が育ってきたのか、といった具体的なことである。ここに先に触れた安曇族がからんでくる。その安曇族について要約すると次のようになる。

中国春秋時代の呉は、長江河口南域（浙江省周辺域）に勢力圏をもち、海人を主体に船を使った航海や戦闘を得意としていた。ＢＣ四八二年に、呉は中国大陸の覇者となったが、ＢＣ四七三年に、越に亡ぼされて、北部九州へ渡って来た。彼らの中で志賀島（現在の福岡市東区）を根拠地に活動した安曇族と呼ばれる集団が、後に奴国を築き、また、弥生時代の基礎も築いた。

安曇族は、越に対する復讐心をエネルギー源として、情報収集と軍資金確保を目的に、海人が得意とする漁撈・操船・航海術を駆使して、志賀島と中国大陸の航路を開発し、塩と干しアワビなどを主商品に交易を始めた。主な行先は、斉の国の琅邪（山東半島の青島の西）で、商業立国だった斉の商人から交易のノウハウを学んだ。同時に、その取扱量をより多くするために、日本列島内でも交易を始めた。その交易を単純化すると、人にとって生理的必需品の塩は海岸で採れ、一方、当時の漁具素材として欠かせなかった鹿角は内陸で獲れるから、海と山との間の取引に関与すれば日本列島内での交易はできたのだ。安曇族は得意の船を操って、各地の河川を伝って内陸部に入り、営業域を広げ、それだけ情報も増えていった。

ＢＣ三三四年に、仇敵の越が楚に滅ぼされ、安曇族は所期の目的を失うが、交易で身に着けた知識を基に海や川の水路を使った商人として発展し、中国の国乱を逃れて日本列島への移住を望む人たちの支援をした。具体的には、移住希望の水田稲作農耕民には、当時の貧弱な木製農耕具でも開拓できる湧水が豊かな内陸部の山麓が、海からも水路でつながり、土地も柔らかく初期水田に適していたので、そこへの入植を世話した。それらの地の中には、現在もアヅミの地名が残るところもある。長野県の安曇野周辺もその一つだ。また、BC三世紀末には、徐福が率いる金属器・養蚕・機織・造船・陶工などの技術者集団を招き、日本列島に一連の先進技術を導入した。

金属器製造のように複雑な工程を経る技術は、個々の技術がばらばらに入ってきても、その前後の技術がなければ育たない。一連の技術を入れるには、それらの工程に携わっているそれぞれの技術者を連れてくることが早道である。このことは、第二次世界大戦中、ドイツでVⅡロケットの開発に携わっていた技術者を戦後、アメリカが一二六人、ソ連が二五〇人ほど自国に連れて行って、宇宙ロケット開発を進めたことをみても理解できるかと思う。

一連の技術をもち込んだ徐福が率いる技術者集団の定着地は、現在の佐賀平野と筑後平野を含む有明海北部地域である。「魏志倭人伝」の時代には、その徐福の技術者集団の子孫が活躍していた。その根拠として、次の四点を要約して記しておく。

一、『史記』に、徐福の落ち着き先は平原広沢地とあり、『三国志呉書』には、呉から遠く離れた亶洲《たんしゅう》で、その亶洲は、大風で遭難して漂着する地、数万戸の人が住んでいる地、会稽まで交易にやって来る地と書いてある。これらの条件に該当しないところを消去すると、北部九州の博多湾から有明海にかけての地に絞られる。（拙著『安曇族と徐福』参照）

二、福永光司は、「徐福と神僊と吉野ヶ里遺跡」と題して、徐福と吉野ヶ里の墳丘墓とを結びつけるものとして、墳丘墓の南側にある祭祀遺跡と西南の方角から入る墓道がある（『馬の文化と船の文化』）と述べている。

三、徐福の時代に、外洋に出て向かい風でも波を切って目的地へ進める船底が尖った船体横断面がV字型の船を造るには、潮の干満差（潮位差）を利用したドライドックを使った。橋本進は『人と海』八二号に「徐福の東渡を推理する」という題で、日本で最も潮位差が大きい有明海が造船技術を導入する場に適していることを根拠に徐福が率いる技術者集団が定住した地だと指摘している。

四、技術者集団が有明海北部地域に定住した当初は、食糧などの支援が必要だが、博多湾へ流れ込む御笠川水系と有明海に流れ込む筑後川水系を結ぶ水路で（現在の筑紫野市）博多湾と有明海はつながっている。だから、有明海北部地域は、博多湾を根拠にする安曇族の支援を受けられる地理的条件にあった。

さらに加えると、鉄の素材や製品の輸入は、その代価を払わなければできないし、中国大陸や朝鮮半島の間を船で航海しなければならない。また、陸路が未発達の日本列島では海や川を船で水路を使って航海しなければならない。だから、航海に長けた海人が活躍した時代であった。その海人集団の筆頭が、博多湾の入り口の志賀島を根拠地にした安曇族だった。

次に、経済力を支える産物として、「魏志倭人伝」の中に、真珠、青玉、丹、絹製品などと各種植物が上げられている。これらが具体的に何を指すのかわかりにくいが、真珠は、五千孔を貢物にしたとあることから考えると、アワビなどの貝から採れる天然真珠では、それだけ集められたとは信じられないから水晶の可能性もあるし、青玉は翡翠のことかもしれないが、丹は第三章で水銀のことだと説明したように水銀で間違いない。そうすると、当時の倭国の産物に鉱業がかかわっていたことは確かである。冊封する国はこれらの産物を集荷できる国が対象になる。

丹すなわち水銀には二種類あって、一つは天然の辰砂を磨り潰して、その比重差を利用して採りだした硫化水銀（HgS）で、古代から赤色塗料の朱として使われていた。吉野ヶ里の出土品にも使用されていた。もう一つの水銀（Hg）は、辰砂と石灰をまぜて加熱し出てきた水銀蒸気を冷却してつくる。この製錬技術は、方士が不老不死の仙薬をつくりだすために身に着けていた煉丹術であるから、方士は丹（水銀）の鉱脈探索から始めた。だから、倭国の産物の丹の採掘は、徐福集団のような方士の渡来で伝わったものと考えられる。当然、方士の徐福も修得していた。徐福ら技術集団が移住して、その後、代々造船、水銀、青銅器、絹織物、陶器など、当時の鉱工業製品の生産の中心地になっていた有明海北部地域を、三世紀前半の魏が現地調査で、その対象からはずすはずがない。

なお、現在、丹の産地には、丹生《にう》や丹生川などの地名がついているし、また、丹の産地には、

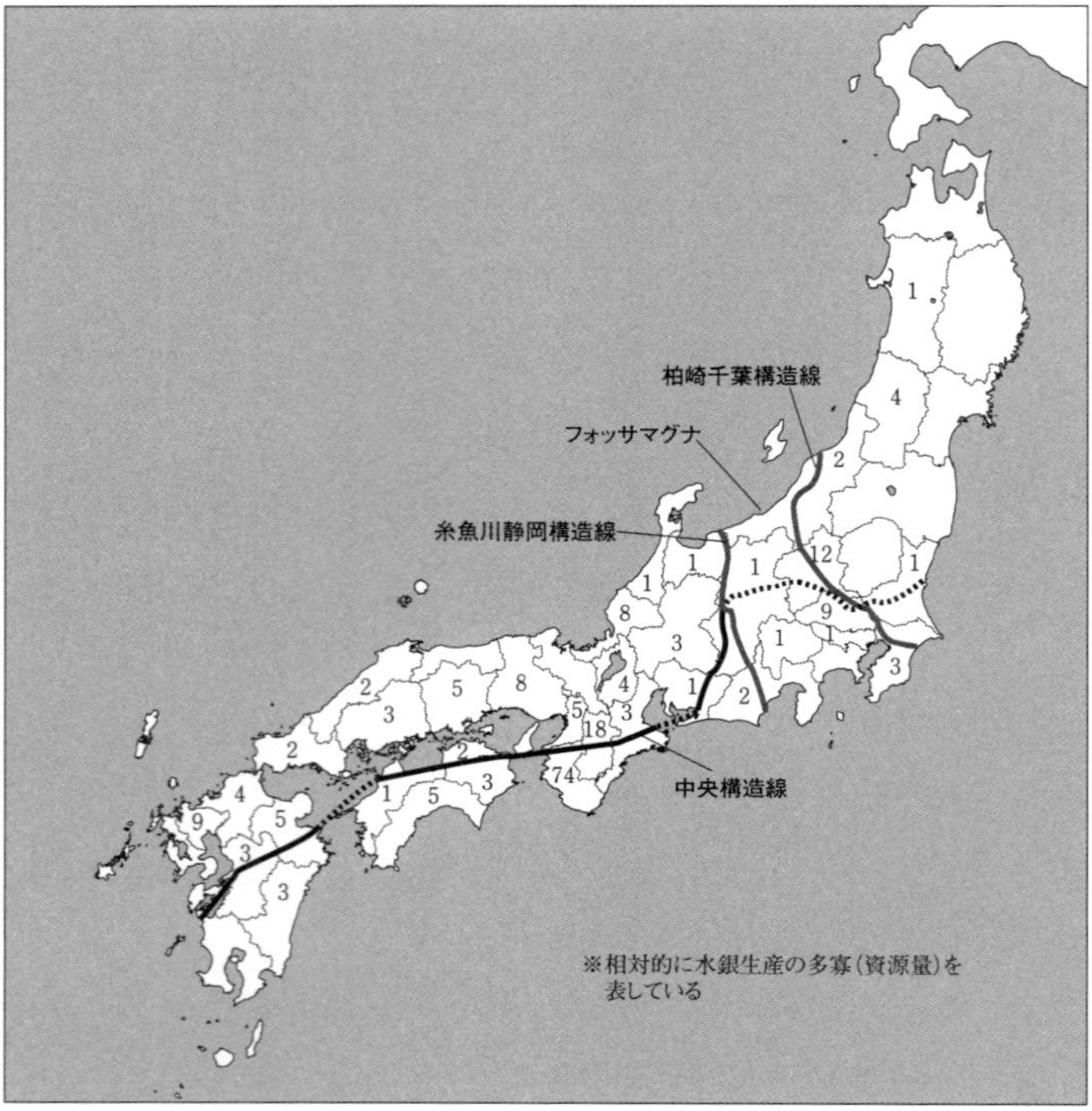

図５－４　都府県別丹生都姫神社数と中央構造線

古くから丹生神社（水銀神社）がある。現在の都府県別水銀神社数を図５－４に示した。おおよそ、図５－４の中央構造線に沿って水銀鉱脈は走っている。中央構造線から外れた所で「魏志倭人伝」に関係する地域として、佐賀県と長崎県の県境にある多良岳、佐賀県嬉野町、長崎県松浦市も水銀産地である。

　こうやって、「魏志倭人伝」時代の日本列島をみると、食糧の米づくりが盛んになり、水銀をはじめとする鉱物生産も盛んになり、養蚕による絹製品の生産も盛んになり、砂鉄輸入による鉄製品の生産も始まり、経済成長の途上にある時代であった。倭に対する魏の接近の背景には、倭の経済や呉との駆け引きがあったことを頭におかないで、「魏志倭人伝」にある方向や里程に目を奪われて、「投馬国水行二十日」、「邪馬台国女王之所都水行十日」を読むと「水行」を読み誤まることになろう。

「水行」は内陸部の移動手段

話は「水行」に戻る。『三国志』六五巻の中に「水行」に似た表現の言葉として「陸行」「船行」「海行」は出てくるが、「川行」「河行」の言葉は探したけれども出てこない。「水行」は、先述のとおり、「魏志倭人伝」の三箇所だけに出てくる。「陸行」も「魏志倭人伝」の二箇所だけ。「船行」は「魏志倭人伝」(注6)の一箇所と、同じ『魏書』の「王田丘諸葛鄧鍾伝第二十八」(注7)、『呉書』の「慮陸張駱陸吾朱伝第十二」(注8)に出てくる。「海行」は、いずれも『呉書』で、「呉主伝第二」(注9)、「張厳程闞薛伝第八」(注10)、「王楼賀韋華伝第二十」(注11)に出ている。

(注6) 又有裸國黒歯國復在其東南船行一年可至(船で一年の航海をして)以下、訳文は小南による。
(注7) 彼以船行吾以陸軍労逸不同三也。(敵は船によって行動し)
(注8) 翻嘗乘船行與麋芳相逢(慮翻があるとき船に乗って出かける途中で)

『三国志』六五巻の中で、海や川や船に直接かかわらない「陸行」は別にして、「水行」は『魏書』の「魏使倭人伝」だけ、「海行」は『呉書』だけに偏っている。これはどういうことだろうか。陳寿は『三国志』を執筆するにあたって、「魏志倭人伝」の大半が魚豢の『魏略』により(石原)、また、呉の朝廷が韋昭に編纂させた『呉書』を使った(小南)。このように、『三国志』は別々の人が書いた書を合体させている。したがって、元の執筆者が個々に使った言葉を統一させることなくそのまま載せたと考えていいだろう。

「渡海」、「渡一海」、「度一海」を一括して「渡海」として扱えば、「渡海」、「船行」、「水行」の言葉の使い分けは、『呉書』やその他の『魏書』にかかわりなく、「魏志倭人伝」の元の『魏略』を書いた魚豢か、倭国に派遣された魏使の報告書によると受け止められる。いずれにしても個人の見解で使われたのだろう。また、「船行」の言葉が使われている「魏志倭人伝」の「船行一

(注9) 會稽東縣人海行亦有遭風流移至亶洲者(会稽郡東部の諸県に住む者が、大風に遭って漂流し、亶洲に着く場合もあるという)
(注10) 加又洪流滉瀁有成山之難海行無常風波難免倏忽之間人船異勢(加えて「遼東との間には」はてしなく続く深さも知れぬ水が存在して、成山東半島の突端にある成山の難所もあり、海路は変化常なく、風波の難を避けることができず)
(注11) 地習海行狃於往年(海上往来に慣れた土地がらでもあり)

年可至」は、『漢書』の地理志に「合浦船行可五月」をはじめ「船行可四月、同八月、同二十余日」などと使われている例にならって、長期にわたる航海として「魏志倭人伝」でも使われたとすると、検証課題としては「渡海」と「水行」の使い分けに絞られる。

まず、倭国に実際行っていない魚豢や陳寿が、帯方郡から狗邪韓国までの航海を「水行」として、その先の狗邪韓国から末盧までの航海を「渡海」と細かく使い分けたとは考えられない。もし使い分けたとしたら、それは、実際に渡航した魏使以外にいないことになる。でも魏使は、航海や操船の専門家でもないだけに、報告書で細かく使い分けたとは考えにくいし、その使命や目的に照らして使い分ける必要もなかったはずだ。それでも、現実には「魏志倭人伝」で使い分けられている。これは、「渡海」と「水行」が、海域と陸域のように、全然違うコースであり、移動方法が違うからだ。こう考えると無理がない。

このことを別の視点から検証する。当時の移動方法として、河川沿いに歩いたり、小舟や川船を使ったりの移動もあった。現に南船北馬で知られる春秋時代の呉越は船を使って移動している。先に示したとおり、越王が「山があるところにも水行する」と言っているし、『史記』には「陸行乗車、水行乗船、泥行乗橇、山行乗暐」とある。この場合、陸、水、泥、山は、いずれも陸域を対象にしていて、海域を対象にした言葉ではない。そうすると、ここにある「水行」は陸域での移動方法の一つになる。このことを「魏志倭人伝」の「水行」を照らしてみると、海域に限って使われた言葉ではなく、陸上での移動を指した言葉の方が適切になる。

こうやって「魏志倭人伝」の帯方郡から末慮までの移動をみる。朝鮮半島西海域の危険性、「水行」という言葉の使い方、また、その使われる場所から判断すると、どうやら「水行」は海を航行するときにはなじまない言葉のようだ。そうすると、河川に沿って行き来するとき、ときおり川を渡ったりさかのぼったりするとき、また、筏流しのように下ったりするときなどに使われる言葉で、日本列島を流れている小川も含めた河川を船で航行するときに、船引きも含めて使われる言葉のようだ。こう解釈して、あらためて「魏志倭人伝」を読むと納得できることが多い。

疑問二の「循海岸水行」にある海岸は、海から見ても海岸だし、陸から見ても海岸だ。だから、「循海岸水行」は、水野の訳文のように、船で海上を海岸線にしたがって航行したのではなくて、海岸にしたがって陸上を行き、現在のソウル付近を流れる漢江水系をさか上って、錦江水系を経由するか、あるいは、そのまま山を越えて、洛東江水系を下がって、現在の金海付近の狗邪韓国に達するルートも考えられる（図5－2）。このルートだと、疑問三の韓国（馬韓）を経由したことも、南に下がったり、東へ行ったりした道中も納得できる。また、狗邪韓国に寄った疑問四も、狗邪韓国から遥か南に対馬が見えたので北岸に達したという表現の疑問五の言葉も、疑問六の対馬へ向かって海を渡るのが初めてという表現も、疑問七の「水行」の表現も納得できる。それに、危険が多く、時間もかかる朝鮮半島西岸海域沿いを南下して狗邪韓国に至る航路はとっていないということになるので、疑問一も含めて七つの疑問の全てが解消する。

なお、岡田英弘は「魏志倭人伝」の帯方郡から狗邪韓国に至る経路について、著書『倭国』で、「帯方郡は、漢江の上流の含資県に至る細長い地帯に七県を置き、南方の辰韓・弁韓・倭人に通ずる街道を確保している」と述べているにもかかわらず、図5－2の危険が大きい朝鮮半島の西及び南の海の経路を採ったことを支持している。その理由として、岡田は、二四五年の馬韓の反乱による道中の安全性の欠如をあげているが、「魏志倭人伝」の紀行文のところは、先に年代を絞ったとおり卑弥呼が金印を授かる二三七年以前の調査報告だから反乱前の馬韓だったはずだ。それに、たとえば鉄製品や原料のような重い物は船に乗せて海路を利用して運び、魏使のような人たちが移動する場合には河川利用の方が効率がよい。

次に、水野は不弥国から投馬国まで船で二〇日かかると訳し、投馬国から邪馬台国まで、石原は「水行十日、陸行一月」、水野は「船なら十日、陸路なら一か月かかる」、小南は「水路十日、陸路一月かかる」、藤間は「船で行くこと十日、さらに歩いて一か月かかる」と訳している。しかし「水行二十日」と「水行十日」の「水行」が海を船で行くときには使わないのであれば、魏使は九州から外に出ない行動ということになる。このことについては、次のように考える。

邪馬台国まで調査して、残りの二一か国は、「女王国の北の国々は遠く離れているので詳細はわからない」と書いているが、魏の現地調査の目的は冊封する国の選定であるから、本来、残り二一か国にも足を運ぶべきで、遠いから行きませんでしたでは許されないはずだ。だが実際、その報告で問題なかったことは、先にも触れたとおり、当初から邪馬台国で切り上げてよいという調査だったのだ。徐福技術者集団のところで述べたように、当時もっとも進んでいた鉱工業地の有明海北部地域を調査対象からはずすはずがない。当然調査したはずだ。ということは、末盧国・伊都国・奴国の地が比定されているのであれば、残りの不弥国・投馬国・邪馬台国の中に有明海北部地域が入っていたと考えて間違いない。そうすると、奴国から有明海北部地域まで行くには、実際水路を使えば一日で行ける距離（拙著『安曇族と徐福』参照）だから、奴国を調査した後に一〇日も二〇日もかけて行くとは考えにくい。それよりも、各地に分散している集落を回って投馬国が五万戸、邪馬台国が七万戸と確認する経済調査の作業に日数がとられたはずだ。この戸数のカウントは魏が倭のどの国に冊封するかの判断で最も重要視していた点だ。だから、この「水行二十日」「水行十日陸行一月」は魏使が現地調査に要した日数と考えた方が納得できる。それに、「水行二十日」「水行十日陸行一月」の期間を遠くの地への移動に使ったのであれば、経由した寄港地など魏使が見た他地域の描写があってもおかしくないが、それがないことも納得できる。

表５－２　「魏志倭人伝」の移動に関わる記述様式

（移動描写）	〔記述構成）
「魏志倭人伝」	
①始度一海・千余里・至・対馬国	位置＋距離＋述語＋目的地
②南渡一海・千余里・（名日瀚海）・至・一大国	方向＋（位置）＋距離＋述語＋目的地
③渡一海・千余里・至・末盧国	位置＋距離＋述語＋目的地
④東南・陸行五百里・到・伊都国	方向＋手段＋距離＋述語＋目的地
⑤東南・至・奴国・百里	方向＋述語＋目的地＋距離
⑥東行・至・不弥国・百里	方向＋述語＋目的地＋距離
⑦南・至・投馬国・水行・二十日	方向＋述語＋目的地＋手段＋時間
⑧南・至・邪馬台国・（女王之所都）・水行・十日・陸行・一月	方向＋述語＋目的地＋手段＋時間
『魏書』「勿吉国伝」	
⑨山・北行・十三日・至・祁黎山	（位置）＋方向＋時間＋述語＋目的地
⑩北行・七日・至・如洛瑰水	方向＋時間＋述語＋目的地
⑪北行・十五日・至・太魯水	方向＋時間＋述語＋目的地
⑫東北行・十八日・到・其国	方向＋時間＋述語＋目的地

このことを別の角度から見てみる。「魏志倭人伝」の狗邪韓国から邪馬台国までに、調査団が移動する箇所だけを拾い出し（注12）、調査に行った国別に移動に関わる記述を分解して並べると表５－２のようになる。また、中国正史に出てくる紀行文が『北史』の「勿吉国伝《もつきつこく》」（注13）にあったので対照させる

（注12）「魏志倭人伝」の移動記述の抽出。「始度一海千余里至対馬国、又南渡一海千余里名日瀚海至一大国、又渡一海千余里至末盧国、東南陸行五百里到伊都国、東南至奴国百里、東行至不弥国百里、南至投馬国水行二十日、南至邪馬台国女王之所都水行十日陸行一月」

（注13）『魏書』の「勿吉国伝」の移動記述。「山北行十三日至祁黎山、又北行七日至如洛瑰水、水廣里懿餘、又北行十五日至太魯水、又東北行十八日到其國」

ために付した。

お断りしておくが、ここに記した位置という表現は、海だとか山といった道中の居場所であるが適切な言葉が見つからなかったので位置としただけで深い意味はない。また、海だとか女王卑弥呼の居所などに関するメモもあるが、これらは、これから述べることに関与していないから重視しない。したがって表の記述構成ではメモの項は省いた。「陸行」や「水行」は移動手段だから手段とした。もう一つ、距離や時間と表現したが、これは、現在でも駅から三分だとか一〇〇メートル、あるいはタクシーで何分などの表現で、おおよその見当がつくのと同じで、どちらの表現もその意味に違いはない。距離と時間は同意になり得る。

この表を見ると、まず、①と③では方向が示されていないことに気づく。これは、海を挟んで肉眼で行く先が見届けられるからと受け止めると理解できる。対馬から壱岐へ向かうときの②に、南という方向が入っているが、実際、対馬を出て壱岐に向かう場合、壱岐の山々が低いこともあって、壱岐の島を知っている人に「あれが壱岐だ」と指差して教わって、「そうかあ」と思う程度の視界なのだ、だから、天気によっては、それもおぼつかないので、方向を入れたのだと理解する。もう一つ気づくことは、①②③に付いている「度一海」と言う海を渡るという言葉だ。④以降は出てこない。その理由は、④以降の国へ行くのに海を渡っていないからだ。そう考えると魏使の調査団は九州を出ていないことになる。

また、当然と言えば当然だが、何処々々の目的地に着いた、という述語＋目的地の表現は全てセットになっている。次に『魏書』の表現で「勿吉国伝」は「方向＋時間（距離）＋述語＋目的地」と表現が揃っている。これは、魏使が報告書を書く場合の一つの基本形式かと思われる。その点、「魏志倭人伝」では、①から④まで、すなわち、伊都国まではこの形式で来ているが、⑤から⑧までの奴国・不弥国・投馬国・邪馬台国になると、「水行」や「陸行」などの手段を除いて「勿吉国伝」の「時間＋述語＋目的地」と比較してみると、時間（距離）が「述語＋目的地」の後ろに出てくる違いがある。これは何だろうか。

たとえば、投馬国の場合であれば、「南水行二十日至投馬国」とすれば、『魏書』「勿吉国伝」の形式と同じになるのにそれをしていないのは、不弥国から投馬国までの移動時間が「水行二十日」ではないからだ。それでも「水行二十日」と書いているのは、調査団として、この日数を強調しておきたい事項だからだ。すなわち、自分たちが現地に踏み込んで、これだけの時間をかけて調べた結果であることを明記しておく必要があったからだ。⑤から⑧までの四ヵ国は、冊封に関連する調査対象の国だから調査に要した時間、すなわち、どれだけ精査した結果であるかが第三者に理解されることが大切なのだ。それでは、不弥国から投馬国までなどの移動に要した距離や時間が出て来ないじゃないかと思われるだろうが、それはそのとおりで二つの国が隣接していて距離がないに等しいということと、前述のとおり、移動時間より調査に要した時間が、報告書として重要だからだ。

これまで、魏の視点から邪馬台国をどのくらい理詰めで研究されたのだろうか。前漢の武帝は滇国や夜郎国に冊封し金印を授けたが、両国がその周りの国の中でもっとも勢力をもっていたわけではない。交易で前漢に益をもたらせることができて使える国だからという視点からの冊封だ。同じ視点を魏がもっていれば、たとえ大和朝廷が日本列島内で絶対的な勢力をもっていたとしても、また、大和朝廷がもつ鏡を下賜された諸国が見つかっても、魏からみればそんな勢力は問題でない。それよりも、呉が倭のどこかの国と冊封で結びつくことの方を警戒し、魏としては、いち早く倭のどこかの国と冊封関係をとりたかったことは考えられないだろうか。邪馬台国に授けた金印が「親魏倭王」で倭王の証としたことに、そんな要素はなかったのだろうか。魏からみれば、冊封国が交易に使えるいわば代理店のような倭の一国であればいいのだ。何も倭の覇者でなくても構わないのだ。

このように考えてくると、邪馬台国がどこにあったのか、近畿説、九州説と論争が続けられているが、そもそも魏は、大和朝廷を対象にしてなかったのだという結論になる。

野性号の実験航海

角川春樹が、「魏志倭人伝」に出てくる帯方郡から末盧まで魏使の航程を再現してみようと企画し、その道の専門家の想定に基づいて建造した「野性号」（全長一六・五メートル、幅二・二メートル）を使って実験航海したことを私は知っていた。しかし、その角川自身が、『海と日本人』（東海大学出版会一九七七年）にこの実験航海は四七日かかったが、韓国沿岸は時間の関係で半分近く母船に曳航されたと書いている。だから私は、これまでこの実験航海を記録した角川の著書にある資料を使わなかった。だが、インターネットで古田武彦の「邪馬台国論争は終わった＝その地点から」を読んで、角川の『わが心のヤマタイ国—古代船野性号の鎮魂歌—』（立風書房　一九七六年）を読んでみたくなった。

古田は、野性号が釜山から対馬に渡るのに失敗して母船に曳航されたという新聞報道を基に、「魏志倭人伝」が帯方郡から倭の末盧に至る経路を朝鮮半島西海域に設定した野性号の実験コースのとり方を間違いだと指摘し、洛東江を伝って狗邪韓国に至る自説を主張している。私と同じ洛東江を使う説は、インターネットの論文だけではその根拠がわからないが、それはそれとして、古田が野性号のデータでなく新聞報道だけで結論を出していることを心もとなく思い、角川のデータを確かめたくなったのだ。つまり、私は自分なりの見解を出した後で、遅ればせながら、四〇年近い昔の実験記録に興味をもったということだ。

そこで角川の『わが心のヤマタイ国』を読んだ。この書は、何も実験記録を克明に載せた科学論文ではない。だから、実験航海資料といっても、角川が航海中にメモした事項とそれに関連する見聞を織り込んだもので、資料としては玉石混交だ。だから、石を除きながら玉《ぎょく》を拾い出す作業をやってみたら、古田が読んだ新聞報道に関する狗邪韓国（金海）から対馬に渡る箇所から、次の三つの玉が出てきた。

一つ目の玉は、金海から朝七時に始まる引き潮を利用して対馬に向かいたかったけれど、通関手続きが金海ではできず、隣の釜山港で行われ、出港が十時四十三分になったそうだ。その点、通関手続きが不要な古代の魏使の船だと、潮が引き始める前の四時か五時ごろ出港したであろう。そうすると、実験航海では、出港の時点で六時間近くも貴重な時間のロスがあったことになる。

二つ目の玉は、仁川から釜山までは韓国の考えで、野性号は片舷四人左右合わせて八人が櫓を使って漕いだそうだが、釜山から末慮までは日本の考えで、片舷七人左右合わせて一四人がオール（櫂）を使って漕ぐという野性号の推進方法に違いがあったそうだ。

これは、韓国側が、五世紀の船形土器で櫓を使っているのを基に「魏志倭人伝」の三世紀にも櫓はあったという考え。これに対して、日本側が、野性号のモデルに使った新羅船の船形土器と西都原古墳から出土した船形埴輪に櫂の支点になる突起があることから櫂を使ったという考え。実験航海は日韓共同で行われたのだが、この考え方の違いにより、日韓の受け持ち海域での漕ぎ方が別々になり、一つにまとまらなかったそうだ。でも、野性号の船速は、韓国の八本の櫓も、日本の一四人の櫂でも約二ノットだったそうだから効率は櫓の方がよい。それに、櫓の漕ぎ手は船の進行方向と目標物を見ながら漕ぎ、櫂の漕ぎ手は進行方向に背を向けているのでどこへ向かっているのかわからない状態で漕いでいる。言い換えると、韓国の漕ぎ手は主体性をもって漕いでいるが、日本の漕ぎ手は、従属的に漕がされているのだ。これは、角川の指摘どおり、流れに抗しながら体力の限界に近い状態で漕ぐ場合の士気や忍耐力で大きな差になる。蛇足を加えると、日本で、漕ぎ手が進行方向に背を向ける漕ぎ方は例外的にしかない。もう一つ、櫓は、立った足を前後に広げて体重を前後に動かしなら無駄のない往復運動で漕ぐ。それに対して、櫂は、座った状態から腰を浮かせて上半身を後ろにしならせるようにして水を掻き、体を起こしながら掻いたオールを空中で前に運ぶ。この櫓と櫂では、漕ぎ手の体力の消耗に差が出る。

三つ目の玉は、角川自身が著書の中で、古代を再現しようとするなら、金海、固城、熊川を出て、巨済島の傍の潮流を利用して対馬へ向かうべきだと述懐していることだ。これは、釜山から対馬北端の鰐浦を目指したコースで走破できなかった後からの考えか、当初からそう思っていたのかはわからないが、いずれにしても、この実験航海が、スポンサーであり隊長である角川の意に沿わない点が多かったということを著書の随所に書いている。

以上、野性号の実験航海で浮かび上がってきた通関手続き、船の推進方法、渡海コースの選択の三つの玉を「魏志倭人伝」の研究者は活かすべきである。とはいっても、何しろ四〇年近く前のことだから古田も考えが変わっているのかもしれないが、野性号の実験航海で邪馬台国論争は終わったのでなく、原典を基にした机上資料による屋内議論中心から現場の検証実験も加えて屋外へと議論の幅が広がったととらえるべきである。

野性号の実験航海で私の関心は、朝鮮半島沿岸海域の航海にある。そもそも海と河川や湖沼との違いは、塩分濃度の違いもさることながら、波浪とうねりの有無、方向がわかりにくい流れがあること、それに水平線が見えることにある。角川の著書には正式の航海日誌は付いていないが、仁川から釜山に至る航海が日別に出ている。その中から海の危険性につながる記事を拾い出すと、ライフジャケットを着ける必要がある危険を感じた大波、実験航海が六月十九日〜七月十七日の間だったので、梅雨時期でもあり濃霧が発生し視界が悪かったこと、野性号を護衛する母船が座礁したこと、各所で五ノット以上の潮流に出会ったこと、台風で避難したことなどがあった。

これらの細かいことはわからないが、海の航海には、一つ間違えば命にかかわる過酷な条件が伴っていることを示している。また、実験航海は日数制限があり、野性号はスケジュールで日数が固定されていたので、泣く泣く母船に曳航されたそうだ。もし曳航がなければ、この航程には倍の日数要しただろうという。ということは、メイストームなどとも呼ばれる四月や五月に発達する温帯低気圧による暴風に遭遇することも含めて、危険率も倍以上になることを意味する。

この航路の設定は、韓国の学者が朝鮮では李朝時代、中国では宋時代の米の運搬航路を基に決めたそうだ（注14）。「魏志倭人伝」時代より李朝は千年ほど、宋は七～八百年後になる。これだけ時代が離れていれば、船体や帆の使い方でかなりの差が出るのではないか。それに、米という重たい荷物の運搬と魏使という人の輸送では船も航路も違っていたのではないか。

また、「魏志倭人伝」時代より千年以上後の高麗・李朝時代の資料に基づき、朝鮮半島の西沿岸海域を南下するときは、大きな潮の干満の差を利用して、引き潮で南西方の沖に向かい上げ潮で南東の陸へ向かう三角形の二辺を走るジグザグのコースを採ったそうだ。角川は、このコースの採り方が「魏志倭人伝」に出てくる「あるいは南し、あるいは東し（乍南乍東）」ではないか、と書いている。だが、帯方郡から狗邪韓国（金海）の方向はほぼ南東に当たるから、直線コースを採らない限り、海域でも陸域でも南や東へ方向に変えながら進むことになる。そうすると、この船のジグザグ行進だけをもって「乍南乍東」を言い表しているとは言えそうにない。また、野性号が走った島から島への沿岸航路を「水行」だと書いているが、これも、河川も含

（注14）本項で水野が「魏志倭人伝」の経路を細かく示した出所源は同じかもしれない。

めた水路も検証して結論を出すべきであろう。

以上、私は、野性号の実験航海の結果を必ずしも受け入れなかったが、この実験航海をもって、成功だ、失敗だと二者択一で評するなら、大成功だと思う。その点、角川は、野性号が曳航されての航海だったことを屈辱的だが、学術踏査として十分な成果をあげたと自己評価している。そのとおりだ。文化に金を使う人が出てきて日本も世界の文化国家の仲間入りできるのではないだろうか。角川の後に野性号の追試や別の視点から「魏志倭人伝」の屋外実験調査をする人が現れないで、カジノに百億円もつぎ込む金持ちが出てくるようでは、エコノミックアニマルと言われた日本が、文化国家に成長したと世界に評価されるには程遠いのではないか。「魏志倭人伝」を基に机上で邪馬台国論争をするだけでなく、第二の角川、第三の角川が現れて、朝鮮半島の内陸部も含めて屋外検証をすることを望む。

最後に蛇足を付けると、「魏志倭人伝」時代の船速が野性号の二ノットが妥当であれば、何もその道の権威者の進言による船形埴輪に模した船などを新造しなくても、風の影響などを受けにくい既存のエンジン付きの沿岸航行船などを利用して、エンジン回転で二ノットに落とし(一・五ノットや三ノットも可)、金海や釜山から対馬へ向かうコースをはじめ、野性号の航海コース、それに、前項に記した『万葉集』の荒雄が遭難した対馬航路など実験航海を繰り返せば、「魏志倭人伝」の渡海コースなどの史実が検証できる。これだと、漕ぎ手を乗せることも、曳航する母船も必要でないし、ましてこの種の実験が理解できない艇長や艇指揮を乗せることもない。釣り船の借り上げにプラスした程度の費用で賄えるだろう。漢江や洛東江の陸域の踏査も加えて、国や地方の博物館、歴史研究団体などが主催して、史実を検証するツアーでも募れば楽しく史実の検証ができるのではないか。文化国家の庶民の遊びにもなるかと思うがいかがだろうか。

長野県柳沢遺跡は船着場

船着場の適地条件

二〇〇八年秋、S氏から、『北信濃、柳沢遺跡の銅戈・銅鐸』（長野県埋蔵文化財センター著　信濃毎日新聞社編集発行）を頂き、安曇族との関連を問われた。この柳沢遺跡について（図5－5）、私は、二〇〇七年十月二十三日の『朝日新聞』に掲載された小さな記事を切り抜いていたが、別に問題意識をもっていなかったから、その場で冊子をめくっても、即答はできなかった。だが、以来、頭の中に残りときどき考えさせられる課題となった。

二〇〇九年十月、長崎県壱岐に行って住吉神社と幡鉾川を見てまわり、直接見ることができなかった原の辻遺跡の船着場に思いをめぐらせていると、柳沢遺跡と船着場の関係を調べてみ

図５－５　柳沢遺跡周辺　千曲川と夜間瀬川の合流地（長野県中野市）

たくなった。そんなとき、思い出したのが図５－６の地だ。ここは、私が子どもの頃に疎開した先で、その後住みついて小学一年から中学三年まで九年間ほど、毎日遊んだ地だ。福岡県小郡市端間を流れている宝満川（筑後川支流）とそこへ合流する小さな支流（名前は知らない）の合流点だ。図は柳沢遺跡の船着場と比較しやすいように南北を逆転させた。

この合流点に船着場があった。図５－６の★印付近がそれで、支流河口の右岸だ。私が子どもの頃は、既に廃れていたが、かつてこの場は、地場産品の櫨《はぜ》から採った木蝋《もくろう》の積出港でにぎわい、料理屋が軒を連ねていたそうだ。戦後も、その名残はこの右岸にあった。左岸及び本流は船着

図5－6　筑後川支流の宝満川と小河川の合流地（福岡県小郡市）

場として使われていなかった。支流の河口に船着場があったことに注目する。

次に、図5－5は、本題の柳沢遺跡がある千曲川と支流の夜間瀬川が合流する地点だ。

この二枚の図を比較した場合、時代と川の大きさは全然違うが、共通点は、①地形的に見て、大きな本流に小さな支流が合流する地。②本流でなく支流の岸辺付近に人々が集まる場がある。人が集まっていたことは、宝満川支流河口では料理屋から、柳沢では遺跡から読み取ることができる。これだけでは、柳沢遺跡と船着場との関係を云々することはできないので、船着場の適地条件を海・川・船の視点から考えてみる。

以下は、第二章の壱岐の住吉神社の項でも、拙著『安曇族と徐福』でも述べているが、これは記録がない古代日本史を解明する鍵になることだから、あえて記述する。船着場は、船底の形状によって大きく変わる。形状がU字型の平底であれば砂の浜辺や平らな岩場に引き揚げることができるが、横断面がV字型の尖底だと横転するので引き揚げることはできない。だから、V字型の尖底船は水面に浮かばせて係留することになる。船を安全に浮かばせるには、水深と水面の静穏が要る。海は水深では問題はないが、現代のように人工構築物の防波堤がない時代は、どんな湾でも沖合いからのウネリや風による波の影響を受けるから、ごく短期間なら別としても、常に船を海に係留しておくことはできない。だから、V字型の尖底船は、風浪の影響がほとんどない川に入れることになる。でも、川には流れがあるから、流れが緩やかな水面を係留地に選ぶ。以上のことを頭に置いて川の本流と支流との関係を採り上げる。

本流と支流の間に、川幅・水深などで大きな差があると、支流の河口は本流の影響を受ける。本流の水位が上がれば支流へ逆流する。逆に支流の水位が本流より高くなっても、川幅が違うから、本流水面に薄く広がるだけで、支流の流れは合流点で緩やかになる。言ってしまえば、③支流の河口は本流の淀みになっているということだ。

支流河口が淀む③のことを川で遊んでいた私は、子どものときから体験で知っていた。本流の宝満川が増水して流れが速くなり、泳げなくなると、日頃水深が浅くて泳げない支流の水量

写５－１　筑後川河口の船舶係留杭

が増え、格好の泳ぎ場になったのだ。以上の本流と支流の関係は、支流といっても、犀川のような大支流と千曲川との間では成り立たない。本流と支流の規模が大きく違う河川の合流地で成り立つ条件だ。つまり、淀みができる条件があれば船着場になるということだ。

　もう一つ船着場の適地条件として、荷の積み下ろしに適していることもあげられる。原の辻遺跡の船着場は石造りだそうだが、川底に杭を打ち込んだ簡単な桟橋でもかまわない。石造りにしろ、木製桟橋にしろ、その造成にあたって、船底が川底に当たらない程度の水深（弥生時代の船だと一メートル前後）があれば、それ以上深くない方が適地といえる。また、船は流されないために、綱を岸辺の柳などの樹木や岸辺や川の中に打ち込んだ杭に舫《もや》う。川の中に杭を打って舫う方法は現代でも行なわれている。写真5－1は、有明海の干満に合わせて長い杭を筑後川河口近くの川中に杭を打って舫っている例示だ。この船の係留ということでも④水深は必要以上深くない方が、杭の長さ、打ち込み作業を考えると、船着場の適地になる。

柳沢は弥生時代のハブ港

柳沢遺跡を流れる千曲川に流れ込む降水面積と、夜間瀬川への降水面積を地図上で比べると、数十倍の差がある。おそらく両河川の流量差も、数十倍はあるだろう。それでも、両河川の合流地が、右に示した①②③④の船着場の適地条件にかなっているかを直接自分の目で確認したくて、現場に出かけた。その結果を言うと、土地に不案内なこともあって、間近に行きながら草木の繁茂が視界を遮り、それを掻き分けながら進むこともできず、残念ながら、合流点に立つことができなかった。

でも、①と③の適地条件はグーグルアースの航空写真からわかるし、②は前述のとおり、遺跡があった事実が雄弁に語ってくれる。④は夜間瀬川の流れをみれば見当がつく。①本流に比べ小さな支流が合流する。②支流岸辺に人が集まっていた。③支流河口が淀んでいる。④深くない水深の四条件を満たしている夜間瀬川河口、すなわち、柳沢遺跡は、船着場をもった集落だった可能性が大きいものと考えられる。

写５－２　長野県中野市柳沢遺跡の千曲川に向けられた銅戈
（長野県埋蔵文化財センター提供）

だが、こんなことを言っても、出土品から遺跡を考えるこの分野の専門家たちは到底納得できないだろう。専門家も納得できる船着場の証拠を確認するには、あらためて夜間瀬川河口域右岸を掘るか、河川改修工事などが行なわれる機会があれば、岸辺や川の中に打ち込んだ杭の痕跡や石の出土に期待する以外になさそうだ。

船着場だから、地中から船の出土を期待する向きもあろうが、木造船を廃船にするときは燃料として使うし、もし放置していたとすれば流出するから、あまり期待できない。そこでもう少し船着場の位置を絞る。その鍵は、銅戈・銅鐸が出土した位置から七本の銅戈が向いていた方向にある。だから、幅をもたせた帯状の線でその方向へ掘り進むことかと思う。

なぜ銅戈の方向かというと、埋蔵されていた

写５－３　下関市の関門海峡に向けられた大砲（レプリカ）

銅戈は、使用されていない武器である。武器は凶事から守ってくれるお守りであり、魔除けである。現在の監視カメラにも通じるところがある。

ところで、写真５－２は柳沢遺跡で千曲川方向を向いている銅戈で、写真５－３は一八六四年に長州藩が関門海峡で英・仏・蘭・米の四か国を相手に戦って惨敗して持ち去られた青銅製大砲のレプリカだ。現在、下関市に関門海峡へ向けて並べられている。この戦争は長州藩にとって凶事である。レプリカの大砲にはいろんな思いが込められているのだろうが、根底に凶事から守る願いもあるだろう。この凶事からのお守り、しかも武器という点で、下関の大砲と柳沢遺跡の銅戈は共通するところがある。そう考えると、銅戈は凶事から守りたい方向を向いている可能性が強いかと思うがいかがだろうか。

柳沢遺跡の場合、当時の凶事としては、川の氾濫など竜神による災害や、落雷による雷神による被害など自然の猛威がある。銅戈が千曲川の方を向き、その刃を上向きに立てていたことは、龍神や雷神に対する守りを表わしているのではないだろうか。なお、銅戈・銅鐸が地中に埋められていたことは、盗難防止もあるだろうが、当時、既に金属に雷が落ちやすいことを知っていて、それを避けるための処置と考えるが、これもいかがだろうか。なお、永留久恵によると、対馬には、銅矛をご神体として祀っている磐座の例がいくつかあるそうだ（前掲『対馬歴史観光』）。

考古学としては、銅戈に大阪湾型と九州型が混在していた理由などに関心が強いようだが、当時、海川の水路を得意の操船術を駆使して自由に日本列島・中国大陸を航行していた安曇族が、既に安曇野にも行き来していたことを考えると、時代や産地を問わず手に入った銅戈を柳沢の船着場のお守りとして持ち込んだ可能性がでてくる。

なお、柳沢遺跡に船着場があった可能性がでてきたので、そうだったら、他にも同じような地形条件をもつところもあるだろうと思い、インターネットや文献と地図を使って少し調べてみた。もう少し時間をかけて探せばまだ出てくるだろうが、参考のために、これまでわかった大小河川の合流地が船着場になっていた遺跡の例を示しておく。

1　熊本市川尻（緑川水系）
2　熊本県菊池市七条町橋田田中（菊池川水系）
3　福岡県宗像市田熊（釣川水系）
4　島根県益田市今市（益田川水系）

安曇族の活動を追いかけている私としては、この柳沢遺跡に船着場があったとすれば　これまで、喉に引っ掛かっていた課題が解決する。その課題とは、逆風に逆らって海上も走行できる効率的な航海には、尖底船が適しているが、川に入って川底に船底が当たる深さになると、動けなくなるから、海船から川舟に乗り換えなければならないが、その具体的な方法や場所がわからなかったのだ。

殊に、犀川をさかのぼって安曇野に入る場合、尖底船の海船では不可能だ。一方で、穂高神社を核とする安曇野が、時代に即して発展してきた事実がある。安曇野に海船は入れないが人や物資は入った。この矛盾点を柳沢遺跡に船着場があったことが解消してくれたのだ。すなわち、柳沢まで海船で運んできた荷を川舟に積換えて、柳沢から千曲川水系と犀川水系の各地に上っていく。そう考えると、柳沢は、弥生時代のハブ港であったと言えそうだ。

そうだとすれば、柳沢の船着場はいつの時代に造られたのか、という課題がでてくる。これについて先に結論を述べると、紀元前二世紀の初め以降だ。その理由は、V字型の尖底船が出現してからだ。この辺の事を簡単に説明すると、V字型の尖底船造りは、板を接ぐので、板作りに必要な鋸、板を接ぐ船釘が要る。これらは鉄製だから、鉄の出現以降になる。中国大陸で鉄が使われ始めたのは、紀元前三世紀末と見ていいだろう。

一方、その他にも尖底船づくりには条件がある。それは、現代で言う乾ドック（ドライドック）が要ることと、造船技術が日本列島に入って伝わることである。これらは拙著に書いたように、徐福が各種技術者（百工）をつれてきた時代以降だから、おおよそ紀元前二世紀の初めになる。

川舟で犀川の「安庭の滝」も上れる

川舟が安曇野に入って行くことに関して、もう一つ課題がある。それは、犀川に入ると川舟の航行にとっていくつもの難所があるが、そこをいかにして航行したかという疑問である。その難所の代表格的なものが旧信州新町（現長野市）にある「安庭の滝」だ（図5－7）。

「安庭の滝」について、国土交通省の千曲川河川事務所がインターネットで発表している「千曲塾」の十六回議事録で市川健夫塾長が、滝（Fall）でなく早瀬（Rapid）だと述べている。その「安庭の滝」の現場に行ったが、現在、下流に作られた笹平ダムで水没しており、直接見ることはできなかった。だが、少し調べてみると、犀川は川舟で上ることができたという結論に達した。以下、その経過を述べる。

犀川を航行するに当たっての難所は、安曇平（松本盆地）と善光寺平（長野盆地）の間にある。ここでは、安曇野市明科にある犀川橋から長野市川中島町犀川小市橋までを対象とした。以下に示す、標高と地点間の距離の値はグーグルアースを使って出した。

安曇野市の犀川橋の標高五一三メートル、長野市の小市橋の標高三五五メートルだから、この犀川二地点の落差は一五八メートルになる。二地点間の距離は六一キロメートル。そうすると、二地点間の平均勾配は三八六分の一になる。

この数値をどう見るか。富岡儀八は『塩の道を探る』で、川の傾斜勾配と舟荷の積載量の実績から、四〇〇分の一勾配を遡上の限界としている。前出の千曲塾の市川塾長の話には、算出根拠と積荷の有無は示されていないが、水運可能な勾配は三〇〇分の一とある。富岡の数値だと、舟に荷を積んだままでは遡上できないことになり、市川の数値だと、とにかく舟は遡上できるということになる。でも、勾配三八六分の一という数値は平均だから、場所によっては舟の遡上により厳しい地域があるはずだ。

また、市川によると、幕末の天保（一八三〇～一八四四年）に、松本市から信州新町まで通船が運航されるようになったとあるから、この間の勾配はそれほど急ではなかったと解釈できるが、半面、先の二地点間で通船区間より下流の勾配は、より厳しいと言うことになる。

そこで、滝という名称がつくほど急勾配の安庭地区の勾配をみるために、安庭を挟んで、上流の信州新町道の駅付近の河床と笹平ダム下の犀川水面の標高を調べると、道の駅付近河床では標高四一九メートル、笹平ダム下水面では三九一メートルだから、その差二八メートル。その間の距離は六・四六キロメートル。その間の勾配は二三〇分の一と出た。

この勾配は市川の水運可能値も越えているから、川舟は遡上できなかったのではないか、という疑問が出るが、安庭の滝が笹平ダムで水没している現在、これを確認することは難しい。そこで、他の急流と舟の関係をしらべて比較することにした。

その対象に使えそうな急流を探したが、急流と言っても、安庭の急流より緩やかであったり、舟で急流を下っても、現在、その舟で遡上することはなく、トラック輸送で川上に戻していた。

そんな中で、京都の亀岡から嵐山までの「保津川下り」は、世界遺産登録を目指す人たちが、昭和二十三年まで難所は人力で舟を引き上げていたことを再現しようと、その昔と同じ木造船（全長一一メートル、最大幅二メートル）をつくって、六〇年ぶりに人力で引き上げていた（「京都・保津川・曳船六〇年ぶりに復活」インターネット）。

「保津川下り」の亀岡市のスタート点は標高八八メートル、ゴールの嵐山渡月橋の少し上流の標高は三〇メートル、その差五八メートル。この二点間の距離は一二・七七キロメートル（注15）。勾配は二二〇分の一で、安庭地区の犀川の勾配よりわずか厳しいが、ほぼ同じ値だから、犀川の舟の遡上の可否を判断する参考資料として使える。

保津川の舟は三人がロープを使って引き上げているが、難所の大岩がある所は、岩でロープが擦れて切れないように、擦れ止めに竹を使うなど工夫している。犀川の安庭の滝の場合、舟の遡上を拒む障害物にどんなものがあるかはわからないが、時代は違っていても、犀川と同程度の勾配がある保津川で、実際舟を引き上げている事実から、犀川でも叡智を絞った工夫をして、舟を引き上げていたことが考えられる。

また、千曲川河川事務所の千曲塾十八回議事録で、黒岩範臣は、「安庭の滝は、弘化四（一八四七）年に起きた善光寺地震（M七・四）で、岩倉山が崩壊し犀川を塞き止め、一八日後に貯まった水が堰を壊して、下流に大きな被害を及ぼした」と紹介している。

時代的にみると、一八四七年の安庭の滝と、古代の柳沢遺跡では、時間的に大きな隔たりがあり、古代犀川の舟の航行とは直接関係しないが、信州では一〇〇〇年に一度、この種の大規模地震が発生するという説もあることや、松本盆地から長野盆地へ、急峻な山間の谷間を流れ

（注15）「保津川下り」では一六キロとなっているが、蛇行している川の長さを正確に測ることはむずかしく、測定方法によってその数値に差が出る。ここでは犀川の場合と統一性を採るため、グーグルアースの定規パスを使って出てきた値。

下る犀川とフォッサマグナに隣接していることなどから、記録のない時代にも、善光寺地震と同じような大規模地震で、犀川が塞き止められた可能性はある。

ことによると、この地に伝わる大きな湖を壊して排水させ、広い耕地を作ったとする泉小太郎伝説の背景には、大規模地震→地殻変動→地すべり→犀川堰き止め→自然ダム→ダムの崩壊→急流地の誕生→河川水の浸食→流路確保といった自然現象の繰り返しを長い間語り継がれてきたことがあるのかもしれない。

また、松本市周辺の川で、犀川を上ったサケがたくさん獲れたということからか、サケを追いかけて安曇野に入ったという人もいるが、その成否はともかく、サケが上がった地周辺に初期水田稲作適地があったことを考え合わせると興味深い。

ちなみに、佐藤重勝の『サケ―つくる漁業への挑戦』に、「サケは、産卵のために、激流をどんどんさかのぼってゆくが、水が深ければ一メートルほどの滝ならば乗り越えるし、また、水の少ない浅瀬でも、水のない河原でも、腹ばいで進んでゆく」とある。

繰り返しになるが、陸路が発達する前は、物資・情報・技術などは、水路を通じる以外に伝わるルートがなかった。そんな中で、古代から安曇野が拓けた事実は、これまで記したように舟が犀川を遡上したからである。

その舟の遡上は、サケの遡上に見習いながら、古代人が工夫を重ね、その上、造船技術や航海技術の進歩に合わせて、柳沢に船着場を設け、海船から川舟に乗換え、滝のような難所を克服してきた。サケが遡上できる河川は人も船も上れると考えると、安曇野への入植・開発・発展が理解できるが、いかがだろうか。

参考文献

01青柳種信（一七六六〜一八三六年）『筑前国続風土記拾遺　巻の十と十三』
02浅田芳朗『日本の神々　二』白水社　一九八四年
03浅野裕一『孫子』講談社　一九九七年
04石原道博『魏志倭人伝訳文』岩波文庫　一九五一年
05市川健夫『千曲塾一六回議事録』千曲川河川事務所　二〇〇五年
http://www.hrr.mlit.go.jp/chikuma/news/juku/index.html
06一志茂樹『信濃第四巻』信濃史学会　一九五二年
07伊藤　彰『日本の神々二』白水社　一九八四年
08伊藤照雄『史跡綾羅木郷遺跡』郷土の文化財を守る会　一九九九年
09井上秀雄『古代朝鮮』講談社学術文庫　二〇〇四年
10上垣外憲一『倭人と韓人』講談社学術文庫　二〇〇三年
11上田正昭『日本神話』岩波新書　一九七〇年
12魚澄惣五郎編『西宮市史』西宮市　一九五九年
13宇治谷孟『日本書紀　訳文』講談社学術文庫　一九八八年

14宇治谷孟『続日本書紀　訳文』講談社学術文庫　一九九五年
15ウイリアム・H・マクニール（William H.McNeill）『疫病と世界史（Plagues and Peoples）』（佐々木昭夫訳）中公文庫　二〇〇七年
16小穴喜一『信濃第四巻』信濃史学会　一九五二年
17小穴芳實『豊科町の土地に刻まれた歴史』豊科町教育委員会　一九九一年
18小穴芳実『日本の神々9』白水社一九八七年
19大谷光男『日本古代史研究と金印』福岡市歴史資料館　一九八四年
20大林太良『海の神話』講談社学術文庫　一九九三年
21岡　吉胤（一八三三〜一九〇七年）『徴古新論』一八九九年
22岡田英弘『倭国』中公新書　一九七七年
23岡本太郎『沖縄文化論』中公文庫一九九六年
24落合重信『日本の神々』白水社　一九八四年
25折居正勝『日本の神々一』白水社　一九八四年
26貝原篤信（一六三〇〜一七一四年）『筑前国続風土記　巻之五』
27角川春樹『海と日本人』東海大学出版会　一九七七年
28角川春樹『わが心のヤマタイ国』立風書房　一九七六年

29金井　恂「三郷村・住吉庄開拓の歴史」安曇族の系譜を探る会ホームページ　二〇〇九年
http://azuminorekishi.sakura.ne.jp/siryou2.pdf
30亀山　勝『安曇族と徐福』龍鳳書房　二〇〇九年
31川嵜一郎『大阪府漁業史』大阪府漁業史編さん協議会　一九九七年
32「京都・保津川・曳船六〇年ぶりに復活」
http://hozugawa.cocolog-nifty.com/blog/2009/01/60-9b7c.html
33桐原　健『信濃』学生社　一九七一年
34桐原　健『信濃　第五四巻第十二号』信濃史学会　二〇〇二年
35倉野憲司『古事記　訳文』岩波文庫　一九六三年
36倉野憲司『古事記祝詞（日本古典文学大系1）』岩波書店　一九五八年
37黒岩範臣『千曲塾一八回議事録』千曲川河川事務所　二〇〇六年
http://www.hrr.mlit.go.jp/chikuma/news/juku/index.html
38桑原万寿太郎『動物と太陽コンパス』岩波新書　一九六三年
39小南一郎『三国志』ちくま学芸文庫　一九九三年
40佐藤重勝『サケ―つくる漁業への挑戦』岩波新書　一九八六年
41佐藤洋一郎『DNAが語る稲作文明』NHKブックス　一九九六年

42司馬遷『史記・大宛列伝』小川環樹ほか訳　岩波文庫　一九七五年
43司馬遷『史記・西南夷列伝』小川環樹ほか訳　岩波文庫　一九七五年
44柴田恵司・大石一久『対馬風土記二六号』対馬郷土史研究会　一九九〇年
45下川伸也『大王のひつぎ海をゆく』海鳥社　二〇〇六年
46新川登亀男「海の民」『住吉と宗像の神』筑摩書房　一九八八年
47鈴木重胤『延喜式祝詞講義』図書刊行会　復刻一九七八年（原本一九三九年）
48『摂津国風土記・逸文』平凡社ライブラリー　二〇〇〇年
49大和岩雄『日本の神々―神社と聖地―』白水社　一九八四年
50滝川政次郎「住吉大社と防人」『住吉大社事典』図書出版会　二〇〇九年
51武光　誠『魏志倭人伝と邪馬台国』読売新聞社　一九九八年
52高橋　誠「冬季、東シナ海・日本南方海域における温帯低気圧の発生に関する気候学的研究」
京都大学修士論文　二〇〇七年
53田中　卓『住吉大社史（上巻）』住吉大社奉賛会　一九六三年
54田中　卓「講話録」『住吉大社事典』二〇〇九年
55田中　卓『住吉大社事典』図書刊行会　二〇〇九年
56田中　卓『神話と史実』図書刊行会　一九八七年

57田中　卓「住吉大社神代記の研究」『田中卓著作集七』』図書刊行会　一九八五年
58谷川健一『古代海人の謎』海鳥社　一九九一年
59谷川健一『沖縄』講談社学術文庫　一九九六年
60常石　茂『新十八史略三』河出書房新社　一九八一年
61「つるちゃんのプラネタリューム」ホームページ
http://homepage2.nifty.com/turupura/index.htm
62富岡儀八『塩の道を探る』岩波新書　一九八三年
63直木幸次郎『新修大阪市史第一巻』新修大阪市史編集委員会　一九八八年
64永留久恵『対馬歴史観光』杉屋書店　一九九四年
65永留久恵『日本の神々―対馬―』白水社　一九八四年
66永留久恵『対馬国志第一巻』㈱昭和堂　二〇〇九年
67永留久恵『対馬風土記第十一号』対馬郷土研究会　一九七四年
68永留久恵『対馬風土記第一三号』対馬郷土研究会　一九七六年
69永留久恵『対馬風土記第二六号』対馬郷土研究会　一九九〇年
70長野県埋蔵文化財センター『北信濃、柳沢遺跡の銅戈・銅鐸』信濃毎日新聞社　二〇〇八年
71中村　勝『市場の語る日本の近代』（株）そしえて　一九八〇年

72野尻抱影『日本星名辞典』東京堂出版　一九七三年
73横田正紀『本住吉神社紀』本住吉神社社務所　二〇〇〇年
74橋口尚武『海を渡った縄文人』小学館　一九九九年
75橋本　進『人と海八二号』（財）日本海技協会　一九九五年
76『播磨国風土記・逸文』平凡社ライブラリー　二〇〇〇年
77久松潜一『万葉秀歌五』講談社　一九七六年
78福永光司「徐福と神僊と吉野ヶ里遺跡」『馬の文化と船の文化』人文書院　一九九六年
79福田良輔『志賀白水郎十首の歌謡性』九州大学国語国文学会　一九五六年
80藤間生大『埋もれた金印第二版』岩波新書　一九七〇年
81藤森三郎『東京都内湾漁業興亡史』東京都内湾漁業興亡史刊行会　一九七一年
82古田武彦「邪馬台国論争は終わった＝その地点から」インターネット
http://www.furutasigaku.jp/jfuruta/yamatai/yamatai3.html
83堀　貞雄「古代史・探訪館」インターネット
http://members3.jcom.home.ne.jp/horisadao/
84松井和幸『日本古代の鉄文化』雄山閣　二〇〇一年
85松前　健『日本の神々』中央公論社　一九七四年

86松本清張『松本清張の日本史探訪』角川書店　一九九九年
87三郷村（現安曇野市）『三郷村誌Ⅱ』三郷村誌刊行会　二〇〇六年
88水野　祐「魏志倭人伝訳文」武光誠『魏志倭人伝と邪馬台国』読売新聞社　一九九八年
89水野　祐『評釈魏志倭人伝』雄山閣出版　一九八七年
90宮崎康平『まぼろしの邪馬台国』講談社　一九六七年
91宮地直一『安曇族文化の信仰的象徴』穂高神社社務所　一九四八年
92宮澤和穂『信濃の古代史』国書刊行会　二〇〇三年
93宮本常一『宮本常一著作集二〇』未来社　一九七五年
94茂在寅男『古代日本の航海』小学館ライブラリー　一九九二年
95本居宣長『古事記伝』（一七九八年）岩波文庫　一九四〇年
96柳田國男・倉田一郎『分類漁村語彙』図書刊行会　復刻一九七五年（原本一九三八年）
97山田孝雄『歴史公論　昭和十二年五月号』雄山閣　一九三七年
98山根徳太郎『難波王朝』学生社　一九六九年
99李　有師『ものがたりの旅』大阪千代田短期大学物語観光情報研究センター　二〇一〇年
http://narrative-tourism.org/project/
100吉田東吾『倒叙日本史　第一〇冊—神代及上古編—』早稲田大学出版部　一九一四年

101和田文夫『日本の神々一二』白水社　一九九四年

あとがき

私は、自分でやることを仕事と遊びに二分して、仕事は収入につながるもの、収入につながらないものが遊び、と収入の有無で定義している。ただ、遊びには、遊び心が要る。でも、遊び心を説明しようとするとむずかしい。夢中になるがガツガツしないゆとり、既成概念に捉われないでどんな形にでもなれる水のようなもの、大袈裟に言えば生きがい、とにかく楽しめる、と言った言葉が当てはまるかも知れないが、一言で言えば、興味をもつことに尽きる。興味をする言葉に興味津々がある。

『広辞苑』で引くと、物事にひきつけられること、おもしろいと感ずること、とあった。関連まないでツツと読めば、ツツノオのツツに通じるだけに、本書としてはおもしろい言葉になる。津々は絶えず湧き出るさまだが、ここでは、あえてシンシンと読ということで、遊び心は、興味津々の状態と説明しておく。

具体的には、これまで遊び心をもって安曇族を追いかけて来た。でも、最初から興味津々でスタートしたわけではない。本書も、安曇族との関連でツツノオの神を祭る住吉神社を調べてみようかと漠然としたテーマを設けての遊びからはじまった。住吉神社がどこに在るかぐらいは事前に文献で当たるが、とにかく現場に行く、現場に立てば何かに気づき、何かがわかる。

という考えで現場を優先して出かける。その間、手近にある関連する文献に眼を通す程度だ。言ってしまえば、事前の文献調べがおろそかなだけ脈略のない現場行きになる。要するに段取りができていないのだ。かといって、当てずっぽうに現場に向かっているのではない。常に、なぜだろうか、という謎のような課題はもっている。たとえば、記紀で、ワタツミとツツノオが同時に同じ場所で生まれたと扱っているのはどうしてだろうか、と考えるのもそれだ。その疑問が次第に興味津々に移行する。

本書の基になる各地の住吉神社などの訪問は、別の用件で福岡に行ったとき、時間を見て壱岐、対馬や下関に足を伸ばし、関西に行ったとき、神戸、大阪や河内長野を回る、といった具合で、何も特別な計画や工程表を作っての住吉神社訪問ではない。この脈略がない訪問だが、なぜだろうという課題を頭の中に入れて、また、訪問して得た事柄をパソコンのファイルやホームページに記録しておくと、あるとき、はっと気がつく。安曇野の住吉神社の存在意義に気づいたのもそれだ。さらに、安曇野の都づくりから穂高神社の変遷がわかってきたのもそれだ。

何もわからない言わば混沌（カオス）の状態から具現化するわけだ。自分が何でこんな手法を採っているのか考えたら、すっかり忘れていた川喜田二郎の『発想法』（一九六七年、中央公論社）に思い当たった。川喜田二郎のイニシャルを採ってＫＪ法と称された野外科学における調査手法である。この方法をごく簡単に説明すると、現場で見聞きしたことをカードにこまめにメモしておき、それらを一旦ばらして、項目別に並べて全体を眺めながら各項目間の関連性でつないで行くと、それまで気がつかなかった新たな考えが系統立てて浮かんでくる、と言ったことだったかと思う。言い換えると、見えないものを見抜く洞察力を身に着ける手法だ。

安曇野の住吉神社の存在意義を無意識のうちに、自分なりに野外科学の手法でとらえていたのだ。ＫＪ法は、かつて若い頃、共鳴するところがあって、影響を受けた仲間と試みたが長続きしなかった。それでも、知らないうちに、ＫＪ法もどきの自分なりのバージョンができて、それを使っていたのだ。現在、現場の観察メモの多くがデジカメ写真に変わり、室内処理がパソコンに変わったが、どうやら、私の脈絡のない現場訪問の根底にＫＪ法があるようだ。

ところで、数多い文献にお目にかかるには、図書館を利用させていただいた。それも、インターネットを使って、距離的に近い図書館から検索し、そこになければ次、さらになければその次と段々遠くまで進み、それでもない地方誌などは、これもインターネットで、販売元のバックナンバーや全国の図書館を対象に蔵書を探し、複写サービスなどを利用して入手できた。また、大学の中には、二冊とない古い文献や、発表論文をインターネットで公表しているところもある。これも利用させていただいた。さらに、奇特な方が、中国正史などの翻訳をホームページに掲載されている。これもありがたかった。

こうやって見ると、インターネットの時代だからこそ、学者でもない素人が、遊び心と謎解きを楽しみながら、曲がりなりにも本書のような冊子をまとめて世に出すことが出来るわけだ。今後は、もっとレベルの高い素人から発信されるだろう。それを考えただけでも、学問分野によっては、学者だけのものではなくなったとの思いがする。

ややもすると、学者は、頭の中の知識もさることながら、いかに自分だけの文献資料を多く持っているか、それを外に出さないかが勝負だった。ところが、インターネットの時代になると、学者だけでなく一般市民も多くの文献資料を共有できるようになった。おそらく、今後は、囲い込みの学者では通用しなくなるだろう。また、一つの学問分野にとどまることなく、他の分野の知識をいかに取り込むかが、学問の世界の競争や発展につながるだろう。いい方向に向かっていると思う。それにしても、誰が、どこから始めたかは知らないが、図書館のインターネット検索システムは、学問の市民化としての革命、紛らわしい表現になるが文化の革命につながる可能性を持っている。そんなことを思いながら本書をまとめた。

ところで、室内処理の段階で文献を読んでいて困ることがある。一つは、その道の権威者の文献だ。どこで困るかと言うと、当人が自分の考えを述べるとき、その根拠を明確に示していないことだ。プロ野球の二出川延明審判員が「俺がルールブックだ」と言った話は、一般的には、面白い話で済まされるかもしれないが、学問の世界では、いくらその道の権威者が考えたことと言っても、やはり根拠を示さないと絵に描いた餅にもなりかねない。さらに、権威者の取り巻き連が、検証することもなく定説化したかのごとく扱うことがそれに拍車をかける。

もう一つは、世の中、一つの学問分野からだけでは判断しかねる事象は多々ある。にもかかわらず、○○学的知見から判断すると、と言う枕詞を添えて狭い分野からの知識だけで、物事を判断して正当化する表現だ。これは、本来仮定であるはずの判断を正論にすり替えて次へ展開するだけに困る。これらの文献の対応や処理に無駄な時間をとられる。やはり、物事は、視点を変えた多方面から眺める必要がある、とつくづく思う。

一方、頭が下がる思いの文献も多々ある。その土地に住む人でなければ到底できないこまやかなことを、時間をかけてよく調べられた文献に出会う。そこに発せられている説明には重みがある。遊び心を大切にしながら取り組む自分に、これでいいのか、と反省を求められる思いもするが、半面、到底自分には真似できないと脱帽する。だから、私は、今後とも、遊び心と謎解きを楽しみながらのマイペースで行くしかない。

本書の執筆は、二〇一一年一月からぼちぼち始めた。その年の五月中に書き終えて、読書の秋にでも店頭に出ればちょうどいいかぐらいの軽い気持ちだった。それが、四苦八苦して初稿を書き終えた時は、十月も末になっていた。遅くなった理由はいくつかある。まず挙げられるのは、前にも書いたとおり段取りの悪さと私の怠慢、それに三月十一日の東日本大震災のショックだ。私の家もこれまで体験したことがない揺れだったが、直接被害はなかった。だが、いわき市薄磯に住む友人を津波で失った。その友人の安否確認や死亡が確認されたときのショックもあって執筆の気力を失った。再び書き始めたのは、六月十八日に、いわき市豊間で行われた友人が住んでいた薄磯地区の被災一〇〇日に合同慰霊祭が終わってからだ。

執筆再開といっても、出版社の龍鳳書房の酒井春人社長との約束があったからしぶしぶ始めたようなもので、震災前までにあった頭の中のものはすべて消えていた。ゼロから無気力で再スタートした。さらに、福島第一原発の事故による節電が追い討ちをかけた。子どもの頃仕込まれた「欲しがりません勝つまでは」の精神で、エアコンを付けなかったことはいいとしても、気温が三〇度を越すと、頭の中にあるわずかな気力が外へ溶け出すようだ。

そんな状態で気が乗らないまま約束の義務感に押されて、曲がりなりにも粗末な原稿を書き上げたときは十月末になっていたというわけだ。龍鳳書房も予定が狂ったので、他の用件と時間調整をしながらの作業が強いられ、初校ゲラが私の手元に届いたのは年末だった。この二ヶ月ほどの間に、私の方は、少し気を取り戻し、粗末な原稿の不備に手を入れたくなっていた。といった経過で、本書出版は、当初予定から大幅に遅れてしまったが、先にも述べたとおり、龍鳳書房の酒井社長の熱意がなければ、世に出ることがなかった。このことを付して、お世話になった方々へのお礼に代えさせていただく。

二〇一二年六月十日、横浜で行われるカッターボートレースに老体をダマシダマシ出場する。これに向けて老骨を慣らしながら。

二〇一二年五月十八日

亀山　勝

本書に使用した地図及び空中写真について

- P 67　図2－3は、国土地理院撮影の空中写真「安岡」(2005) を使用。
- P 170　図4－1は、国土地理院発行の20万分1地勢図「高山」と「長野」を使用。
- P 173　写4－3は、国土地理院撮影の空中写真「松本」(1975) を使用。
- P 209　図4－4は、国土地理院撮影の空中写真「太宰府」(2003) を使用。
- P 233　図4－6は、国土地理院発行の20万分1地勢図「高山」と「長野」を使用。
- P 241　図4－7は、国土地理院発行の20万分1地勢図「高山」と「長野」を使用。
- P 298　図5－5は、国土地理院撮影の空中写真「飯山」(1976) を使用。
- P 299　図5－6は、国土地理院撮影の空中写真「久留米」(1987) を使用。

龜山　勝

略歴

1938 年　福岡県生まれ
1964 年　水産大学校増殖学科卒業
神奈川県水産試験場勤務
同　指導普及部長
神奈川県漁業無線局長
全国海区漁業調整委員会連合会事務局長
神奈川県漁業協同組合連合会考査役
東京湾水産資源生態調査委員など歴任
現在、漁村文化懇話会会員
(財)柿原科学技術研究財団監事

著書

『おいしい魚の本』(1994)(株)河合楽器製作所出版事業部
『漁民が拓いた国・日本』(1999)(財)東京水産振興会
『安曇族』(2004)(株)郁朋社
『安曇族と徐福』(2009)(有)龍鳳書房

共著

『漁村の文化』(1997) 漁村文化懇話会
『古代豪族のルーツと末裔たち』(2011) 新人物往来社

安曇族と住吉の神

二〇一二年七月十四日　第一刷発行

著　者　龜山　勝
発行人　酒井春人
発行所　有限会社 龍鳳書房
〒三八一－二二四三
長野市稲里一－五－一　北沢ビル
電話　〇二六－二八五－九七〇一
印　刷　有限会社 クエス

定価は本のカバーに表示してあります

ISBN978-4-947697-42-4 C0021